요한 아모스 코메니우스의
세계도해
ORBIS SENSUALIUM PICTUS

정일웅 옮김

범지혜출판사

ORBIS SENSUALIUM PICTUS

목 차

역자의 인사말 — 10
독자에게 드리는 글 — 15
입문 — 20

0
제1과 하나님 — 24
제2과 세계 — 26
제3과 천체(하늘) — 28
제4과 불 — 30
제5과 공기(기체) — 32
제6과 물 — 34
제7과 구름 — 36
제8과 땅(지구) — 39
제9과 땅의 농산물 — 40

1
제10과 금속 — 42
제11과 돌 — 44
제12과 나무 — 46
제13과 나무의 열매 — 48
제14과 꽃 — 50
제15과 채소 — 52
제16과 곡식 — 54
제17과 관목(灌木) — 56
제18과 동물과 새 — 58
제19과 집에서 기르는 조류 — 60

2
제20과 노래하는 새 — 62
제21과 야생 조류 — 64
제22과 맹금류의 새 — 66
제23과 물새 종류 — 68
제24과 날면서 해를 끼치는 곤충 — 70
제25과 네 발 가진 동물과 여러 가축 — 72
제26과 가축 — 74
제27과 짐을 운반하는 짐승 — 76
제28과 야생 동물 — 78
제29과 들짐승 — 80

3
제30과 뱀과 벌레류 — 82
제31과 기어 다니는 벌레 — 84
제32과 양서류 — 86
제33과 강과 호수의 물고기 — 88
제34과 바다의 물고기와 조개 — 90
제35과 인간 — 92
제36과 인간 세대의 7단계 — 94
제37과 인간 몸의 부분 — 96
제38과 머리와 손 — 98
제39과 육체의 근육과 내장 — 100

ORBIS SENSUALIUM PICTUS

4
- 제40과 맥관과 사지(골격) — 102
- 제41과 외부와 내부의 감각기관 — 104
- 제42과 인간의 혼 — 106
- 제43과 기형과 기형아 — 108
- 제44과 동산의 경작 — 110
- 제45과 농경 — 112
- 제46과 목축 — 114
- 제47과 양봉 — 116
- 제48과 물레방아 — 118
- 제49과 제빵 — 120

5
- 제50과 물고기 잡이 — 122
- 제51과 새 사냥 — 124
- 제52과 사냥 — 126
- 제53과 정육점 — 128
- 제54과 요리 — 131
- 제55과 포도 수확 — 132
- 제56과 맥주 제조 — 134
- 제57과 연회 — 136
- 제58과 아마포 제작 — 138
- 제59과 직물 — 140

6
- 제60과 아마포(亞麻布) — 142
- 제61과 재봉사 — 144
- 제62과 제화공 — 146
- 제63과 목수 — 148
- 제64과 미장이 — 150
- 제65과 도구 — 152
- 제66과 집 — 154
- 제67과 광산 — 156
- 제68과 대장장이 — 158
- 제69과 가구 장인과 선반 세공사 — 160

7
- 제70과 도공 — 162
- 제71과 집의 방 — 164
- 제72과 거실과 침실 — 166
- 제73과 우물 — 168
- 제74과 목욕탕 — 170
- 제75과 이발소 — 172
- 제76과 마구간 — 174
- 제77과 시계 — 176
- 제78과 회화 — 178
- 제79과 거울 — 180

8

- 제80과 통장이 — 182
- 제81과 밧줄 꼬는 사람과 가죽끈 제조자 — 184
- 제82과 여행하는 사람 — 186
- 제83과 말 타는 사람 — 188
- 제84과 수레 — 190
- 제85과 운송마차 — 192
- 제86과 나룻배 — 194
- 제87과 수영 — 196
- 제88과 갤리선(노 젓는 배) — 198
- 제89과 화물선 — 200

9

- 제90과 난파선 — 202
- 제91과 글쓰기(서법) — 204
- 제92과 종이 — 206
- 제93과 인쇄술 — 208
- 제94과 책방 — 210
- 제95과 책 제본 — 212
- 제96과 책 — 214
- 제97과 학교 — 216
- 제98과 서재(書齋) — 218
- 제99과 말하는 기술 — 220

10

- 제100과 악기 연주 — 222
- 제101과 철학(세상의 지혜) — 224
- 제102과 측량술 — 226
- 제103과 천구(天球) — 228
- 제104과 행성의 위치 — 230
- 제105과 달의 모양 — 232
- 제106과 일식, 월식 — 234
- 제107과 지구(a) — 236
- 제107과 지구(b) — 237
- 제108과 유럽 — 238
- 제109과 윤리학 — 240

11

- 제110과 현명함 — 242
- 제111과 근면 — 244
- 제112과 절제 — 246
- 제113과 용기 — 248
- 제114과 인내 — 250
- 제115과 인간성 — 252
- 제116과 정의 — 254
- 제117과 관대(寬大) — 256
- 제118과 결혼 — 258
- 제119과 가족 계통(족보) — 260

ORBIS SENSUALIUM PICTUS

12

제120과	부모의 생활	262
제121과	통치권	264
제122과	도시	266
제123과	도시의 내부	268
제124과	재판소	270
제125과	범죄자의 형벌	272
제126과	상인	274
제127과	계량과 무게	276
제128과	의술	278
제129과	장례식	280

13

제130과	연극	282
제131과	곡예와 마술	284
제132과	검도장	286
제133과	공놀이	288
제134과	서양식 판놀이(장기/바둑)	290
제135과	경주	292
제136과	아이들의 놀이	294
제137과	나라와 지방 풍경	296
제138과	왕의 존엄	298
제139과	병정(군인)	300

14

제140과	군 진영	302
제141과	전투대형과 전투	304
제142과	해전(海戰)	306
제143과	도시를 포위함	308
제144과	예배(종교)	310
제145과	이교(異敎)	312
제146과	유대교	314
제147과	기독교	316
제148과	무슬림의 신앙(이슬람)	320
제149과	신의 섭리	322
제150과	최후의 심판	324

끝맺음 —————— 326

**"세계도해"(Orbis sensualium pictus)에 반영된 코메니우스의
교육철학적 의미와 간략한 책 내용 그리고 출판의 역사** ── 328

1. 언어학습교재 ── 328
2. 코메니우스의 철학적 개관들이 반영된 책 ── 330

코메니우스의 생애와 활동 ── 337

1. 모라비아인의 혈통 ── 337
2. 헤어보른과 하이델베르그 대학에서의 공부기간 (1611-1614) ── 339
3. 프레롭과 풀넥에서의 활동 (1614-1621) ── 341
4. 비밀한 장소에서의 생활 (1621-1628) ── 343
5. 리사에서의 생활 (1628-1641) ── 347
6. 영국의 초청에 응하다 (1641-1642) ── 352
7. 스웨덴과 엘빙에서의 생활 (1642-1648) ── 354
8. 두 번째 리사로 돌아옴 (1648-1650) ── 356
9. 헝가리 사로스파탁에서의 생활 (1650-1654) ── 358
10. 리사에서의 3번째 체류 (1654-1656) ── 360
11. 암스테르담으로 망명 (1656-1670) ── 361

ORBIS SEN-
SUALIUM PICTUS.
Hoc est,
Omnium fundamentalium in Mundo Rerum & in Vitâ Actionum
Pictura & Nomenclatura.

Die sichtbare Welt/
Das ist/
Aller vornemsten Welt=Dinge und Lebens=Verrichtungen
Vorbildung und Benahmung.

NORIBERGÆ,
Typis & Sumptibus MICHAELIS ENDTERI.
Anno Salutis cIɔ Iɔc LVIII.

요한 아모스 코메니우스의
세계도해

이것은 가장 고귀한 세계의 모든 사물과 삶에서 수행해야 할
일들에 대한 기초지식과 붙여진 이름이다

출판사 미하엘 엔터
1658년

역자의 인사말

1658년 독일에서 출판된 코메니우스의 유명한 책, "오르비스 젠수알리움 픽투스"(Orbis sensualium Pictus)로 불리는 라틴어-독일어 원본은 아이들이 그림을 통해서 세계에 존재하는 모든 것을 배우도록 만들어진 최초의 그림 교과서이다. 코메니우스는 이 책에다 150개의 그림으로 사물들의 이름과 성격과 기능, 형태 등을 아이들이 쉽게 이해하도록 설명하였다. 그는 역시 아이들이 쉽게 비교하여 잘 이해하도록 그림과 내용의 중요한 부분에 번호를 매겨 놓았다. 이 책은 출판되자마자, 영국을 비롯한 여러 나라에서 각각의 언어로 번역하여 초등학교 아이들이 배우는 교과서로 사용하게 되었다. 물론 학교 전 아이들로 가정에서 배우는 그림책으로 사용하였다. 독일과 오스트리아에서는 20세기 초엽까지 초등학교 교재로 사용하였다고 한다. 생각하면 이 책은 코메니우스가 생각했던 모든 지혜의 배움을 실제로 실천하려고 만든 세계 최초의 그림책이다. 그리고 이러한 시각적인 그림 사용법 때문에 코메니우스는 오늘날 시각교육의 창시자요, 영상미디어 사용의 원조(元祖)로 평가되기도 한다.

이처럼 유명한 코메니우스의 책은 이전에 1998년 한국에서 처음 번역·출판되었다. 그 번역서의 이름은 "세계도회"(世界圖繪)[1]로 알려졌다. 그리고 1999년에도 "세계 최초의 그림 교과서"[2]란 이름으로 또 다른 번역판이 잇따라 출판되기도 하였다. 이 두 권의 번역서는 한국에 코메니우스의 교육사상과 교육 실제의 모습을 알리는 일에 크게 기여한 것으로, 이 책들에 실린 코메니우스에 관한 간략한 생애와 교육사상을 소개한 정보들은 역시 도움이 되기도 하였다.

그렇지만 본 역자가 이 책을 다시 번역하게 되는 것은 두 권의 번역서들에서 부정확하고 불분명한 내용들이 발견되었기 때문인데, 이 두 번역서들은 일본어 번역판에 지나치게 의존함으로써 원저자(코메니우스)가 의도한 본래의 의미를 정확하게 표현하지 못한 것들이 바로 잡혔으면 하는 생각에서 였다.[3]

---

[1] 코메니우스의 "Orbis sensualium Pictus"는 김은경과 이경영 교수(편역)에 의하여 1998년 '교육과학사'에서 출판되었다. 책 이름을 "세계도회"(世界圖繪)로 번역한 것은 아마도 일본어판(1995)에서 따 온 것으로 짐작한다. 일본에서는 1995년에 이 책을 "세계도회"로 번역하여 출판하였다.

[2] 남혜승씨에 의해서 코메니우스의 "Orbis sensualium Pictus"는 "세계최초의 그림 교과서"란 이름으로 출판되었다. 이 책의 역자는 일본어판 "세계도회"를 참고했다는 사실을 책 서두에 명시해 주었다.

[3] 앞의 두 번역판 모두 일본에서 출판한 "세계도회"에 의존하다 보니, 원본의 의미가 많이 달라져 있는 것을 확인하였다. 예를 들면, 세계도회의 첫 부분인 입문(Invitatio-Einleitumg)의 그림과 내용에 보면, 교사와 학생 사이에 나눈 대화가 실려 있다. 그 첫 대화는 다음과 같다. 1998년 판에서, 교사: 인간이 현명해지기 위해서는 공부하지 않으면 안 된다. 학생: 현명해진다는 것은 어떠한 것인가요? 1999년 판에서는, 교사: 이리로 오렴, 현명해지기 위해서는 공부를 해야 한다. 학생: 현명해진다는 것은 어떤

그래서 본 역자는 마침내 저자의 원문 서적인 "라틴어-독일어판"(1658)에 근거하여 여기 새번역을 내놓게 되었다. 그리고 이 새번역은 라틴어-독일어 원문에다 한국어 번역을 첨부하여 독자들이 더 쉽게 대조하여 이해하도록 해보았다. 이러한 새 번역본을 통해서 독자들이 원저자의 의도가 더 분명하게 이해되기를 바라는 마음이다. 그리고 본 역자는 이 번역본의 책명도 "세계도해"(世界圖解)로 명명하였으며, 독일어 번역의 책명은 "Die sichtbare Welt"(가시적인 세계) 또는 "그림으로 이해하는 세계"로 번역하였다. '세계도해'는 우리말 국어사전에서 이미 "1658년에 체코슬로바키아의 코메니우스가 쓴 그림으로 된 책, 세계최초의 그림 교과서"라고 밝혀놓았다. 그리고 이러한 명칭(세계도해)은 1989년 중국의 번역판에서도 이미 사용되었음을 확인하였다.[4] 그때문에 본 역자는 '세계도해'란 명칭사용을 자연스럽게 수용하게 되었다.

생각하면 이 책은 지금으로부터 362년 전, 17세기 후반에 유럽에서 출판된 참으로 오래된 책이다. 그러나 이 책이 오늘날에도 관심을 갖게 되는 것은 여전히 현대적으로 유효한 교수의 원리와 방법의 가치들을 발견하게 되기 때문이다. 무엇보다도 우리의 아이들이 "즐겁고 빠르고 철저하게" 배우도록 하려는 코메니우스의 교수법은 이 책이 잘 보여주고 있다. 그리고 더 중요한 교수원리는 코메니우스가 이 책의 표지 중앙에다 그려놓은 둥근원 안의 그림과 그 원 둘레에 새겨놓은 라틴말에서 확인되는데, 라틴어 표어는 "모든 것은 스스로 흐르게 하고 폭력은 그것들에서 멀리하라"(OMNIA SPONTE FLUANT ABSIT VIOLENTIA REBUS)는 말이다. 이 말은 아이들의 배움은 자연스럽게 자발적으로 이루어져야하며 결코 교사의 그 어떤 억압이나 강요에 의한 폭력적인 학습이 이루어지지 않아야 한다는 뜻으로 오늘날 이 시대의 교사된 우리에게 주는 깊은 교훈이라 생각한다. 이러한 것들이 이 시대에도 우리가 코메니우스에 관심을 갖게 되는 중요한 이유와 근거들이며 여전히 그에게서 얻게되는 교육적인 지혜가 분명하다고 할 것이다.

이 외에도 본 역자는 독자들을 돕기 위하여 "코메니우스의 생애와 활동"이란 이름으로 그의 전 생애 동안의 활동들을 역사적인 연대기에 따라 소개하였으며, 특히 그가 쓴 대부분의 중요한 책자들이 어떤 환경과 시대 배경에서 만들

것인가요?로 되어 있다. 그러면 라틴어-독일어 원문은 어떤가? M. Veni, Puer! disce Sapere. P. Quid hoc est, Sapere?, L. Komm her/ Knab/ lerne Weissheit? S. Was ist das/ Weissheit? 우리 말로 정확히 번역하면, 교사: 아이야 이리 와서, 지혜를 배워라, 학생: 지혜, 그것이 무엇인가요? 로 번역된다. 영어판에서 보면, T. Come boy, Learn to be weise! S. What is to be weise? 로 되어 있다. 아마도 영어에서 아이야 와서 지혜롭게 되기를 배우라는 말로 약간 의역시킨 것을 일본어에서 결정적으로 "인간이 현명해지기 위해서는 공부하지 않으면 안된다"는 말로 번역하였고, 한국어에서는 그것을 그대로 번역한 것으로 여겨진다.

4) 본 역자는 2007년에 출판한 중국어판 "세계도해"(世界圖解)에서 확인하였다.

어진 것인지를 상세히 설명해 보았다. 코메니우스의 생애와 사상 이해에 분명한 도움이 되리라 기대한다. 그리고 이 책이 출판되기까지의 간략한 역사와 이 책의 의미도 함께 다루어보았다. 이 책은 코메니우스의 범지혜의 교육을 실제적인 그림을 동원하여 배울 수 있도록 시도한 책이기에 앞으로 이러한 방식의 교육을 시도하려는 기독교교육과 교회교육에 참여하고 있는 교사들에게 역시 큰 도움이 되리라 기대한다. 그리고 이러한 책을 모방하여 더 좋은 교재 창작에 도움이 되기를 바라는 마음이다.

끝으로 이 책이 출판되기까지 교정작업에 참여한 한국코메니우스 연구소 총무 김석주 목사님과 편집 디자인 작업을 맡아준 변윤주 선생님께도 감사를 드리며, 또한 이 책 출판의 재정지원과 교정작업과 기도로 협력해 준 신실한 아내 강 룻에게도 깊은 감사를 드린다.

이 책을 대하는 모든 분들에게 우리 하나님의 풍성한 지혜가 함께 하기를 기원한다.

2021년 1월
한국코메니우스 연구소에서
역자 드림

ORBIS
SENSUALIUM
PICTUS.

세계도해 : 그림으로 배우는 세계

가시적인 세계

Gen. 2. v. 19, 20.

Adduxit Dominus Deus ad Adam cunctas animantes Terra, & universa volatilia Cœli, ut VIDERET quomodo VOCARET illa. Appellavitq; Adam Nominibus suis cuncta Animantia, & universa Volatilia Cœli, & omnes Bestias agri.

1. B. Mos. 2. v. 19/20.

GOtt der HErr brachte zu Adam alle Thiere auf Erden / und alle Vögel unter dem Himmel / daß er SAEHE / wie er sie NENNET. Und Adam gab einem ieglichen Thier / und Vogel unter dem Himmel / und Thier auf dem Felde / seinen Nahmen.

창 2:19-20

"여호와 하나님이 흙으로 각종 들짐승과 공중의 각종 새를 지으시고 아담이 어떻게 이름을 짓나 보시려고 그것들을 그에게로 이끌어 이르시니 아담이 각 생물을 일컫는 바가 곧 그 이름이라 아담이 모든 육축과 공중의 새와 들의 모든 짐승에게 이름을 주니라"

독자에게 드리는 글

　무지를 극복하기 위한 처방약은 학교에서 아이들에게 이해력을 길러주는 교육에 달렸습니다. 그렇게 교육은 참되고 완전하며 분명하게 지속하는 일입니다. 후에 탄식의 빌미가 되지 않도록 삶에 유익한 것을 가르치고 배우게 한다면, 그것은 참된 일이 될 것입니다. 우리가 유익한 것을 아무것도 배우지 않았기 때문에 유익한 것이 무엇인지를 잘 알지 못합니다. 사람들이 이해력을 언어의 민첩한 사용에서, 혀와 삶에서, 행하여야 할 행동들에서, 손을 지혜롭게 사용하게 될 때, 교육은 거기서 완전하게 될 것입니다. 즉 아이는 삶에서 잘 알려진 소금이 될 것이며, 지혜로우며, 지혜롭게 행동하며, 말하게 될 것입니다. 우리가 가르치고 배우는 모든 것이 어둡고 혼잡하게 되는 것이 아니라 양손의 손가락처럼 정돈되고 구성될 때, 교육은 분명하며 지속될 것입니다. 거기서 중요한 일은 아이들이 이해할 수 있도록 먼저 인지할만한 사물들의 감관을 통하여 판단할 것들을 제시하는 것입니다. 바로 이것이 모든 것의 토대라는 것을 나는 계속해서 진지하게 말합니다. 왜냐하면 우리가 행동하거나 말해야 하는 모든 것이 먼저 올바르게 이해되지 않는다면 행동하지도, 지혜롭게 말할 수도 없기 때문입니다. 앞서 감관들에 있지 않았던, 그 어떤 것도 이해된 것은 아닙니다. 사물들 사이의 구별의 올바른 이해 가운데서 감관을 연습하는 것은 모든 지혜와 모든 지혜로운 달변과 삶에서의 모든 지혜로운 행동들의 토대를 만들게 되는 것을 뜻합니다. 왜냐하면 학교에서 습관적으로 그것에 대하여 주의하지 않고, 학생들에게 이성적으로 이해할 수 없는, 그리고 감관에 소개될 수 없는 사물들을 제시하고 있기 때문에, 수업에서의 노력과 배움은 힘들게 진행되며 유익은 미미할 뿐인 것입니다.

　보십시오, 여기에 학교들을 위한 하나의 새로운 학습보조물이 있습니다! 세계와 삶에서의 모든 행동에 대한 중요한 사물들의 그림과 그 이름들입니다. 사랑하는 교사 여러분들이 학생들과 함께 어려움 없이 그것들을 다룰 수 있도록, 그 그림에서 기대할 수 있을 만한 것들에 대하여 간략하게 상세히 설명할 것입니다.

　여러분들이 보고 있는 것처럼 이 책자는 크지 않지만, 그것은 세계 전체와 언어 전체에서 본질적인 모든 것에 대한 하나의 간략한 요약을 포함하고 있습니다. 그것은 그림들과 명명하는 것들과 묘사하는 것들의 전부입니다.

1. 그림들은 세계 전체에서 모든 가시적인 사물의 모습을 그림으로 묘사합니다(그것에서 가시적인 사물이 열거되었습니다). 그것들은 "언어의 입문"(Janua lingarum)서에 상세히 묘사되었던 순서를 따라, 할 수는 없으나 본질적인 것은 아무것도 제외시키지 않고 완전히 설명되었습니다.

2. 명칭들로서 각 그림 위에 하나의 포괄적인 말로 표현된 제목이나 주제가 열거되었습니다.

3. 묘사한 것들은 그림에 대한 사물을 밝히고 있으며, 그것들은 상응하는 명칭들로 특징지어졌고, 더욱이 그림에 대한 각 대상에서 그리고 그것에 속한 것을 보여주기 위하여 텍스트내의 각 명칭에다 동일한 숫자를 첨부하였습니다.

이 책자는 바라기로는 다음의 형태로 도움이 될 것입니다. 첫 번째, 학교에서 그들이 그 어떤 고통스러운 것이 아니라 만족해하는 것을 보게 되도록 아이들의 관심을 일깨우려는 것입니다. 왜냐하면 아이들이 이른 나이에 그림을 좋아하는 것과 그것들을 즐겨 바라보게 된다는 것은 잘 알려져 있기 때문입니다. 지혜의 정원에서 두려움을 물리치게 된다면, 그것은 큰 소득이 될 것입니다.

두 번째, 이 책자는 관심을 일깨우며, 매료되는 것과 항상 더 많은 의식을 일깨우는데 도움이 될 것입니다. 그것이 참으로 중요합니다. 감관들은(이른 나이에 이성이 추상적인 사물들을 아직 파악할 수 없기 때문에 가장 중요한 요소들인) 항상 적합한 자극들을 찾게 되며, 아이들이 그것들은 갖지 않으면 약해지며, 안타깝게도 이리저리 떠돌아다니게 되며, 만일 그들이 적절한 자극들을 얻게 되면 그들은 만족해하며, 생기를 얻게 되며, 사물을 충족하게 탐구할 때까지 그것들을 놓치지 않습니다. 그 때문에 이 책자는 (특히 차분하지 않는)아이들을 훈련하기와 그들이 계속적인 탐구를 준비하는 일에 도움이 될 것입니다.

거기서 세 번째 장점이 나타나는데, 그것은 아이들이 관찰에 매료되어 가까이 접근하며, 놀이하면서 세계에서 가장 중요한 사물들의 재미있는 지식들을 얻게 되는 것입니다.

간략하게 말해서 이 책자는 '앞뜰'(Vestblarium)과 '언어의 입문'(Janua linguarum)서 책들의 주제를 즐겁게 다루는 일에도 유익합니다. 게다가 그것들이 우선적으로 적용된 것입니다.

그것이 모국어를 다루는 데 적합한 것이라고 생각한다면, 그것은 3가지 다른 좋은 것들을 약속하게 됩니다.

1. 그것은 아이들의 독서에 지금까지 것보다 달리 더 쉽게 설명하면서 전달하게 되는 것입니다. 즉 그림의 형태로 앞서 언급된 상징적인 알파벳의 수단으로, 그것은 한 문자와 첨부된 생명체의 그려진 모습을 수단으로 한 것을 뜻하는데, 그 생명체의 음성은 상대편에 놓여 있는 문자의 소리와 비슷합니다. 벌써 생명체의 관찰에 의하여 초보자들은 문자들 각각의 타당성을 쉽게 기억하게 될 것입니다. 그것에 대한 의미가 습관화되고, 습관이 확고해 지면 사물들은 이성으로부터 쉽게 파악될 것입니다.

우리는 가장 중요한 음절들의 목록을 간략히 들여다보면(이 책자에서 그것들을 첨부하는 것을 중요하게 생각하지 않았습니다), 그림들과 그 그림을 열거한 주제들을 계속해서 볼 수 있을 것입니다. 그리고 여기에 다시 그려진 사물의 관찰은 단지 사물의 이름을 말하며, 형상의 명칭들이 어떻게 읽혀져야 하는지를 기억합니다. 그리고 책 전체는 이러한 방식으로 모양들의 명칭에 대하여 다루어졌다면, 학생은 읽기를 배우지 않은 채 앞서 나갈 수는 없습니다. 모든 것을 통상적으로 길게 문자화하지 않고, 어려운 의미를 이해하도록 고통스러운 방법을 사용하지 않고 잘 깨닫게 될 것입니다. 또한 그림들 가운데서의 묘사로써 이 책의 반복된 독서는 아이의 독서능력이 완전해지게 해 줄 것입니다.

2. 만일 이 책자가 모국어를 배우는 초등학교에서 다루어진다면, 학생이 이러한 언어를 완전하게 기초에서부터 배우는 일에 큰 유익이 될 것입니다. 왜냐하면 위에 열거된 해명에서 낱말들과 언어 전체의 어법들이 적절한 방식으로 배열되었기 때문입니다. 그리고 사람들은 결과적으로 이미 이해된 언어를 분명히 분석하게 될 모국어의 간략한 문법도 첨가할 수 있습니다. 그것들은 낱말이 어떻게 활용되어야 하는지와 낱말의 연결에 의해서도 적용된 규칙들이 어떻게 열거되는지도 보여주게 될 것입니다.

3. 거기서 새로운 유익이 생겨납니다. 말하자면 그것은 모국어의 번역이 라틴어의 더 쉽고 더 흥미로운 적용에 도움을 주는 일입니다. 책 전체가 그렇게 번역된 이 출판물에서 알 수 있는 것처럼, 곳곳에서 낱말에 대하여 낱말이 열거되었으며, 서로에게 예속된 것입니다. 그리고 이 책은 모든 것에서 동일하며, 그러나 여러 언어 안에서 비슷하게 마치나 한 사람, 동일 인물이 여러 옷으로 갈아입게 되는 것과 같은 이치입니다. 그리고 마지막에 하나의 개관과 관점 하에서 특이점들이 첨부될 수 있을 것이며, 그 안에서 라틴어는 모국어로부터 구별됩니다. 왜냐하면 어떤 차이도 생기지 않는 곳에서는 어떤 특이점들도 필요하지 않기 때문입니다.

첫 번 과목들이 간단해야 하기 때문에 우리는 이 책자에서 초보적인 학습을 위해 단지, 기초적이면서 아이의 이해력이 감당할 수 있는 사물들과 세계 전체와 언어 전체와 모든 사물의 인식이 가장 중요한 낱말들의 지식에 의존하는 그것들을 수용하였습니다. 만일 누군가 사물의 더 완전한 서술과 언어의 완전한 지식, 그리고 영적인 것의 더 분명한 해명을 필요로 한다면 그는 그것을 쉽게 우리의 감관들을 수단으로, 근접하게 하는 백과사전에서 발견하게 될 것입니다.

이 책자의 흥미로운 유익에 아직 더 첨부할 것이 있는데, 그것은 다음과 같습니다.

1. 여러분은 그것을 아이들의 손에다 쥐어 주십시오, 그들이 아직 학교에 가기 전에, 임의대로 그림들을 보게 되도록, 그리고 그것들을 이미 집에서 가능한 대로 잘 알게 되도록 말입니다.

2. 그리고서 여러분들은 아이들에게 이따금(특별히 학교에서) 이것은 무엇이며, 저것은 무엇인지, 그것은 어떻게 불러야 하는지를, 그들이 부를 수 없는 것은 아무것도 보지 않으며 그리고 그들이 보여줄 수 없는 것은 아무것도 말하지 않도록 질문합니다.

3. 여러분들은 그들에게 명명된 물건들을 단지 그림에서만 아니라, 역시 실제로, 예를 들어 신체의 부분들, 의복, 책들, 집, 가정의 가구들 등을 보여주십시오.

4. 여러분들은 만일 아이들이 그림들을 역시 자신의 손으로 그리기를 원한다면, 허락해 주십시오. 그렇습니다. 그들이 원할 때, 첫째, 그렇게 사물들 이면에 관심을 집중하도록 하며, 둘째, 그들이 서로 부분들의 관계를 의식하게 되도록 하며, 결과적으로 그들이 반복하여 유익하게 손의 숙달을 연습하도록 독려해 주십시오.

5. 여기에 언급된 몇 가지 사물들이 시각적으로 제시해 줄 수 없다면, 그리고 그것들을 학생들에게 직접 보여줄 수 있다면 참으로 유익할 것입니다. 예를 들어 사람들이 여기서 인쇄용 검정 잉크로 묘사할 수 없었던 색채나 미각들이 해당 됩니다. 이러한 근거에서 항상 만일 그것들이 밝혀져야 한다면, 사람들이 그것들을 학생들에게 동시에 보여줄 수 있도록 이따금 각각의 우수한 학교들에서 진귀한 것들의 수집들과 가정에 잊지 않는 물건들을 보존하게 되는 것은 참으로 바람직한 일일 것입니다. 그리고서 먼저 이러한 학교는 감각적인 세계의 하나의 참된 학교가 될 것이며 또한 이성 세계의 학교의 모범적인 서막(序幕)이 될 것입니다. 그러나 벌써 충분히 우리는 이러한 작업을 진행하고 있습니다.

예수 시락 25:5 - 만일 당신이 어릴 때, 씨앗을 심지 않는다면 늙어서 무엇을 찾기를 원하는가?

Invitatio.   Einleitung.   입문

M. Veni, Puer! diſce Sapere.

P. Quid hoc eſt, Sapere?

M. Omnia, quæ *neceſſaria,* rectè *intelligere,* rectè *agere,* rectè *eloqui.*

P. Quis me hoc docebit?

M. Ego, cum DEO.

P. Quomodo?

L. Komm her/ Knab! lerne Weißheit.

S. Was iſt das/ Weißheit?

L. Alles/ was nöhtig iſt/ recht verſtehen/ recht thun/ recht ausreden.

S. Wer wird mich das lehren?

L. Ich/ mit GOtt.

S. Welcher geſtalt?

M. Du-

교사 : 아이야, 이리 와서 지혜를 배워라!

학생 : 지혜요, 그것이 무엇입니까?

교사 : 그것은 바르게 이해하며, 바르게 행하며, 바르게 말하는데, 필요한 모든 것이다.

학생 : 누가 그것을 가르쳐 주십니까?

교사 : 하나님과 함께 내가 가르친다.

학생 : 어떻게 가르치게 되나요?

M. Ducam te, per omnia, ostendam tibi omnia, nominabo tibi omnia.	*L.* Ich will dich führen durch alle Dinge/ ich will dir zeigen alles/ ich will dir benennen alles.	교사 : 모든 사물세계로 너를 인도할 것이며, 모든 것을 보여주며, 너가 모든 것의 이름을 짓게 되도록 할 것이다.
P. En adsum! duc me, in nomine DEI.	*S.* Sehet/ hier bin ich! führet mich/ in GOttes Namen!	학생 : 보십시오, 내가 여기 있습니다. 하나님의 이름 안에서 나를 인도해 주세요!
M. Ante omnia, debes discere simplices *Sonos*, ex quibus constat Sermo humanus: quos, Animalia sciunt formare, & tua Lingua scit imitari, & tua Manus potest pingere.	*L.* Vor allen Dingen/ must du lernen die schlechten Stimmen/ in welchen bestehet die Menschliche Rede: welche/ die Thiere wissen abzubilden/ und deine Zunge weiß nachzumachen/ und deine Hand mahlen kan.	교사 : 모든 사물에서 너는 인간적인 말이 형성되는 올바른 소리를 배워야 한다. 동물이 소리로 표현할 줄 아는 것과 너의 혀는 그 소리를 따라 하기와 너의 손은 그림을 그릴 수 있게 될 것이다.
Postea ibimus in *Mundum*, & spectabimus omnia.	Darnach wollen wir wandern in die Welt/ und beschauen alle Dinge.	그리고서 우리는 세계로 나아가기를 원한다. 거기서 우리는 모든 것을 보기를 원한다.
Alphabethum vivum & vocale habes hîc.	Hier hast du ein lebendiges und stimm- Alfabeth. (bares	여기에 너가 생생하게 소리를 내는 문자(알파벳)를 얻게 된다.

Z 7 En! adsum! Sihe! Z 9 in dem Namen Gottes Z 9 v u kan mahlen
Z 8 v u wollen wir gehen Z 5 v u und wollen beschauen Z 3—1
v u Hic habes vivum & vocale Alph.

	Cornix cornicatur. die **Kräſſe** krechzet.	까마귀는 아 - 아 - 하고 웁니다	áá	Aa
	Agnus balat. das **Schaf** blöcket.	양은 베-에-에 하고 웁니다	bééé	Be
	Cicáda ſtridet. der **Heuſchreck** zitzſchert.	메뚜기는 치 - 치 날개를 비빕니다	cící	Cc
	Upupa, dicit der **Widhopf**/ ruft	비둘기는 두 - 두 하고 웁니다	dudu	Dd
	Infans éjulat. das **Kind** weinert.	아가는 에 - 에 - 에 하고 웁니다	ééé	Ee
	Ventus flat. der **Wind** wehet.	바람은 휘휘 붑니다	fifi	Ff
	Anſer gingrit. die **Gans** gackert.	오리는 가 - 가 웁니다	gaga	Gg
	Os halat. der **Mund** hauchet.	입은 하 - 하 숨을 내쉽니다	háh háh	Hh
	Mus mintrit. die **Maus** pfipfert.	쥐가 이 - 이 - 이 기어갑니다	ííí	Ii
	Anas tetrinnit. die **Ente** ſchnackert.	오리는 콰콰하고 소리를 냅니다	Kha Kha	Kk
	Lupus úlulat. der **Wolff** heulet.	이리가 루 우루 라고 짖습니다	lu ulu	Ll
	Urſus múrmurat. der **Beer** brummet.	곰은 뭄 뭄 하고 웁니다	mum mum	Mm

Felis, clamat die Katz mautzet.	고양이는 나우 나우 하고 웁니다	nau nau	Nn
Auriga, clamat der Fuhrmann/rufft	마부는 오-오-오 라고 소리를 지릅니다	óóó	Oo
Pullus pipit. das Küchlein pipet.	병아리가 피 - 피 웁니다	pi pi	Pp
Cúculus cúculat. der Kukuck kucket.	뻐꾸기가 쿡쿠 하고 지저귑니다	kuk ku	Qq
Canis ringitur. der Hund marret.	개가 에르르 하고 짖습니다	err	Rr
Serpens sibilat. die Schlange zischet.	뱀은 시- 하고 소리를 냅니다	sí	Ss
Graculus, clamat der Heßer/schreyet	산까치는 테 테 소리 냅니다	tae tae	Tt
Bubo ululat. die Eule uhuhet.	부엉이는 우 - 우 하고 웁니다	úú	Uu
Lepus vagit. der Hase quäcket.	토끼는 바아 - 하고 웁니다	Vaá	Ww
Rana coaxat. der Frosch quacket.	개구리가 콰크스 하고 웁니다	coax	Xx
Asinus rudit. der Esel ygaet.	나귀는 이 이 이 하고 웁니다	yyy	Yy
Tabanus, dicit die Breme summet.	쇠파리는 즈 즈 하고 소리를 냅니다	ds ds	Zz

제 1 과

DEUS.　　GOTT.　　하나님

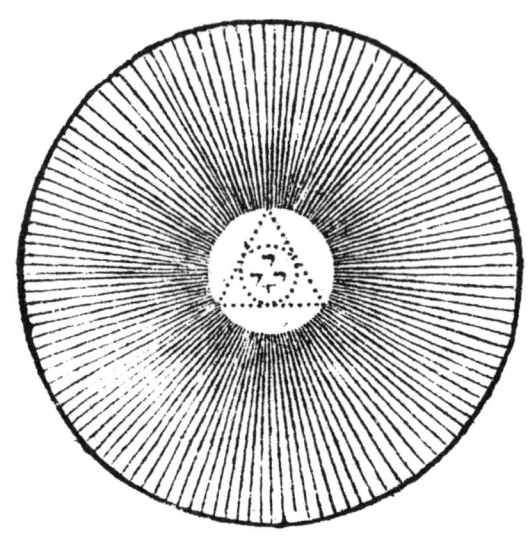

DEUS est ex seipso, ab æterno in æternum.	GOTT ist aus sich selber/ von Ewigkeit zu Ewigkeit.	하나님은 영원에서 영원까지 스스로 존재하십니다.
Ens perfectissimum & beatissimum.	Das allervollkommenste und allerseeligste Seyn (Ding.)	가장 완전하고 복된 존재이십니다.
Essentiâ, Spiritualis & Unus.	Im Wesen/ Geistlich und Einig.	본질에 있어서 영적이며 일체이십니다.
Hypostasi, Trinus.	In der Persönlichkeit/ Dreyfältig.	인격에 있어서 세 개의 위격을 가지시며
Voluntate,	Im Willen/ Sanctus,	

Z 5—7 Perfectissimum & beatissimum esse (ens)

Sanctus,	Heilig/	의지에 있어서 거룩하시며
Justus,	Gerecht/	의롭고 은혜로우시며 진실하십니다.
Clemens,	Gütig/	그는 권세에 있어서
Verax.	Warhafftig.	가장 위대하신 분이시며
Potentiâ,	An Macht/	자비에 있어서 가장 좋으시며
Maximus.	der Gröste.	지혜에 있어서 헤아릴 수 없이
Bonitate,	An Güte/	무한하십니다.
Optimus.	der Bäste.	그는 무한한 빛이십니다.
Sapientiâ,	An Weißheit/	모든 것 가운데 존재하시며
Immensus.	Unermäßlich.	도처에 계시며
Lux	Ein unbegreiffliches	계시지 않는 곳이 없으십니다.
inaccessa:	Liecht:	그는 최고의 선이시며
& tamen	und doch	홀로 모든 선한 것의
Omnia in omnibus.	Alles in Allem.	넘치는 원천이십니다.
Ubiq;	Uberall/	그는 우리가 세계라고 부르는
& Nullibi.	und Nirgend.	모든 사물들의 창조자이시며
Summum Bonum,	Das höchste Gut/	그것을 다스리시는 통치자이며
& Bonorum omnium	und alleine	유지시키는 보존자이십니다.
Fons	der unerschöpfliche	
solus	Brunn	
& inexhaustus.	alles Guten.	
Omnium Rerum,	Aller Dinge/	
quas vocamus	die wir nennen	
Mundum,	die Welt/	
ut Creator,	gleichwie ein Erschaffer/	
ita Gubernator	also ein Regirer	
& Conservator.	und Erhalter.	

A 4   *II. Mun-*

Z 11, 12 Ein Liecht, zu dem man nicht kommen kan: Z 18–20 & solus inexhaustus fons omnis boni. III siehe hinten.

제 2 과

Mundus. Die Welt. 세계

Cœlum

Cœlum 1 habet Ignem, Stellas. Nubes 2 pendent in Aëre. Aves 3 volant sub Nubibus. Pisces 4 natant in Aquâ. Terra habet Montes, 5 Sylvas, 6 Campos, 7 Animalia, 8 Homines. 9 Ita, sunt plena Habitatoribus suis, quatuor Elementa, Mundi maxima Corpora.	Der Himmel 1 hat das Feuer/ die Sternen. Die Wolcken 2 hangen in der Lufft. Die Vögel 3 fliegen unter den Wolcken. Die Fische 4 schwimmen im Wasser. Die Erde hat Berge/ 5 Wälder/ 6 Felder/ 7 Thiere/ 8 Menschen. 9 Also/ sind voll ihrer Einwohnere/ die vier Elemente/ der Welt gröste Cörper.	하늘[1]은 태양(불)과 별들을 가지고 있습니다. 구름[2]은 공중에 걸려있으며 새[3]들은 그 구름 아래로 날아다닙니다. 물고기[4]들은 물속을 헤엄치며 땅에는 산[5]과 숲[6]과 들[7]이 있고 그 안에는 동물[8]과 사람[9]이 살고 있습니다. 이와 같이 세계는 거주하는 자들로 가득하며 세계의 4가지 요소들은 가장 큰 몸체입니다.

als Z 3 v u einschalten: quae sunt welche sind.

제3과

Cœlum.   Der Himmel.   천체(하늘)

Cœlum

Cœlum 1	Der Himmel 1	하늘[1]은 회전합니다.
rotatur,	drehet sich/	
& ambit	und gehet	하늘의 중심에 위치하고 있는
Terram, 2	um die Erde/ 2	지구[2]를 둘러싸고 있습니다.
stantem in medio.	die in der Mitten stehet.	태양[3]은 존재하고 있는 곳에서
Sol, 3	Die Sonne/ 3	빛을 항상 비춥니다.
ubiubi est,	sie sey wo sie sey/	
fulget perpetuò:	scheinet immer:	때때로 적운[4](積雲)이
utut	ob schon	태양을 가리긴 하지만
Nubila 4	das Gewülcke 4	그의 광채[5]로
eum nobis eripiant;	sie uns raubet;	빛을 만듭니다.
facitq;	und macht	빛이 비치는 때를
suis Radiis 5	mit ihren Strahlen 5	낮이라 부르며
Lucem;	das Liecht;	반대로 어두움[6]은 밤입니다.
Lux, Diem.	das Liecht/ den Tag.	밤에는
Ex opposito,	Gegen über	달[7]과 별[8]이
sunt Tenebræ 6	ist die Finsternis 6	희미하게 반짝입니다.
inde Nox.	daher die Nacht.	저녁[9]은
Nocte,	Bey Nacht/	어스름한 어두움이며
splendet Luna, 7	scheinet der Mond/ 7	아침은 여명[10]이요
& Stella 8	und die Sternen 8	낮입니다.
micant, scintillant.	schimmern/ blincken.	
Vesperi 9	Des Abends/ 9	
est Crepusculum:	ist die Demmerung:	
Manè,	Des Morgens/	
Aurora 10	die Morgenröte 10	
& Diluculum.	und das Tagen.	

IV. Ignis.

Z 3 u. 4 und umgehet die Erde   Z 5 in m. st.   Z 1 v u hinzugefügt
oder der anbrechende Tag.

제 4 과

Ignis. **Das Feuer.** 불

Ignis	Das Feuer	불은 점화 후 태우다가
ardet, urit, cremat.	brennet und verbrennet.	소실(燒失)됩니다.
Ejus *Scintilla*,	Dessen Funcke/	**강철**[1]의 도움으로
ope *Chalybis* 1	mit Hülff des Stahls 1	**부싯돌**[2]을 내리칠때
è *Silice* (Pyrite) 2	aus dem Feuerstein 2	불꽃이 생깁니다
elisa	geschlagen/	그리고 **불붙이는 점화기**[3]가
& in *Suscitabulo* 3	und im Feuerzeug 3	유황색을 띤 **불티**[4]를 만듭니다.
à *Fomite* excepta,	vom Zunder aufgefangen/	그것으로 **촛불**[5]이나
Sulphuratum 4	den Schwefelfaden/ 4	**나무**[6]에
& inde	und damit	불을 붙입니다.
Candelam 5	die Liechtkertze 5	
vel *Lignum* 6	oder das Holtz 6	
accendit.	anzündet/	
	& Flam-	

Z 2 (urit) &

& *Flammam* 7 excitat vel *Incendium*, 8 quod ædificia corripit. *Fumus* 9 inde ascendit, qui, adhærens *Camino*, 10 abit in *Fuliginem*. Ex *Torre*, (ligno ardente,) fit *Titio* 11 (lignum exstinctum.) Ex *Prunâ*, (candente torris particulâ) fit *Carbo* 12 (particula mortua.) Tandem, quod remanet, est *Cinis* 13 & *Faville* (cinis ardens.)	und eine **Flamme** 7 erreget/ oder eine **Feuersbrunst**/8 welche die Häuser wegfrißt. Der **Rauch** 9 steigt davon auf/ welcher/ hangend (10 am **Camin**/ (Schorstein) wird zu **Ruß**. Aus dem **Brand**/ (brennenden Holtz) wird ein **Löschbrand** 11 (ein ausgeloschen Holtz.) Aus der **Glutkohle**/ (dem glühenden Stuck Brands/) wird eine todte **Kohle** 12 (verloschne/ blinde.) Endlich/ was überbleibet/ ist **Asche** 13 und **Loderasche** (glimmende Asche.)	불꽃[7]은 집을 불태우는 큰 화재[8]를 일으킵니다. 연기[9]는 벽면의 굴뚝[10]을 통하여 올라오다가 그을음이 됩니다. 불에 타다가 숯[11]이 되거나 불이 꺼지면 재[12]가 남습니다. 마지막으로 남는 것은 재[13]와 타다가 남은 재입니다.

V. Aer

Z 6 die Häuser ergreifft   Z 8 v u p. t. Stück Brands. III ebenso; nu
Stuck   Z 7 v u wird eine verloschne Kohle. Z 6 v u fällt weg
Z 1 v u (a. c.)

제 5 과

Die Lufft.   Aër.   공기(기체)

Aura

Aura 1	Die Lufft 1
spirat leniter.	wehet sanfft.
Ventus 2	Der Wind 2
flat validè.	bläset starck.
Procella 3	Der Sturmwind 3
sternit arbores.	reisset die Bäume nieder.
Turbo 4	Der Wirbelwind 4
se agit in gyrum.	drehet sich im Kreiß.
Ventus subterraneus 5	Der Wind unter der Erden 5
excitat	erreget
Terræ-motum;	Erdbeben;
Terræ-motus, facit	das Erdbeben macht
Labes (*ruinas.*) 6	Erd-Fälle. 6

die Schlußvignette fällt weg

공기[1]는 부드럽게 움직입니다.

바람[2]은 강하게 붑니다.

폭풍[3]은 나무를 쓰러뜨립니다.

회오리 바람[4]이 빙빙 돕니다.

땅 속[5]에 있는
바람은 지진을 유발합니다.

지진은
땅을 무너지게[6] 합니다.

VI. Aqua

제6과

Aqua.   **Das Waſſer.**   물

Aqua

Aqua	Das Wasser	물은
scatet	entspringt	
è *Fonte*, 1	aus der Brunnquell/ 1	샘의 **근원**[1]에서 솟아오릅니다.
defluit	schiest herab	
in *Torrente*, 2	im Gießbach / 2	**계곡**[2]으로 흘러 내려가며
manat	rinnet	
in *Rivo*, 3	im Bach/ 3	**개울**[3]로 흘러가며
stat	stehet	
in *Stagno*, 4	im See (oder Weyer/) 4	**호수**[4]에 머무르고
fluit	fliesset	
in *Flumine*; 5	im Strom/ 5	**강**[5]으로 흐르며
gyratur	drehet sich	
in *Vortice*; 6	im Wirbel; 6	**소용돌이**[6]칩니다.
facit	machet	
Paludes. 7	Sümpfe (Morast.) 7	그리고 **늪**[7]지대를 만듭니다.
Flumen	Der Fluß	강은
habet	hat	
Ripas. 8	Ufere. 8	**강변**[8]을 타고 흐릅니다.
Mare	Das Meer	바다는 **해안**[9]과
facit	machet	
Littora, 9	Gestade/ 9	
Sinûs, 10	Meer-Busen/ 10	해안의 **만**[10](灣)을 만듭니다.
Promontoria, 11	Vorgebirge / 11	그리고 산맥 **자락**[11]은
Insulas, 12	Inseln (Eylande/) 12	**섬**[12]들을
Peninsulas, 13	Halb-Inseln 13	
Isthmos, 14	Erdsängen / 14	**반도**[13]는 **땅의 골**[14]을 만듭니다.
Freta; 15	Meer-ängen (Sund/)	**해협**[15]은
& habet	und hat (15	
Scopulos. 16	Steinklippen. 16	**절벽**[16]으로 이루어집니다.
	B Nubes.	

Z 6 u. 5 v u Inseln, Halb-Inseln

제 7 과

Nubes.　　　Die Wolcken.　　　구름

Ex aquâ ascendit *Vapor.* 1	Aus dem Wasser steiget auf der **Dampf.** 1	물에서 **증기**[1]가 올라옵니다.
Inde fit *Nubés* 2 & propè terram *Nebula.* 3	Daraus wird eine **Wolke/** 2 und hart an der Erden ein **Nebel.** 3	거기서 **구름**[2]이 생겨나고 땅에는 **안개**[3]가 자욱합니다.
E Nube guttatim stillat *Pluvia* 4 & *Imber.*	Aus der Wolke tröpflet der **Regen** 4 und **Platz-Regen.**	구름에서 **비**[4]와 소나기가 내립니다.
	Quæ,	

Überschrift III Die Wolfe Z 6 und nahe an der Erden Z 3 v u stillat (defluit guttatim) tröpflet (fleust herunter tropfenweis) III ändert noch: fließt

Quæ, gelata, *Grando*; 5 semigelata *Nix*; 6 calefacta, *Rubigo* est.	Welcher gefrohren / ein Hagel; 5 halbgefrohren ein Schnee; 6 erhitzet / ein Meelthau ist.	구름이 얼면 **우박**[5]이 되고 절반쯤 얼면 **눈**[6]이 됩니다. 따뜻해지면 이슬이 됩니다.
In nube pluviosâ, Soli oppositâ, apparet *Iris*. 7	In einer Regen-Wolke gegen der Sonne über / erscheinet der Regenbogen. 7	태양의 맞은편 비 구름에는 **무지개**[7]가 나타납니다.
Gutta, incidens in aquam, facit *Bullam*; 8 multæ Bullæ, faciunt *Spumam*. 9	Ein Tropf / ins Wasser fallend / machet eine Wasserblase; 8 viel Blasen / machen einen Schaum. 9	물방울은 물속으로 떨어지면서 **수포**[8]를 만듭니다. 많은 수포들은 **거품**[9]을 만듭니다.
Aqua congelata *Glacies*; 10 *Ros* congelatus, *Pruina*, dicitur.	Gefrohren Wasser / wird Eis; 10 gefrorner Thau / ein Reiff / genennet.	물이 얼어서 **얼음**[10]이 되고 이슬이 얼면 서리라고 부릅니다.
Ex vapore sulphureo fit *Tonitru*, quod, erumpens è nube cum *Fulgure*, 11 tonat & fulminat.	Aus schwefelichtem Dampf entstehet der Donner / welcher / aus der Wolke brechend mit einem Blitz / 11 donnert und wetterstrahlet.	유황이 함유된 증기에서 천둥이 생기며 구름에서 **번개**[11]와 뇌성이 칠 때 빛도 발하게 됩니다.

B 2   Terra.

Z 8 In pl. n.   Z 9 quae S. opp. welche der Sonne gegenüber gesetzt
     Z 11 v u fit Gl.   Z 9 v u d. p. wird genennet ein R.   Z 7 v u s.
     Z 4 v u : e u. er.

제8과

Terra. **Die Erde.** 땅(지구)

In *Terrâ*	Auf der Erden	
funt	sind	
Montes 1 alti,	hohe Berge / 1	땅 위 높은 산[1]
Valles 2 profundæ,	tieffe Thäler / 2	깊은 계곡[2]
Colles 3 elevati,	erhabne Hügel / 3	작은 언덕[3]
Spelunca 4 cavæ,	hole Klüffte (Hölen) 4	움푹 파인 동굴[4]
Campi 5 plani,	ebne Felder / 5	넓은 들녘[5]
Sylau 6 opacæ.	schlattichte Wälder. 6	어두운 숲[6]이 있습니다.

B 3   Terræ-

Z 1 Super Terra   Z 3 a. M. ebenso die übrigen Wörter umgestellt
Z 8 lll schattichte

제 9 과

Terræ - Fœtùs. Erdgewächse. 땅의 농산물

Pratum

Pratum 1	Die Wiese 1	초원[1]에는
fert	trägt	잔디와 꽃과
Gramina,	Graß/	약초가 자랍니다.
cum Floribus	mit Blumen	거기서 잘라냈을 때
& Herbis:	und Kräutern:	건초[2]가 됩니다.
quæ	aus welchem/	
defecta,	wann es abgehauen ist/	
fiunt Fœnum. 2	das Heu 2 wird.	
Arvum 3	Das Feld 3	밭[3]은
fert	bringt	곡물이나 농산물을 생산합니다.
Fruges & Olera. 4	Getraid uñ Gewächse.	
In Sylvis	In den Wäldern (4	숲속[4]에서는
proveniunt	kommen hervor	
Fungi, 5	die Erdschwämme/ 5	버섯 종류[5]와
Fraga, 6	die Erdbeere/ 6	딸기[6]와
Myrtilli &c.	die Heydelbeere u. dg.	월귤나무 열매[7] 등을 생산합니다.
Sub Terrâ	Unter der Erden	땅 아래는
nascuntur	wachsen	금속, 광석, 광물이 자라고 있습니다.
Metalla,	die Metalle (Ertze)	
Lapides,	die Steine/ (te.	
Mineralia.	die Mineralien (Erdsäf-	

B 4   Metalla.

Z 6 welche   Z 7 abgehauen   Z 8 Heu werden

제 10과

Metalla. **Die Metalle.** 금속

Plum

Plumbum 1 est molle & grave.	Das Bley 1 ist weich und schwer.
Ferrum 2 est durum, & durior	Das Eysen 2 ist hart/ und noch härter
Chalybs. 3	das Stahl. 3
E *Stanno,* faciunt *Cantharos;* 4	Aus Zinn/ macht man die Kannen; 4
è *Cupro,* *Ahena;* 5	aus Kupfer/ die Kessel; 5
ex *Orichalco,* *Candelabra;* 6	aus Messing/ die Leuchter; 6
ex *Argento,* *Thaleros;* 7	aus Silber/ die Thaler; 7
ex *Auro,* *Scutatos,* (*Ducatos*) & *Coronatos.* 8.	aus Gold/ die Ducaten und Goldgulden. 8
Argentum vivum, semper liquet, & metalla corrodit.	Das Queckfilber/ fließt immerzu/ und durchfrißt die Metalle.

B 5   Lapi-

nach Z 15 eingefügt Philippeos Philipsthaler & aureos imperiales und Güldenthaler Z 4 v u & solidos aureos Z 1 v u & c. m.

납[1]은 연하고 무겁습니다.

철[2]은 단단하고

강철[3]은 더욱 단단합니다.

사람들은 주석에서 손잡이와 주둥이를 가진 **주전자**[4]를 만듭니다.

구리에서 **동전**[5]을 만들며

놋쇠에서 **촛대**[6]를

은에서 **은화**[7]를

금에서
유럽과 독일의 **금화**[8]를 만듭니다.

수은은
항상 액체로 있는 금속입니다.

제 11 과

Lapides.   Die Steine.   돌

Arena 1	Der Sand 1
& Sabulum 2	und Kieß 2
est comminutus Lapis.	ist ein zerriebner Stein.
Saxum 3	Der Stein/ 3
est pars	ist ein Stuck
Petra (Cautis) 4	eines Felsen. 4
Cos, 5	Der Wetzstein/ 5
Silex, 6	der Kiselstein/ 6
	Marmor,

모래[1]와
자갈[2]은 아주 작게 부서진 돌입니다.
돌[3]은
바위[4]에서 떨어져 나온 조각입니다.
숫돌,[5] 부싯돌,[6] 대리석[7] 등은
다듬어진 돌입니다.

Marmor, 7 &c.
sunt lapides obscuri.
　Magnes 8
adtrahit ferrum.
　Gemma 9
sunt lapilli pellucidi,
ut:
Adamas candidus,
Rubinus rubeus,
Sapphirus cæruleus,
Smaragdus viridis,
Hyacinthus luteus, &c.
& micant
angulati.
　Margaritæ
& *Uniones,* 10
crescunt
in conchis;
　Corallia, 11
in marinâ arbusculâ.
　Succinum 12
colligitur
è mari.
　Vitrum 13
simile est
Crystallo.

der Marmelstein/ 7 u. dg.
sind dunkle Steine.
　Der Magnet 8
ziehet an sich das Eisen.
　Edelsteine 9
sind liechte Steine /
als:
der weisse Diamant /
der rohte Rubin /
der blaue Saffir /
der grüne Smaragd /
der gelbe Hyacint / u. dg.
und glänzen (spielen)
wann sie eckicht sind.
　Die kleinen
und grossen Perlen / 10
wachsen
in Muscheln;
　Die Corallen /. 11
auff Meerbäumlein.
　Der Attstein 12
wird gesammlet
an dem Meer.
　Das Glaß 13
vergleicht sich
mit dem Crystall.

자석[8]은 철을 끌어당깁니다.

보석[9]은 빛을 발하는 돌입니다.

하얀색의 다이아몬드, 붉은 루비, 푸른 사파이어, 초록빛 에메랄드, 노란색 히아신스 등과 같은 것입니다.

이들은 결정을 이룰 때
항상 빛을 발합니다.
작거나 큰 **진주**[10]는 조개 속에서
성장합니다.
또한 **산호**[11]는 바다의 작은 나무로
성장합니다.
호박[12]은 바다가 모래밭에서
수집되었습니다.
유리[13]는 수정과 비교됩니다.

Arbor.

Z 2 s. o. l.　Z 6 u. 8--12 das Adj. vor das Subst. gestellt　Z 10 III coerulea s.　Z 14 si ang. sunt　Z 20 in marinis arbusculis　Z 21 der Agdstein　Z 23 ad mare; nun hinzugefügt: praecipue sonderlich in Borussia in Preussen.　Z 2 v u est simile ist gleich

제 12 과

Arbor.   Der Baum.   나무

E semine
procrescit
Planta. 1
  Planta,
abit
in *Fruticem*; 2
  Frutex,
in *Arborem.* 3
  Arborem
sustentat
Radix. 4

Aus dem Samen
wächset hervor
die Pflantze. 1
  Die Pflantze/
wird
zu einem Strauch; 2
  der Strauch/
zu einem Baum. 3
  Den Baum
erhält
die Wurtzel. 4
    E Radice

식물[1]은
씨앗으로 부터 자랍니다.

식물은 **덤불**[2]이 되고,

과목은 **나무**[3]가 됩니다.

뿌리[4]는 나무를 지탱합니다.

eingefügt als Z 8 abit wird   Z 2 v u sustentatur wird erhalten
    Z 1 v u: a radice von der Wurtzel

E Radice	Aus der Wurtzel	줄기는 뿌리에서 자랍니다.
surgit	steiget	
Stirps (Stemma.) 5	der Stam. 5	줄기[5]에서 **큰 가지**[6]들이 생겨납니다.
Stirps	Der Stam/	
se dividit	theilet sich	
in Ramos 6	in Aeste 6	거기 녹색의 **작은 가지**[7]에서
& Frondes, 7	und grüne Zweige/ 7	잎[8]으로 펼쳐집니다.
factas	die da werden	**가지의 끝**[9]은 나무의 맨 꼭대기에
ex Foliis. 8	aus den Blättern (Laub)	있습니다. **그루터기**[10]는 뿌리에 이어져
Cacumen 9	Der Gipfel 9 (8	있습니다.
in summo est.	ist zu oberst.	
Truncus 10	Der Stock 10	**통나무**[11]는
adhæret radicibus.	hangt an den Wurtzeln.	가지가 없는 잘린 줄기이며
Caudex, 11	Der Glotz/ 11	
est dejectus Stipes,	ist ein abgehauener Stam/	
sine ramis:	ohne Aeste:	
habens	und hat	
Corticem	eine Rinde	나무껍질과 **외피**[12]
& Librum, 12	und Bast/ 12	목재와 수목의 **핵심**[13]을 가지고
pulpam	das Holtz	있습니다.
& medullam. 13	und den Kern. 13	
Viscum 14	Der Mistel (Vogelleim)	**겨우살이**[14]는
ramis adnascitur:	wächst an den Aesten: (14	고무, 수지(나무의 액),
qui etiam	welche auch	역청(瀝青) 등을 분비하는
Gummi,	das Gummi/	가지에서 자랍니다.
Resinam,	Hartz/	
Picem &c.	Pech/ u. dg.	
sudant.	ausschwitzen.	
	Fructus	

Z 5 d. s.   Z 8 qui fiunt welche werden   Z 9 (aus dem Laub)   Z. 11
e. i. s.   Z 15 defectus, III desectus   Z 17 & habet   Z 22 III
Viscum (Viscus)   Z 23 a. r.

제 13 과

Fructûs Arború. Die Baumfrüchte. 나무의 열매

Poma	Das Obst
ab arboribus fructife-	wird/von den Fruchtbäume
decerpuntur. (ris	abgebrochen.
Malum 1	Der Apfel 1
est rotundum.	ist rund.
Pyrum 2	Die Birn 2
& Ficus 3	und die Feige/ 3
sunt oblonga.	sind länglich.
Cerasum 4	Die Kirsche 4
pendet	hänget
longo petiolo;	an einem langen Stiel;
Prunum 5	Die Pflaume 5
& Persicum; 6	und die Pfirsche/ 6
	breviori;

Z 2 u. 3 decerpuntur a fr. a. wird abgebr. v. d. fruchtbaren B.
Z 3 v. u. petiolo (pediculo).

과일은
과수나무의 열매에서 따온 것입니다.

사과[1]는 둥근 모양이며

배[2]와
무화과[3]는 길쭉합니다.

버찌[4]는
긴 줄기에 달려 있으며

자두[5]와 복숭아[6]는
짧은 가지에

breviori;	an einem kürtzern;	
Morum, 7	die Maulbeer/ 7	오디 [7]는 가장 짧은 가지에 붙어 있습니다.
brevissimo.	am kürtzesten.	
Nux juglans, 8	Die welsche Nuß/ 8	
Avellana, 9	die Haselnuß 9	호두[8]와
& Castanea, 10	und die Castanie/ 10	개암나무[9]와
involuta sunt	sind eingewickelt	밤[10]은
Cortici	in eine Rinde	
& Putamini.	und Schale.	수피와 껍질로 둘러 싸여 있습니다.
Steriles arbores	Unfruchtbare Bäume	
sunt: 11	sind: 11	열매 맺지 않는 나무[11]에는
Abies,	die Tanne/	단풍나무, 오리나무,
Alnus,	die Erle/	자작나무, 측백나무,
Betula,	die Birke/	너도밤나무, 물푸레나무,
Cupressus,	die Cypresse/	버드나무, 보리수 등이 있습니다.
Fagus,	die Buche/	
Fraxinus,	die Escher/	
Salix,	die Weide/	대부분의 나무는 그늘을 제공합니다.
Tilia, &c.	die Linde/ u. dg.	
sed pleræq́.	Doch meinstens	그러나 두송나무[12]와 월계수나무[13]는
umbrifera.	sind sie schatticht.(baum 12	열매(야생 딸기와 포도 같은)를
At Juniperus 12	Aber der Wacholder-	맺습니다.
& Laurus, 13	und der Lorbeerbaum 13	
ferunt,	tragen/	
Baccas;	Beere;	소나무[14]는 솔방울을
Pinus, 14	Die Fichte/ 14	
Strobilos;	Tannzapfen;	떡갈나무[15]는 도토리와
Quercus, 15	Die Eiche/ 15	몰식자(沒食子)를 제공합니다.
Glandes	Eicheln	
& Gallas.	und Galläpfel.	
	Flores.	

Z 7 s. i. Z 17 die Eiche Z 20 III meistens Z 21 sunt umbrifera

제 14과

Flores. Die Blumen. 꽃

Inter *Flores*, notiſſimi:	Unter den Blumen/ ſind die bekandteſten:	꽃 가운데 가장 잘 알려져 있는 것은
Primo Vere, *Viola*, 1 *Hyacinthus*, 2 *Narciſſus*. 3	Jm Früling/ das Veilchen/ 1 die Hyacinthe/ 2 die Narziſſe. 3	봄에는 **제비꽃**,[1] **히야신스**,[2] **수선화**[3]가 있습니다.
Tum *Lilia*, *alba* ac *lutea*, 4 & *cœrulea*. 5	Dann/ die Lilien/ die weiſſe und gelbe 4 und die blauen. 5	**백합화**는 **흰색, 노란색,**[4] **푸른색**[5]이 있습니다.
Tandem *Roſa*, 6 *Caryophyllum*, 7 &c.	Endlich die Roſe/ 6 das Nelken/ 7 u. dg. Ex	마지막으로 **장미**[6]와 **패랭이**[7] 등도 있습니다. 이러한 꽃들로

Z 2 ſunt notiſſimi Z 3 Jm angehenden Fr. Z 7 ferner d. L.
Z 1 v u III das Nelken (Negelein)

Ex his vientur *Serta* 8 & *Servia:* 9	Aus diesen werden gebunden die Kräntze 8 und Sträußchen: 8	화환[8]과 꽃다발[9]을 만듭니다.
Adduntur etiam Herbæ odoratæ, 10 ut: *Amaracus, Amaranthus, Ruta, Lavendula, Rosmarinus* (Libanotis,) *Hyssopus, Nardus, Ocymum, Salvia, Menta,* &c.	Uñ werden dazu genom̃en wolriechende Kräuter/ 10 als: der Majoran/ die Tausendschön/ die Raute/ der Lavendel/ der Roßmarin/ der Jsop/ die Narde (der Spick) die Basilie/ der Salbey/ die Müntze/ u. a. m.	그밖에도 좋은 향기 나는 **약초**[10]로도 만듭니다. 마치나 **마요라나**(향료식품), **데이지**(식물), 운향과 식물, **라벤더**(약초), **로즈메리**(양념), **버들박하, 감송, 바질리코, 사루비아, 박하** 등과 같은 것입니다.
Inter Campestres, 11 notissimi sunt, Flores: *Lilium convallium, Chamædrys, Cyanus, Chamæmelum,* &c. & Herbæ: *Cytisus* (Trifolium) *Absinthium, Acetosa, Urtica,* &c.	Unter den Feldblumen/ 11 sind die bekandtsten: das Mäyenblümlein/ das Vergiß mein nicht/ die Kornblume/ die Chamille/ u. a. m. Unter den Feldkräutern: der Klee/ der Wermut/ der Saurampfer/ die Nessel/ u. a. m.	**야생화**[11] 가운데 가장 잘 알려진 것은 **은방울꽃, 물망초, 수레국화, 카밀레** 등이며 야생 약초 중에는 **크로바, 약쑥, 수매화, 쐐기풀** 등이 있습니다.
Tulipa, 12 Florum decus est, sed odoris expers.	Die Tulipan/ 12 ist die schönste Blum/ aber ohne Geruch.	**튤립**[12]은 아름다운 꽃이지만 향기가 없습니다.

C Olera.

Z 5 Etiam a. Es werden auch d. g.   Z 14 Ocimum   Z 8 v u Inter herbas
Z 8 v u e. d. f. ist eine Zierde der Blumen   Z 1 v u sed absque
odore (odoris expers)

4*

제 15과

Olera. **Gartenfrüchte.** 채소

In

In Hortis nascuntur Olera,	In Kohlgärten wachsen Gartenfrüchte/	텃밭에서 여러 채소들이 자랍니다.
ut: *Lactuca*, 1	als: der Salat/ 1	양상추[1]
Brassica, 2	der Kohl/ 2	양배추[2]
Cepa, 3	die Zwibel/ 3	양파[3]
Allium, 4	der Knoblauch/ 4	마늘[4]
Cucurbita, 5	der Kürbiß/ 5	수세미[5]
Siser, 6	die Möhre (gelb Rube/) 6	당근[6]
Rapa, 7	die Rube/ 7	순무[7]
Raphanus minor, 8	der Rettich/ 8	무우[8] (무의 한 품종 : 20-30일 만에 자람)
Raphanus major, 9	der Meerrettich (Krän/) (9	서양 고추냉이[9]
Petroselinum, 10	die Petersilge/ 10	파슬리[10]
Cucumeres, 11	die Gurken (Cucumern/) (11	오이[11]
Pepones. 12	die Melonen. 12	호박[12] 등 입니다.

C 2   Fruges,

vergl. hinten: Proben aus der 2. Ausgabe

제 16과

Fruges.   Geträid oder Feld-Früchte.   곡식

Frumenta,

Frumenta, quædam crescunt super *culmum,* distinctum *geniculis,* ut: *Triticum,* 1 *Siligo,* 2 *Hordeum;* 3 in quibus *Spica,* habet Aristas, aut est mutica, fovetq́; *grana* in *glumâ.* Quædam, pro Spicâ, habent *Paniculam,* continentem grana fasciatim, ut *Avena,* 4 *Milium,* 5 *Frumentum Saracenicū. Legumina,* (6 habent *Siliquas,* quæ, grana includunt *valvulis,* ut: *Pisum,* 7 *Faba,* 8 *Vicia,* 9 &, his minora, *Lentes & Cicera.*	Das Geträid/ wåchſt/ etliches auf einem Halm/ in Knöttlein getheilt/ als: der Weitzen [Dün-der Rocken/ 2 (kel] 1 die Gerſte; 3 Un dieſen die Aehre/ hat Spitzen/ oder iſt zugeſtümpft/ und trägt die Körnlein im Bålglein. Etliches/ an ſtat der Aehre/ hat ein Kölblein/ welches die Körner in ſich Büſchelweiß/ (håle als: der Haber/ 4 der Hirſchen/ 5 das Heidkorn. 6 Das Hülſen-Geträid/ hat Schoten (Hülſen) welche/ die Körner in Fächlein ſchlieſſen/ als: die Erbeiß/ 7 die Bohne/ 8 die Wicke/ 9 Uñ/ welche kleiner als dieſe/ die Linſen und Zichern. C 3 Frutices.	밀,[1] 호밀,[2] 보리[3]와 같은 곡식은 매듭의 줄기에 구분되어 자랍니다. 그들의 이삭은 뾰족하거나 둥글며 껍질 속에는 작은 낱알을 지니고 있습니다.

메귀리,[4] 수수,[5] 메밀[6]과 같은 것은 이삭 대신 송이로 된 곡물을 지닌 이삭 축을 매달리게 합니다.

완두,[7] 콩,[8] 강남콩[9]과 같은 종류는 낱알을 감싸고 있는 콩깍지 안에 들어 있습니다. 어떤 것들은 편두(불콩)나 이집트콩 보다 더 작습니다. |

Z 1 u. 2 Quoddam frumentum Etliches Geträid crescit wåchſt Z 4 gen. dist.   Z 8 ff. in his habet Spica aristas Un dieſen hat die Aehre Spitzen Z 13 Quoddam Z 15 habet Z 16 gr. cont. Z 20 d. h. oder der Heiden Z 6 v u val. inc.

제 17 과

Frutices. **Die Sträuche** 관목(灌木)
oder
Stauden.

Planta,

Planta,	Eine Pflantze/	들풀보다
major herbâ	so grösser als ein Kraut	더 크고 단단한 식물로써
& durior,	und härter ist/	다음과 같은 곳에 있는
dicitur *Frutex*,	wird genennt ein Strauch/	**관목**을 생각할 수 있습니다.
ut sunt.	als da sind:	
In ripis	An den Ufern	
& stagnis,	und in stehenden Wassern/	강가와 연못에는 **갈대류**[1]
Juncus, 1	die Binsen/ 1	마디 없는 **등심풀**[2]
enodis *Scirpus* [Canna]	die Semden ohne knotte/2	그리고 마디가 있고
ferens *Typhos*, (2	so Narrenkolben tragen/	내부가 비어있는 **갈대**[3]가 있으며
& nodosa	und das knottichte	다른 곳에는 **장미**[4] 까치밥나무,
intusq; cava	auch inwendig hole	라일락종의 다년초가 있습니다.
Arundo; 3	Schilfrohr; 3	
Alibi, 4	Anderstwo 4	
Rosa,	der Rosenstock/	
Ribes,	der Johannesbeerbusch/	
Sambucus,	die Holderstaude/ (lein.	
Juniperus.	das Wacholderbäum-	
Item *Vitis*, 5	Wie auch d Weinstock/	재배식물인 **포도**[5]처럼 어린 가지로부터
quæ emittit	von welchem schossen (5	**포도넝굴**[6]이 뻗어 나오며 이것에서
Palmites, 6	die Reben/ 6	포도나무의 **받침대**[7]에 달린 작은 **잎**[8]과
& hi *Capreolos*, 7	und von diesen die Gäbe-	**포도송이**[9]가 맺히게 되며 포도송이
Pampinos, 8	Blätter/ 8 (lein/ 7	안에는 씨앗이 있습니다.
ac *Racemos*, 9	und Trauben/ 9	
quorum *Scapo*	an deren Kamm	
pendent *Uva*,	die Weinbeere hangen/	
continentes *Acinos*.	welche inwendig Kerne ha- (ben.	
	C 4 Animalia,	

Z 2 - 4 major so grösser & durior est und härter ist quam herba als ein Kraut   III quae major   Z 10 T. f.   Z 8 v u welche herausgibt   Z 6 v u und diese die Gäbelein   Z 5 v u die Weinblätter   Z 3 v u III Kamm   Z 2 v u U. p.

제 18 과

Animalia.
& primùm
Aves.

Die Thiere,
und erstlich
Die Vögel.

동물과
새

Animal,

Animal,	Das Thier/
vivit, sentit,	lebet/empfindet/
movet se;	bewegt sich;
nascitur, moritur;	wird/und stirbt;
nutritur, & crescit;	nehrt sich/und wächst;
stat, aut sedet,	stehet/ oder sitzt/
aut cubat,	oder liget/
aut graditur.	oder gehet.
Avis,	Der Vogel/
(hic Halcyon, 1	(hier der Eisvogel/ 1
in mari nidulans,)	so im Meer nistet/)
tegitur Plumis, 2	ist angethan mit Federn/ 2
volat Pennis, 3	flieget mit dē Fittichen/ 3
habet duas Alas, 4	hat zween Flügel/ 4
totidem Pedes, 5	und Füsse/ 5
Caudam, 6	einen Schwantz/ 6
& Rostrum. 7	und Schnabel. 7
Fœmella, 8	Das Weiblein (die Sie)
in Nido 9	im Nest 9 (8
ponit Ova, 10	leget Eyer/ 10
iisq; incubans,	und darüber sitzend/
excludit Pullos. 11	brütet (hecket) Junge 11
Ovum,	Das Ey/ (aus.
tegitur Testâ, 12	ist umgeben mit der Scha-
sub quâ est	unter welcher ist (le/12
Albumen, 14	das Eyweiß/ 14
in hoc Vitellus. 13	in diesem der Dotter. 13

Z 5 II nutri se & III nutrit se & Z 11 II qui in mari nidulatur, III quae in .... Z 12 ist bedeckt Z 15 & t. P. und soviel füsse Z 2 v u das Eyerweiß

동물은 살아있고 느끼며 움직입니다.

출생과 죽음이 있고
양육과 성장이 있습니다.
서 있거나 앉아 있거나 누워 있기도 하며
걷기도 합니다.

새(여기 **물총새**[1]는 바다에 둥지를
만듭니다)는 **깃털**[2]로 덮여 있고
날개[3]로 날며 두 개의 **날개**[4]와
두 개의 **다리**[5] **꼬리**[6]와
부리[7]를 가지고 있습니다.

암컷[8]은 둥지 안[9]에
알[10]을 낳고
그 위에 앉아서 알을 **부화**[11]시킵니다.

알은 얇은 **껍질**[12]로 둘러 쌓여있으며
껍질 안쪽으로 **흰자**[13]가 둘러있습니다.
한 복판에 **노른자**[14]가 있습니다.

제 19 과

Haus-Geflügel.   Aves Domesticæ.   집에서 기르는 조류

Gallus

Gallus 1	Der Han 1
(qui manè cantat)	(so des Morgens krähet)
habet Cristam, 2	hat einen Kam/ 2
& Calcaria; 3	und Sporen; 3
castratus,	wann er gekoppt worden/
dicitur Capo,	heist er ein Cappaun/
& saginatur	und wird gemästet
in Ornithotrophio. 4	in dem Hünerkorb. 4
Gallina, 5	Die Henne/ 5
ruspatur fimetum,	scharret den Mist/
& colligit grana:	und sucht Körnlein: (6
sicut & Columba, 6	gleichwie auch die Taube/
(quæ educantur	(so gezogen werden
in Columbario; 7	in dem Taubenhaus. 7)
& Gallopavus, 8	uñ d' Calecutsche Han 8
cum suâ Meleagride. 9	mit seiner Henne. 9
Formosus Pavo, 10	Der schöne Pfau 10
pennis superbit.	stolziret mit den Federn.
Ciconia, 11	Der Storch 11
in tecto nidificat.	nistet auf dem Dach.
Hirundo, 12	Die Schwalbe/ 12
Passer, 13	der Sperling/ 13
Pica, 14	die Aelster (Hetze) 14
Monedula 15	die Dohle/ 15
& Vespertilio, 16	und die Fledermaus/ 16
(Mus alatus)	(geflügelte Maus.)
volitant circa domos,	fliegen um die Dächer.

Oscines.

Z 5 nur: gekoppt Z 13 so gez. w. Z 18 sup. p. Z 20 nid. in t.
Z 1 v u III um die Häuser

수탉[1](아침에 소리를 내는)은
볏[2]과
날카로운 **발톱**[3]을 가지고 있습니다.
거세(성적 특성이 없어질 때)되어
식용 닭으로 부르게 되며
닭장[4]에서 사육됩니다.
암탉[5]은 쓰레기를 파헤치며
곡식 알갱이를 쪼아 먹습니다.
비둘기[6]도 마찬가지 입니다.

(그들도 **비둘기 집**[7]으로 옮겨졌습니다).
수컷 **칠면조**[8]는 **암컷**[9]과 함께 있습니다.
수컷 **공작**[10]은 아름다운 날개를
자랑합니다.
황새[11]는 지붕 위에다 둥지를 틉니다.
제비,[12] **참새**,[13] **까치**,[14]
까마귀[15] 및
박쥐[16](날개를 가진 쥐)는
지붕 위를 날고 있습니다.

제 20 과

Oscines.   Gesang-Vögel.   노래하는 새

Luscinia

Luscinia(Philomela)1 cantat suavissimè omnium.	Die Nachtegall/ 1 singet am lieblichsten unter allen.	밤 꾀꼬리[1]는 새 중에서 가장 아름답게 노래합니다.
Alauda 2 cantillat, volitans in aëre;	Die Lerche 2 singet/ fliegend in der Lufft;	종달새[2]는 하늘을 날며 노래하고
Coturnix, 3 humi sedens;	Die Wachtel/ 3 auf der Erde sitzend;	메추라기[3]는 땅에 앉아 노래합니다.
Ceteræ, in ramis arborum, 4 ut: *Luteola* peregrina, *Fringilla,* *Carduelis,* *Acanthis,* *Linaria*; parvus *Parus,* *Galgulus,* *Rubecula,* *Curruca,* &c.	Die andern/ auf den Baum-ästen/ 4 als: der fremde Canarien- der Fincke/ (vogel/ der Stiglitz/ das Zeischen/ der Hänffling/ die kleine Meise/ der Emmerling/ das Rothkeelchen/ die Graßmücke/u.a.m.	다른 새 즉, 낯선 카나리아 참새 종류의 작은 새 방울새, 검은 방울새, 홍방울새, 작은 박새, 멧새, 울새, 바위 종다리 등은 나뭇가지[4] 위에서 재잘거립니다.
Psittacus 5 discolor,	Der bunte Papegoy/ 5	화려한 앵무새[5]
Merula, 6	die Amsel/ 6	지빠귀[6] 무리
Sturnus, 7 cum *Picâ* & *Monedulâ,* discunt humanas voces formare.	der Staar/ 7 mit der Hetze und Dohle/ lernen Menschliche Stimmen nachsprechen.	찌르레기[7]는 까치나 까마귀의 일종이며 사람의 목소리로 흉내 내기를 배웁니다.
Pleræq; solent includi Caveis. 8	Die meisten/ pflegen eingeschlossen zu in Kefiche. 8 (werden Aves	이러한 새 대부분은 보통 새장[8]에서 기르게 됩니다.

Z 11 pere. Lut.　Z 11 v u disc. Ps. II Papagoy III Papagey
Z 3 v u III die meisten

제 21 과

Aves Compestres & Sylvestres.

Feld- und Wald- Geflügel.

야생 조류

Struthio.

Überschrift campestres

Struthio, 1 est ales maximus;	Der Strauß/ 1 ist der gröſte Vogel;	타조[1]는 가장 큰 새입니다.
Regulus [Trochilus] minimus; (2	Der Zaunkönig/ 2 der kleinſte;	굴뚝새[2]는 가장 작으며
Noctua, 3 deſpicatiſſimus;	Die Nachteule/ 3 der verächtlichſte:	올빼미[3]는 가장 싫어하는 새입니다.
Upupa, 4 ſordidiſſimus, (bus; veſcitur enim ſtercori-	Der Widhopf/ 4 der unflätigſte/ daň er nehrt ſich vom Miſt;	후투티[4]란 새는 가장 불결합니다. 왜냐하면 쓰레기에서 먹을 것을 찾기 때문입니다.
Manucodiata, 5 rariſſimus.	Der Paradeißvogel/ 5 der ſeltenſte.	극락조[5]는 매우 희귀합니다.
Phaſianus, 6	Der Faſan/ 6	꿩[6]
Tarda (Otis) 7	der Trappe/ 7	양생기러기[7]
Tetrao 8 ſurdus,	der taube Aurhan/ 8	귀가 먼 뇌조,[8] 고대의 뇌조,[9]
Attagen, 9	dz Haſelhun (Birkhun/) 9	
Perdix, 10	das Rebhun/ 10	자고,[10] 도요새[11] 및
Gallinago (Ruſticola) 11 & *Turdus,* 12 in deliciis habentur.	der Schnepf/ 11 (ſel) 12 ď Krametsvogel [Droſ werdē vor Leckerbißlein ge-	지빠귀[12]는 잘 알려져 있습니다.
Inter reliquas, potiſſimæ ſunt:	Unter den übrigen/ (haltē. ſind die vornehmſten:	그밖에도 뛰어난 새가 많이 있는데,
Grus 13 pervigil,	der wachſame Kranich/ 13	조심성 많은 학[13]
Turtur 14 gemens.	die girrende Turteltaube/	쿠쿠하고 소리 내는 산비둘기[14]
Cuculus, 15	der Kukuk/ 15 (14	두견새,[15] 염주비둘기, 산 까치,
Palumbos,	die Holztaube/	
Picus,	der Specht/	
Garrulus,	der Heher/	
Cornix, &c. 16	die Krähe/ u.a.m. 16	까마귀[16] 등이 그러합니다.

Aves

Z 2 est m. a.   Z 9 nam veſcitur st.   Z 14 s. T.   Z 18 Droſſel fällt weg
Z 19 werden ſonderlich beliebet oder vor ...   Z 7 v u p. G.
Z 6 v u g. T.

제 22 과

Aves Rapaces. Raub=Vögel. 맹금류의 새

Aquila,

Aquila. 1	Der Adler / 1	새 중의 왕
Rex avium,	der König unter dē Vögeln /	독수리[1]는
Solem intuetur.	sihet in die Sonne.	태양을 쳐다봅니다.
Vultur, 2	Der Geyer 2	매[2]와
& *Corvus,* 3	und Rabe / 3	까마귀[3]는
pascuntur	speisen sich	썩은 고기를
morticinis [cadaveri-(bus.)	mit dem Aas.	먹습니다.
Milvus, 4	Der Hünergeyer / 4	솔개[4]는
infectatur	stellet nach	어린 병아리를
pullos gallinaceos.	den jungen Hünern [Küch-(lein.)	노리고 있습니다.
Falco, 5	Der Falke / 5	매[5]
Nisus, 6	der Sperber / 6	새매[6]와 청매[7]는
& *Accipiter,* 7	und der Habicht / 7	작은 새들을
captant aviculas;	fahen die kleinen Vögelein;	잡습니다.
Astur, 6	Der Weyhe / 8	솔개[8]의
columbas	die Tauben	한 종류는
& aves majores.	und grössern Vögel.	오리나 큰 새를 잡습니다.

D   Aves

Z 5 und der Rabe   Z 6 nutriunt se nehren sich   Z 3 v u captat fähet

5 *

제 23 과

Aves Aquaticæ. 𝔚𝔞𝔰𝔰𝔢𝔯-𝔊𝔢𝔣𝔩ü𝔤𝔢𝔩. 물새 종류

Olor

Olor 1 candidus, Anser, 2 & Anas, 3 natant. Mergus, 4 se mergit. His adde Fulicam, Pelecanum, 10 &c. Haliæetus 5 & Gavia, 6 devolantes; sed Ardea 7 stans in ripis, captant pisces. Butio, 8 rostrum aquæ inserit, & ut bos mugit. Motacilla, 9 motat caudam,	Der weiſſe Schwan/ 1 die Gans 2 und Ente/ 3 ſchwimmen. Das Taucherlein/ 4 taucht ſich unter. Zu dieſen zehle/ [fing] das Waſſerhun [Bläß-die Löffelgans/ 10 u. a. m. Der Fiſch-Aar 5 und Kybitz/ 6 von oben herabſchieſſend; der Reiger 7 aber an den Ufern ſtehend/ fahen Fiſche. Die Rohrdomel/ 8 ſteckt dē ſchnabel ins waſſer/ und bruñt wie ein Ochs. Die Bachſtelze/ 9 bewegt immerzu dē Schwanz.	하얀 **백조**[1] **거위**[2], **오리**[3]는 헤엄을 칩니다. 잠수하는 **새**[4]는 물속으로 들어가서 헤엄칩니다. **물닭**, **펠리컨** 등도 이들 무리에 속합니다. 흰 꼬리 **독수리**[5]와 **갈매기**[6]는 급하강하고 **왜가리**[7]는 강가에 서서 고기를 잡습니다. 매의 일종인 **해오라기**[8]는 물속에 부리를 넣고, 황소처럼 끙끙거립니다. **할미새**[9]는 꼬리를 이리저리 움직이며 날아갑니다.

D 2   Infecta

Z 1 C. O.   Z 7 II His adnumera III annumera Zu dieſem   Z. 10 Haliaeetus   Z 13 aber der R.   Z 4 v u ins. r. a.   Z 3 v u & m. ut b.

제 24 과

Insecta volantia.   **Fliegend Ungeziefer.**   날면서 해를 끼치는 곤충

Apis

Apis 1	Die Biene (Imme) 1
facit Mel,	macht Honig/
quod depascit	welches hinwegzehrt
Fucus. 2	die Hummel. 2
Vespa 3	Die Wespe 3
& *Crabro,* 4	und Hornüsse/ 4
aculeo infestant:	plagen mit dem Stachel:
& Pecus imprimis,	und insonderheit das Vieh/
Oestrum (Asilus:) 5	die Breme; 5
nos autem,	uns aber/
Musca 6	die Fliege 6
& *Culex* 7	und Mücke (Schnake.) 7
Gryllus 8	Der Grille 8
cantillat.	singet. ([zweyfalter] 9
Papilio, 9	Der Sommervogel
est Eruca alata.	ist eine geflügelte Raupe.
Scarabæus, 10	Der Käfer/ 10
tegit alas	deckt die Flügel
Vaginis.	mit Bälglein. (lein 11
Cicindela [Lampy-	Das Johanneswürm-
noctu nitet, (ris] 11	glänzet bey der Nacht.

꿀벌[1]은 꿀을 만들고
이 꿀을 **무늬 말벌**[2]이 핥습니다.

땅벌[3]과 어린 **호박벌**[4]은
침을 쏘아 상대를 괴롭힙니다.

특히 **쇠파리**[5]가 가축을 괴롭힙니다.

파리[6]나 **모기**[7]는 사람을 괴롭힙니다.

귀뚜라미[8]는 노래합니다.

나비[9]는 날개 달린 모충(毛蟲)입니다.

딱정벌레[10]는
껍질로 된 날개를 가지고 있습니다.

반딧불[11]은 밤에 빛을 내는 곤충입니다.

D 3   Quadru-

Z 7 inf. a.   Z 8 & imp. P.   Z 6 v u ést a. E.

제 25 과

Quadrupedia.	Vierfüssigte Thiere.	네 발 가진
& primum	und erstlich	동물과
Domestica.	Die Haus-Thiere.	여러 가축

Canis

Canis 1	Der Hund 1	개[1]는
cum *Catello*, 2	mit dem Hündlein / 2	강아지[2]와 함께 집을 지킵니다.
est custos Domûs.	ist ein Hüter des Hauses.	
Felis (Catus) 3	Die Katze (der Kater) 3	고양이[3]는
domum purgat	säubert das Haus	집에 있는 쥐[4]를 잡아 없앱니다.
à *Muribus*; 4	von den Mäusen; 4	
quod etiam facit	welches auch thut	쥐덫[5] 또한 쥐를 잡습니다.
Muscipula. 5	die Mäusfalle. 5	
Sciurus, 6	Der Eichhorn / 6	다람쥐,[6] 원숭이[7]
Simia, 7	der Affe / 7	긴꼬리원숭이[8]는 애완용으로
& *Cercopithecus*, 8	und die Meerkatze / 8	집에서 기릅니다.
domi habentur	werden im Haus gehalten	
delectamento.	zur Lust.	
Glis, 9	Die Ratze / 9	고양이[9]와
& cæteri	und die andern	큰 쥐[10]는
Mures majores, 10	grossen Mäuse / 10	족제비 종류
ut, *Mustela*,	als / das Wiesel /	즉, **담비**와 **흰담비**처럼
Martes,	der Marder /	집에서 기르는 가축을 공격합니다.
Viverra,	der Iltis /	
domum infestant.	beschweren das Haus.	

D 4   Pecora.

Z 5 p. d.   Z 1 v u inf. d.

제 26 과

Pécora.   **Herd-Vieh.**   가축

Taurus

Taurus, 1	Der Ochs (Stier) 1	황소,[1]
Vacca, 2	die Kuh/ 2	암소,[2] 송아지[3]는
& *Vitulus*, 3	und das Kalb/ 3	온몸이 털로 덮여 있습니다.
pilis teguntur.	sind mit Haaren bedeckt.	
Aries (Vervex) 4	Der Wider [Hamel]	숫양,[4] 암양[5]은 새끼 양[6]과 함께
Ovis, 5	das Schaf/ 5 (Schöps/ 4	온몸에 털을 지니고 있습니다.
cum *Agno*, 6	mit dem Lamm/ 6	
Lanam gestant.	tragen Wolle.	
Hircus (Caper) 7	Der Bock/ 7	수산양[7]은
cum *Caprâ* 8	samt der Geiß/ (Ziege) 8	암산양[8]이나 새끼 산양[9]과 같이
& *Hædo*, 9	und dem Böcklein/ 9	덥수룩한 털과 턱수염이 있습니다.
habent	haben	
Villos & aruncos.	Zotten und Bärte.	
Porcus (Scrofa) 10	Das Schwein/ 10	돼지[10]와 새끼 돼지[11]는
cum *Porcellis*, 11	mit den Fercken/ 11	굵고 뻣뻣한 털을 가지고 있으나
habet Setas;	hat Borsten;	뿔은 없습니다.
at non Cornua,	aber nit Hörner/	대신 이들은
sed etiam	doch auch	갈라진 발굽을 가지고 있습니다.
Ungulas bisulcas,	gespaltene Klauen/	
ut illa.	wie jene.	

제 27 과

Jumenta.　　　Laſt-Vieh.　　　짐을 운반하는 짐승

Asinus

Asinus 1 & *Mulus,* 2 gestat Onera; *Equus,* 3 (quem ornat *Juba* 4) nos ipsos; *Camelus,* 5 mercatorem cum mercibus suis. *Elephas* (Barrus) 6 pabulum adtrahit *Proboscide,* 7 Dentes duos 8 habet prominentes, & portare potest etiam triginta Viros.	Der Esel 1 und Maulesel/ 2 träget/ Lasten; Das Pferd (Roß) 3 (welches zieret die Mähne 4) uns selber; Das Cameel/ 5 den Kaufmann samt seinen Waaren. Der Elefant/ 6 ziehet das Futter an sich mit dem Rüsel/ 7 hat zwey hervorragende Zähne/ 8 und kan tragen auch dreissig Männer.	당나귀[1]와 노새[2]는 짐을 운반합니다. 말[3]은 (갈기[4]로 단장된 말) 우리를 운송해 줍니다. 낙타[5]는 상인을 상품들과 함께 운송합니다. 코끼리[6]는 긴 코[7]로 먹이를 끌어당기고 두 개의 돌출된 상아[8]를 가지고 있으며 세 사람 이상 운송할 수 있습니다.

Feræ

Z 2 und der M. eingefügt als Z 8 gestat trägt; ebenso nach Camelus Z 6 v u a. p. ziehet an sich das f. Z 5 v u Rüssel; dann: habet hat duos prom. dent. Z 2 v u & pot. port.

제 28 과

Feræ Pécudes.   Wild-Vieh.   야생 동물

Urus

Urus 1	Der Aur=Ochs 1	들소[1]와
& *Bubalus*, 2	und Büffel/ 2	물소[2]는 야생 동물입니다.
sunt feri boves.	sind wilde Ochsen.	엘크[3](말보다 크고
Alces 3	Das Elend 3	그 가죽은 잘 뚫리지 않습니다)는
(major equo,	(grösser/ als ein Pferd/	여러 갈래로 나누어진 뿔을 가지고
cujus tergus	dessen Haut	있습니다.
est impenetrabilis)	undurchdringlich ist)	
habet,	hat/	
ramosa cornua;	zänkichte Hörner;	사슴[4]도 마찬가지입니다.
ut & *Cervus*; 4	wie auch der Hirsche; 4	그러나 노루[5]와 새끼 사슴에게는
Sed *Caprea* 5	Aber das Rehe/ 5	뿔이 거의 없습니다.
cum *Hinnulo*,	samt dem Rehebock/	야생 산양[6]은 매우 큰 뿔을 가지고
ferè nulla;	fast gar keine;	있습니다.
Capricornus, 6	Der Steinbock/ 6	알프스 영양[7]의 뿔은 매우 작으며
prægrandia;	gar grosse;	이를 이용하여
Rupicapra, 7	Die Gemse/ 7	절벽에 매달려 있을 수 있습니다.
minuta,	gar kleine/	유니콘[8]은 유일하다고 말할 수 있는
quibus se	mit denen sie sich	귀중한 뿔을 가지고 있습니다.
ad rupem suspendit;	an die Steinklippen hänget;	멧돼지[9]는 이빨을 내밀며 돌진합니다.
Monoceros, 8	Das Einhorn/ 8	
unum,	ein einiges/	토끼[10]는 겁이 많습니다.
sed pretiosum.	aber gar köstliches.	
Aper, 9	Der Eber/ 9	집토끼[11]는 땅을 팝니다.
dentibus grassatur.	wühlet mit den Zähnen.	두더지[12]는 토끼처럼 땅을 파며
Lepus, 10	Der Hase/ 10	작은 언덕을 만들기도 합니다.
pavet.	ist furchtsam.	
Cuniculus 11	Das Caninchen/ 11	
terram perfodit;	durchgräbt die Erde; (12	
ut & *Talpa*, 12	Wie auch d' Maulwurf/	
quæ grumos facit.	welcher Häufflein aufwirft.	
	Feræ	

Z 7 i. e. III impenetrabile als Z 13: habet hat ebenso hinter Capricornus Z 13 fere nulla cornua f. g. k. Hörner; ebenso cornua Hörner nach praegr. Z 7 v u g. d. Z 8 v u p. t.

제 29 과

Feræ Beſtiæ.   Wilde Thiere.   들짐승

Beſtiæ,

Bestiæ, habent, acutos Ungues & dentes, suntq; carnivoræ.	Die wilden Thiere/ haben/ scharffe Klauen und Zähne/ und sind Fleischfrässig.	들짐승은 예리한 발톱과 이빨을 가지고 육식을 합니다.
Ut, *Leo*, 1 Rex Quadrupedum, jubatus, cum Leænâ;	Als / der **Löw**/ 1 der König der Vierfüssige/ bemähnet/ samt der Löwinn;	네 발 가진 짐승의 왕 **사자**[1]는 암 사자와 함께 갈기를 가지고 있습니다.
Maculosus *Pardus* (Panthera;) 2 *Tigris* 3 immanissima omnium;	Das fleckichte **Panterthier**; 2 Das **Tygerthier**/ 3 das grausamste unter allen;	반점이 있는 **표범**[2]과 **호랑이**[3]는 모든 동물 중에서 가장 사납습니다.
Villosus *Ursus*; 4 Rapax *Lupus*; 6	Der zottichte **Beer**; 4 Der reissende **Wolf**; 6	털투성이 **곰**[4] 강탈하는 **승냥이**[5]
Lynx, 5 visu pollens;	Der **Luchs**/ 5 der ein scharf Gesicht hat;	**살쾡이**[6]는 날쌔고 얼굴이 가장 사납습니다.
Caudata *Vulpes*, 7 omnium astutissima.	Der langgeschwänzte **Fuchs**/ 7 das listigste unter allen.	꼬리가 긴 **여우**[7]는 가장 교활한 동물입니다.
Erinaceus, 8 est aculeatus.	Der **Igel** / 8 ist stachelicht.	**고슴도치**[8]는 뾰쪽한 가시투성이 입니다.
Melis, 9 latebris gaudet.	Der **Dachs**/ 9 verkriecht sich gern.	**오소리**[9]는 구멍에 숨어 있기를 좋아합니다.

Z 8 v u p. v.   Z 5 v u a. o.   Serpentes

제 30 과

Serpentes & Reptilia. **Schlangen und Gewürme.** 뱀과 벌레류

Angues

Angues,	Die Schlangen/	뱀은 꼬불꼬불 앞으로 기어갑니다.
repunt sinuando se:	kriechen/uñ krümmen sich:	
Coluber, 1	Die grosse Schlange/1	큰 뱀[1]은 숲속에서
in Sylvâ;	im Walde;	
Natrix (hydra) 2	Die Natter/ 2	바다뱀[2]은 물속에서
in Aquâ;	im Wasser;	
Vipera, 3	Die Otter/ 3	살모사[3]는 바위틈 사이에서
in Saxis;	in Steinklippen;	
Aspis, 4	Die Feld-Otter/ 4	밭 살모사[4]는 밭에서
in Campis;	im Felde;	
Boa, 4	Die Unke/ 5	큰 구렁이[5]는 집 근처에
in Domibus.	im Hause.	기어 다닙니다.
Cæcilia, 6	Die Blindschleich/ 6	민다리 도마뱀[6]은
est cœca.	ist blind.	앞을 잘 보지 못하며
Pedes habent:	Füsse haben:	
Lacerta; 7	die Eider; 7	도마뱀[7]이나 불 속에 사는 불도마뱀[8]은
Salamandra, 8	Der Salamander/ 8	발을 가지고 있습니다.
in igne vivax:	so in Feuer lebet:	
Draco, 9	Der Drache/ 9	날개를 가진 뱀인 용[9]은
Serpens alatus,	eine geflügelte Schlange/	입김을 내뿜음으로
halitu;	so mit dem Anhauchen;	
Basiliscus, 10	Der Basilisk/ 10	바시리스크 도마뱀[10]은 눈으로
Oculis;	so mit den Augen;	
Scorpius, 11	Der Scorpion/ 11	전갈[11]은 독이 있는 꼬리로
venenatâ caudâ,	so mit dẽ vergiftẽ Schwantz/	상대를 죽입니다.
necantes.	tödten.	

E Insecta

Z 10 III in feldern Z 12 III in Häusern zu Z 17 III (Molch) Z 6 v u
necat tödet Z 5 v u halitu mit d. A. infolged. fällt d. letzte Z. u.
dreimal „so" weg

6*

제 31 과

Insecta repentia. Kriechend Ungezifer. 기어 다니는 벌레

Vermes,	Die Würmer/	벌레는 물건을 갉아먹습니다.
res rodunt:	benagen die Sachen:	
Lumbricus, 1	Der Regenwurm/ 1	지렁이[1]는 땅을 갉아 먹으며
terram;	die Erde;	
Eruca, 2	Die Raupe/ 2	모충[2](毛蟲)은 식물을
plantam;	die Pflantze;	
Cicada, 3	Der Heuschreck/ 3	메뚜기[3]는 열매를
fruges;	die Früchte;	
Curculio, 4	Der Kornwurm/ 4	바꾸미[4]는 곡물을
frumenta;	das Getraide;	
	Teredo	

Z 2 rod. r.   Z 1 v u frumentum

Teredo (cossus) 5 ligna;	Der Holzwurm/ 5 das Holz;	나무벌레[5]는 목재를 갉아먹으며
Tinea, 6 Vestem;	Die Schabe/ 6 die Kleider;	바퀴[6]는 의복을 상하게 하며
Blatta, 7 Librum;	Die Motte/ 7 das Buch;	좀[7]은 책을 갉아먹으며
Termites, 8 carnem & caseum;	Die Maden/ 8 Fleisch und Kees;	구더기[8]는 고기와 치즈를 먹으며
Acari, Capillum.	Die Mülben/ das Haar.	톡톡 튀는 벼룩[9]과 이[10]
Saltans Pulex, 9 Pediculus, 10 foetens Cimex, 11 nos mordent.	Der hüpfende Floh/ 9 die Laus/ 10 die stinkende Wanze/ 11 beissen uns selber.	악취를 풍기는 빈대[11]는 사람의 살을 뭅니다.
Ricinus 12 sanguisugus est.	Die Schaflaus 12 sauget das Blut aus.	양파리[12]는 피를 빨아 먹습니다.
Bombyx, 13 facit sericum.	Der Seidenwurm/ 13 macht Seide.	누에[13]는 명주실을 만듭니다.
Formica, 14 est laboriosa.	Die Ameis/ 14 ist ämsig.	개미[14]는 일을 열심히 합니다.
Aranea, 15 texit araneum, muscis retia.	Die Spinne/ 15 würcket ein Geweb/ Netze den Fliegen.	거미[15]는 거미줄로 그물을 만들어 파리를 잡습니다.
Cochlea, 16 testam circumfert.	Der Schnecke/ 16 trägt sein Haus herum.	달팽이[16]는 자기 집인 껍질을 등에 지고 돌아다닙니다.

E 2   Amphibia.

Z 4 vestes   Z 8 v u r. m.   Z 2 v u II die Schnecke III der Schneck

제 32 과

Amphibia. Beydlebige Thiere. 양서류

In

In terra & aquâ viventia sunt:	Auf Erdē und im Waſſer lebende ſind:	이들은 땅이나 물속에 사는 동물입니다.
Crocodilus, 1 immanis & prædatrix beſtia Nili fluminis;	Das Crocodil/ 1 ein ungeheuers und räuberiſches Thier des Fluſſes Nilus;	악어[1]는 먹이를 재빨리 덮쳐 무는 나일강의 무서운 동물입니다.
Caſtor (Fiber) 2 habens, pedes anſerinos ad natandum, & caudam ſquameam;	Der Biber/ 2 ſo da hat/ Gänsfüſſe zum ſchwimmen/ uñ einē Schuppenſchwanz.	비버[2]는 헤엄을 치기 위해 거위처럼 발의 물갈퀴와 비늘이 있는 꼬리를 가지고 있습니다.
Lutra, 3 & coaxans *Rana* 4 cum *Bufone*,	Der Fiſchotter/ 3 uñ der quackende Froſch 4 mit der Kröte;	수달[3]과 개굴개굴 우는 개구리[4]는 두꺼비와 함께 있습니다.
Teſtudo, 5 ſupra & infra teſtis, ceu ſcuto, operta.	Die Schildkröte/ 5 welche oben und unten mit Schalen/ als mit einem Schild/ bedeckt iſt.	거북이[5]는 방패를 가지고 있는 것처럼 위아래가 딱딱한 껍질에 싸여 있습니다.

E 3　　　　　Piſces

Z 2 vivunt leben　Z 8 II nur: hat, III habend　Z 11 & s. c.
Z 4 v u wegfällt: welche, ebenſo letzte 3. iſt.

제 33 과

Pisces Fluviatiles & Lacustres. Fluß-und Weiher-Fische. 강과 호수의 물고기

Piscis,
habet, Pinnas, 1
quibus natat;
& Branchias, 2
quibus respirat;
& Spinas,
loco ossium:
præterea,
Mas, lactes;
Fœmina, Ova.
 Quidam
habent Squamas,

Der Fisch /
hat / Floßfedern / 1
womit er schwimmet;
und Kifen (Fisch Ohren) 2
wodurch er Odem holt;
und Gräten /
an stat der Knochen:
Uberdas /
die Leimer / Milch /
die Rögner / Rogen.
 Etliche /
haben Schuppen /
 ut

물고기는

헤엄을 치기 위한 **지느러미**[1]와

호흡을 위한 **아가미**[2]와

뼈 대신

가시와 같은 **뼈**를 가지고 있습니다.

수컷 물고기는 백색의 액체(液體)를
암컷은 알을 가지고 있습니다.

Z 9 III der Leimer   Z 10 III der Rogner

ut *Carpio*, 3
Lucius (Lupus) 4
　Alii sunt glabri,
ut, *Anguilla*, 5
Mustela. 6
　Ascipenser (Sturio) 7
mucronatus',
ultra longitudinem viri
excrescit;
　Silurus, 8
bucculentus,
major illo est;
　Sed maximus,
Antaceus (Huso;) 9
　Apua, 10
gregatim natantes,
sunt minutissimi.
　Alii hujus generis
sunt, *Perca*,
Alburnus,
Mullus (barbus)
Thymallus, *Trutta*,
Gobius, *Tinca*. 11
　Cancer, 12
tegitur crustâ,
habetq; chelas,
& graditur
porrò & retrò.
　Hirudo, 13
sugit sanguinem,

als/ der **Karpf**/ 3
der **Hecht**: 4
　Andre sind Glatt-Fische/
als/ der **Aal**/ 5
die **Aalruppe**. 6
　Der **Stör**/ 7
ist stachelicht/
und wächset
über Mannslänge;
　Der **Wels**/ 8
der weitmäulige/
ist grösser/ als jener;
　Aber der grösseste ist/
der **Hausen**; 9
　Die **Gründele**/ 10
so hauffenweis schwimmē/
sind die kleinsten
　Andere dieser Art
sind/ die **Bersche**/
der **Weisfisch**/
die **Barbe**/
der **Esch**/ die **Forelle**/
die **Kresse**/ die **Schleihe**.
Der **Krebs** 12 (11
ist bedeckt mit der Schale/
hat Schären/
und gehet
vor-und hintersich.
　Die **Egel**/ 13
saugt das Blut aus.
　　　　　　　Marini

3 andre sind glatt Z 7 est m. Z 8 u. 9 & excrescit n. l. v.
Z 10 u. 11 Bucc. Sil. d. weitm. Wels est m. illo. Z 15 Gründelein
Z 16 quae gr. natant

잉어[3]와 **곤들매기**[4]는 비늘을 가지고 있습니다.
어떤 것은 **장어**[5]와 **칠성장어**[6]처럼 미끌미끌합니다.
그러나 **철갑상어**[7]는 입이 날카롭고 사람의 키 이상으로 큽니다.

볼이 볼록한 **메기**[8]는
다른 것 보다 더 큽니다.
그러나 가장 큰 것은 철갑상어 일종의 고기[9]입니다.
무리 지어 헤엄치는 **망둥이**[10]는
가장 작습니다.
이 종류에는
**농어, 황어, 숭어, 각시 송어,
송어, 거미 망둥이,
붕어**[11] 등이 있습니다.

가재[12]는 껍질로 덮여 있고
집게발을 가지고 있으며
앞뒤로 기어 다닙니다.

거머리[13]는 피를 빨아 먹습니다.

제 34 과

Marini Pisces & Conchæ.   Meerfische. und Muscheln.   바다의 물고기와 조개

Piscium

Piscium marinorum, maximus est	Unter den Meerfischen/ ist der grösseste/	바다 물고기 중 가장 큰 것은 **고래**[1]입니다.
Balæna (Cetus) 1	der Wallfisch; 1	
Delphinus, 2 velocissimus;	Der Delfin/ 2 der geschwindeste;	**돌고래**[2]는 가장 빠르고
Raja, 3 monstrosissimus.	Der Roche/ 3 der seltsamste.	**가오리**[3]는 가장 특이합니다.
Alii sunt,	Andere sind/	그 외
Murænula, 4	die Neunauge/ 4	**칠성장어**[4]와 **연어**[5]가 있습니다.
Salmo (Esox) 5	der Lachs. 5	
Dantur etiam Volatiles, 6	Es gibt auch geflügelte. 6	바다 위로 **날아다니는 물고기**[6]도 있습니다.
Adde *Haleces*, 7 qui salsi;	Setze hinzu die Heeringe/ 7 welche gesalzen;	**청어**[7]는 잡아서 소금에 절여둡니다.
& *Passeres*, 8 cum *Asellis*, 9 qui arefacti, adferuntur:	Und die Halbfische/ 8 samt den Stockfischen/ 9 welche aufgedörret zu uns gebracht werden;	**광어**[8]나 **대구**[9]는 말려서 우리 손에 들어옵니다.
& monstra marina, *Phocam*, 10 *Hippopotamum*, &c.	Und die Meerwunder/ das Meerkalb/ 10 das Meerpferd/ u dg.	바다의 특이한 생물로는 **바다표범**[10]과 해마 등이 있습니다.
Concha, 11 habet testas.	Die Muschel/ 11 hat Schalen.	**조개**[11]는 껍질을 가지고 있습니다.
Ostrea, 12 dat, sapidam carnem.	Die Auster/ 12 gibt wohlgeschmak Fleisch.	**굴**[12]은 맛있는 고기 살을 제공해 줍니다.
Murex 13 purpuram;	Die Purpurschnecke/ Purpur; (13	**뼈 조개**[13]는 자색(보라색)의 원료가 되며
alia, 14 Margaritas.	Die Perlenmuschel/14 Perlein.	**진주조개**[14]는 진주를 만듭니다.

. 2 e. m.   Z 13 II Adpone, III Appone   Z 15 III quao salsae
  Z 17 III mit   Z 19 hergebracht w.   Z 4 v u III der Purpurschneck
  Z 3 v u dat p. gibt p.   Z 2 v u Concha margaritifera

제 35 과

Homo.   Der Mensch.   인간

Adamus,

Adamus, 1 primus Homo, sextâ die Creationis, à Deo, ad imaginem Dei, è glebâ terræ; & *Heva*, 2 prima Mulier, è costâ viri, formati sunt. Hi, à Diabolo, sub specie *Serpentis*, 3 seducti, cum comederent de fructu *arboris vetitæ*, 4 ad *miseriam* 5 & mortem, cum omni posteritate suâ, damnati & è *Paradiso* 6 ejecti sunt.	Adam / 1 der erſte Menſch / iſt / am ſechſten Tag der Erſchaffung / von Gott / nach Gottes Ebenbild / aus einem Erdenkloß; und Heva / 2 das erſte Weib / aus der Riebe des Manns / erſchaffen worden. Dieſe / von dem Teufel / in Geſtalt der Schlange / 3 verführet / als ſie aſſen von der Frucht (4 des verbottne Baums / wurden zum Elend 5 und Tod / mit aller ihrer Nachkommenſchafft verdammet und aus dem Paradeis 6 verſtoſſen.	최초의 인간 **아담**[1]은 천지 창조의 6일째 신의 형상을 따라 하나님에게서 흙으로 창조되었습니다. 그리고 최초의 여성인 **이브**[2]는 남성인 아담의 갈비뼈로 만들어졌습니다. 그들은 **뱀**[3]의 모습을 한 악마에게 유혹되어서 **금지된 나무의 열매**[4]를 먹음으로 모든 자손과 함께 **고난**[5]과 죽음의 선고를 받고 **낙원**[6]에서 추방되었습니다.

Septem

Z 3 eingeſchaltet: est creatus iſt erſchaffen Z 6 nach b. Ebenb. G. Z 10 u. 11 est formata iſt abgebildet e costa viri... Z 8 v u v. a. dann eingeſchaltet damnabantur wurden verdammt Z 4 v u s. p. Z 8 v u fällt w. dann: & ojiciebantur und wurden verſtoſſen e Paradiso aus dem Paradeis.

제 36 과

Septem Ætates Hominis.   Die Sieben Alter des Menschen.   인간 세대의 7단계

Homo

Homo est,	Der Mensch ist /	첫 단계는
primùm *Infans*, 1	Erstlich ein Kind / 1	**아기**[1] 입니다.
deinde *Puer*, 2	darnach ein Knab / 2	다음으로 **소년**[2]
tum *Adolescens*, 3	dann ein Jüngling / 3	그 다음은 **청소년**[3]
inde *Juvenis*, 4	wiedum ein Jungmañ / 4	그 후 **청년**[4]
posteà *Vir*, 5	folgends ein Mann / 5	이어서 **장년**[5]
dehinc *Senex*, 6	als dann ein Altmann / 6	그리고 **중년**[6]
tandem *Silicernium*. 7	Endlich ein Greiß. 7	마지막은 **노년**[7]에 이르게 됩니다.
Sic etiam	Also auch	
in altero Sexu,	im andern Geschlecht /	다른 성을 가진 여성의 경우도
sunt, *Pupa*, 8	sind das Püpchen / 8	귀여운 **여아**[8]
Puella, 9	das Mägdlein / 9	**소녀**[9]
Virgo, 10	die Jungfrau / 10	**처녀**[10]
Mulier, 11	das Weib (die Frau) 11	**부인**[11]
Vettula, 12	die Altfrau / 12	**중년 부인**[12]
Anus decrepita. 13	die Altmutter. 13	**노부인**[13]에 이릅니다.

Membra

Z 2 Infans Z 4 ferner ein J. Z 5 weiter e. J. Z 11 III s. d. P. (Töchterlein) Z 2 v u vetula ein altes Weib Z 1 v u II d. A oder ein steinaltes Mütterlein III d. A. (d. St. M.)

제 37 과

Membra Hominis Externa.   Die äusserlichen Glieder des Menschen.   인간 몸의 부분

Caput 1 est suprà; infrà, Pedes. 20
Colli
(quod definit in Axillas 2)
pars anterior, est Iugulum; 3
posterior; Cervix. 4
Pectus, 5
est antè; retrò, Dorsum: 6
in illo,

Das Haupt 1 ist oben; unten/ die Füsse. 20
Des Halses
(der sich endet in die Achseln 2)
Vördertheil/ ist die Kähle; 3
das Hintertheil/ der Nacken. 4
Die Brust/ 5
ist vornen; hinten/ der Rucken: 6
an jener/   sunt

머리¹는 위쪽

발²⁰은 아래쪽에 있습니다.

머리²(어깨까지입니다만)
앞쪽은 목, 3
뒤쪽은 **목덜미**⁴입니다.
가슴⁵은 앞쪽이고

뒤쪽은 **등**⁶입니다.

sunt Fœminis,
binæ *Mamma* 7
cum *Papillis*.
   Sub pectore
est *Venter*; 9
in ejus medio,
Umbilicus; 10
subtus *Inguen*, 11
& *pudenda*.
   A tergo,
sunt *Scapulæ*; 12
a quibus pendent
Humeri; 13
ab his, *Brachia*, 14
cum *Cubito*; 15
inde, ad utrumq; *latus*,
Manûs, *Dextera* 8
& *Sinistra*. 16

   Humeros, excipiunt
Lumbi 17
cum *Coxis*, 18
& in *Podice* (culo)
Nates. 19

   Pedem absolvunt:
Femur; 21
tum, *Crus*, 23
(intermedio *Genu* 22)
in quo *Sura*, 24
cum *Tibia*; 25
abhinc *Tali*, 26
Calx (Calcaneum) 27
& *Solum*; 28
in extremo
Hallux 29
cum quatuor *Digitis*.

haben die Weibsbilder/
zwo Dutten (Brüste) 7,
mit Warzen (Zitzen.)
   Unter der Brust/
ist der Bauch; 9
in dessen Mitte /
der Nabel; 10
darunter/ der Schmerbauch/
und die Scham.   (15
   Auf dem Rücken
sind die Schulterblätter; 12
an welchen hangen /
die Schultern; 13
an diesen/ die Arme/ 14
mit dem Ellnbogen; 15
alsdann/ zu beyden Seiten/
die Hände / die Rechte 8
und die Linke. 16

   Auf die Schultern/ folgen
die Lenden / 17
mit den Hüften; 18
und am Hintern
die Arsbacken. 19

   Das Bein machen:
die Oberschenkel; 21
dann/ die Unterschenkel / 23
(darzwischen die Knieh) 22
an welchem die Waden / 24
samt dem Schinbein; 25
alsdann/ die Knorren/ 16
die Versche / 27
und die Sole; 28
im Ende /
die grosse Zehe / 29
mit den vier andern.

                    Caput

Z 16 von dannen z. b. S.   Z 10 v u ferner d. N.   Z 9 v u III das Knieh
Z 8 v u III die Wade   Z 6 v u weiter d. K.   Z 4 v u (solea)   Z 1
   v u c. q. reliquis d. mit d. v. a. Zehen.

여성은 **유두**가 달린 두 개의 **유방**[7]을 가슴에 지니고 있습니다.

가슴 아래는 **배**[9]입니다.

그 가운데는 **배꼽**[10]이 아래로는 **아랫배**[11]와 음부가 있습니다.

등 위쪽으로는 **어깨뼈**[12]가 있고 거기에 **어깨**[13]가 달려있습니다.

어깨에서 **팔**[14]과 **팔꿈치**[15]로 이어지고 양쪽에 **오른손**[8]과 **왼손**[16]이 있습니다.

허리 부분[17]이 **좌골**[18]과 함께 어깨까지 이어지고 둔부에 **엉덩이**[19]가 있습니다.

대퇴부[21] 그리고 **하퇴부**[23] (중간이 **무릎**[22])가 다리부분을 이루고 있습니다. 거기에 **장딴지**[24]가 **경골**[25]을 수반하고 **복사뼈**,[26] **뒤꿈치**[27] 및 **발바닥**[28] 마지막 4개의 다른 발가락과 함께 **엄지발가락**[29]이 있습니다.

제 38 과

Caput & Manûs. Haupt und Hände. 머리와 손

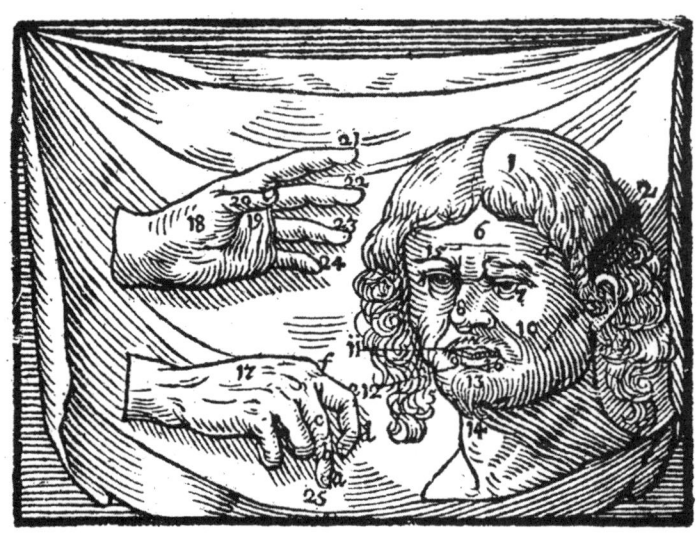

In Capite, sunt:	Am Kopfe/ sind:
Capillus, 1	das Haar 1
(qui pectitur	(welches gekämmt wird
Pectine 2)	mit dem Kamm 2)
Aures 3 binæ	die beyden Ohren 3
& Tempora, 4	und Schläffe/ 4
Facies. 5	das Angesicht. 5
In Facie, sunt:	Im Angesicht/ sind:
Frons, 6	die Stirn/ 6
Oculus 7 uterq;,	die beyde Augen/ 7
Nasus 8	die Nase 8 (chern]
(duabus Naribus)	[mit zweyen Naselö-
Os, 9	der Mund (das Maul) 9
	Genæ

Z 10 cum d. v. III siehe hinten: Proben

머리에는 **머리카락**[1]이 있으며 (**빗**[2]으로 빗습니다)

양쪽 **귀**,[3] **관자놀이**[4]와 **얼굴**[5]이 있습니다.

얼굴에는 **이마**,[6] 양쪽 **눈**[7]

코[8](두 개의 **콧구멍** 포함)

입[9],

Genæ (*Malæ*) 10 & *Mentum.* 13	die Wangen (Backen) 10 und das Kien. 13	볼10과 턱13이 있습니다.
Os, septum est, Mystace, 11 & *Labiis;* 12 *Lingua* cum *Palato, Dentibus* 16 in *Maxillâ*.	der Mund/ist umgeben mit dem Knebelbart/ 11 und den Lippen; 12 die Zunge samt dem Gaumen/ mit den Zähnen 16 am Kiffer.	입 주위에는 **콧수염**11과 **입술**12이 있으며, 혀와 구강은 턱 안의 잇몸과 여러 개의 **이**16로 둘러싸여 있습니다.
Mentum virile, tegitur, *Barbâ;* 14 *Oculus verò,* (in quo *Albugo* & *Pupilla*) *palpebris* & *supercilio.* 15	Das männliche Kien/ wird bedeckt/vom Bart, 14 aber das Aug/ (in welchem das weisse und der Augapfel) von den Wimmern und Augbrauen. 15	남성의 턱은 **턱수염**14으로 덮여 있고 눈(그 안에 흰자와 동공)은 눈꺼풀과 **눈썹**15으로 둘러싸여 있습니다.
Manus contracta; Pugnus 17 est; aperta, *Palma;* 18 in medio, *Vola;* 19 extremitas, *Pollex,* 20 cum quatuor *Digitis, Indice,* 21 *Medio,* 22 *Annulari* 23 & *Auriculari.* 24	Die zugedruckte Hant/ ist eine Faust; 17 (18 die offne/ eine Flachhand; in der mitten/die Höle; 19 das äuserste/der Daum, 20 mit den vier Fingern/ dem Zeiger/ 21 Mittelfinger/ 22 Goldfinger/ 23 und Ohrfinger. 24	꽉 쥔 손은 **주먹**17이며 손가락을 쭉 편 **손**18은 **손바닥**19입니다. 그 한 가운데 손바닥 가장자리에 **엄지손가락**20이 있고, 이어서 4개의 손가락 즉, **집게,**21 **중지,**22 **약지**23 및 **새끼손가락**24이 있습니다.
In quolibet sint *articuli* tres a b c & totidem *Condyli* d e f cum *Ungue.* 25	An iedem sind drey Glieder a b c und so viel Knöchel d e f samt dem Nagel. 25	각각의 손가락에 세 개의 **마디**(a, b, c)와 똑같은 수의 **관절**(d, e, f)가 있으며 각 손가락 끝에는 **손톱**25이 있습니다.

F   Caro

als Z 8 septa est ist umgeben   Z 10 v. m. nach Pupilla eingeschaltet:
tegitur wird bedeckt   Z 14 v u C. m.   Z 13 v u e. p.   Z 12 v u
aperta manus est p.   Z 11 v u in m. est v.   Z 10 e. est p.

제 39 과

Caro & Vi-   Fleisch und In-   육체의 근육과
scera.   geweid.   내장

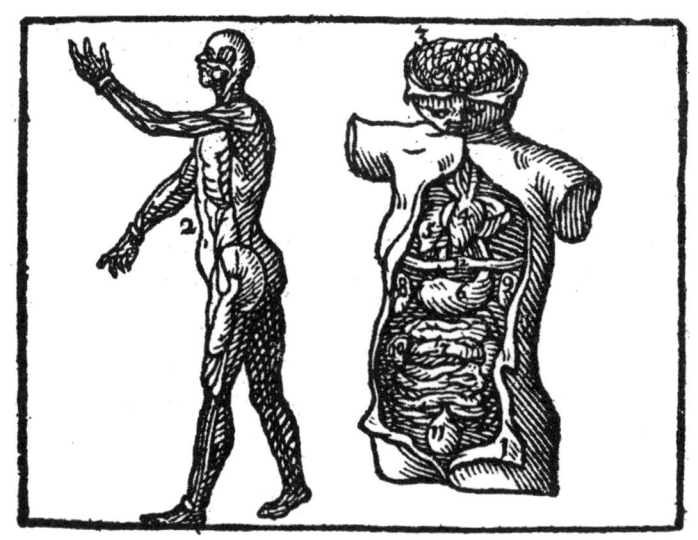

In Corpore, sunt, Cutis cum Membranis, Caro cum Musculis, Canales, *Cartilagines*, Ossa & Viscera.

Detractâ *Cute*, 1 apparet *Caro*, 2 non continuâ massâ, sed distributa, tanquam in farcimina, quod vocan: *Musculos*,

Z 1 v u ll quod M. vocam

Am Leibe/ sind/ die Haut mit den Häutlein/ das Fleisch mit dē Mäuseln/ das Geäder/ die Knorpeln/ Beine und das Ingeweid.

Nach abgezogner Haut/ 1 erscheinet das Fleisch/ 2 nicht in einem Stuck/ sondern getheilet/ gleichsam in Würste/ (se/) welches man nennt die Mäu-
quorum

몸에는 표피로 이루어진 피부
근육을 가진 살,
혈관,
연골과 뼈와 내장이 있습니다.

피부[1]를 벗기면 **살**[2]이 나타납니다.
이는 한 덩어리가 아니라
이른바 순대 모양으로 구분되어 있으며
그것을 **근육**이라 부르는데
약 **405**개 정도입니다.

quorum numerantur *quadringenti quinq;* *canales Spirituum* ad movendū membra. *Viscera,* sunt membra interna: Ut, in Capite, *Cerebrum,* 3 circumdatum *Cranio* & *Pericranio.* In Pectore, *Cor,* 4 obvolutum *Pericardio;* & *Pulmo* 5 respirans. In Ventre, *Ventriculus,* 6 & *Intestina* 7 obducta *Omento;* *Jecur* (*Hepar*) 8 & à sinistro ei oppositus *Lien;* 9 duo *Renes,* 10 cum *Vesicā.* 11 Pectus à Ventre dividitur crassā membranā, quæ vocatur *Diaphragma.* 12	deren gezehlet werden **vierhundert und fünf;** Leitröhre der Lebensgeister/ die Glieder zubewegen. Das Ingeweid/ sind die innerlichen Glieder: Als/ im Haupte/ das Gehirn/ 3 umgebē mit der Hirnschale und Schwarte. In der Brust/ das Herz/ 4 eingewickelt in den Herz- und die Lunge/ 5 (bändel) so Athem holet. Im Bauch/ der Magen/ 6 und das Gedärm/ 7 so ins D ͞ eingewickelt: die Leber/ 8 und zur Linken gegen ihr über das Miltz; 9 die beyden Nieren/ 10 samt der Blase. 11 Die Brust/ (scheiden wird vom Bauch unter- durch eine dicke Haut/ welche genennt wird das Zwerchfell. 12	신체의 각 부분이 움직이도록 활력의 통로인 신경관이 존재합니다. **내장**은 내면적인 지체입니다. 그것은 **두개골**과 그 막에 둘러싸여 있는 **뇌**[3]가 머릿속에 있는 것과 같습니다. 가슴 속에 **심장**[4]이 있으며 심장(心臟)은 심막(心膜)으로 싸여 있고 **폐**[5]는 호흡을 하고 있습니다. 복부 속의 **위**[6]와 **장**[7]은 막으로 둘러 싸여 있습니다. **간장**[8] 및 그 좌측에 **비장**[9]이 대치해 있고 두 개의 **신장**[10]에 **방광**[11]이 붙어 있습니다. 이들은 **횡격막**[12]이라 불리는 두꺼운 막에 의해서 가슴과 구분되어 있습니다.

F 2   Canales

Z 4 III 3. bew. d. Gl.   Z 6 s. i. m.   Z 14 qui respirat   Z 11 v u Om. obd.   Z 4 v u III div. v.

제 40 과

Canales & Ossa.
Das Geäder und Gebeine.
맥관과 사지 (골격)

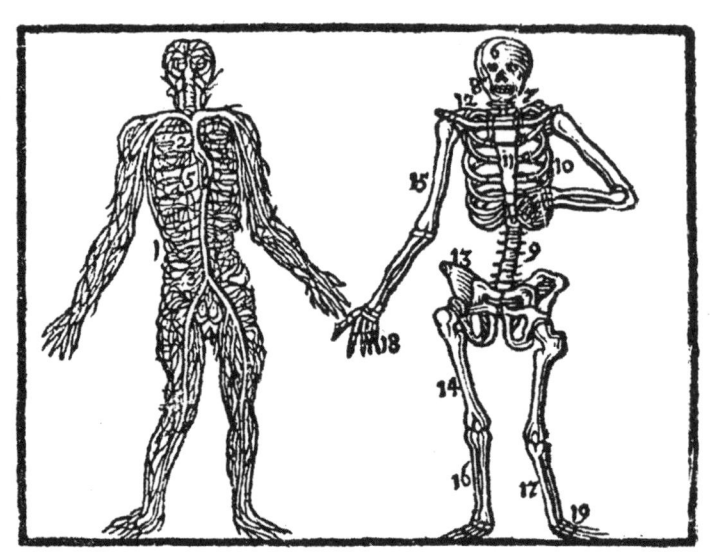

Canales Corporis sunt:
Venæ. Sanguinem,
ex Hepate;
Arteriæ, calorem
& Vitam, è Corde;
Nervi,
Sensum & Motum
à Cerebro,
per Corpus deferentes.
 Hæc tria, 1
ubiq; sociata invenies.
 Porrò, ab ore

Geröhre des Leibs/ sind:
die Adern/ so das Geblüt
aus der Leber;   (me
die Pulsadern/ so die wär-
und dz Leben aus dem Hertze;
die Nerven (Señ Adern)
welche die Siñlichkeit und
aus dē Gehirn/ (Bewegūg
durch den Leib leiten.
 Diese dreye 1
findst du überall beysamen.
 Ferner/ vom Mund
       in

신체의 **맥관**은
간에서 혈액을 운반하는 **혈관**
심장에서 열과 생명력을 운반하는 **동맥**
뇌에서 몸까지
감각과 운동을 운반하는 **신경**을
말합니다.

이 세 가지[1]는
함께 하나로 연결되어 있습니다.

Z 2 quae sang.   Z 4 quae cal.   Z 7 qui s. et m.   Z 9 p. c. deferunt
Z 3 v u invenis ubique soc.   Z 1 v u hinzu: est gula ist der Schlund

in Ventriculum, *Gula,* 2 via cibi ac Potûs; & juxtà hanc, ad Pulmonem *Guttur,* 5 pro respiratione; à ventriculo ad Anum, *Colum* 3 ad excernendum Stercus; ab Hepate ad Vesicam, *Vreter* 4 reddendæ Urinæ. *Ossa* sunt: in Capite, *Calvaria,* 6 duæ *Maxilla,* 7 cum XXXII *Dentibus*; 8 Tum, *Spina dorsi,* 9 corporis columna, constans ex XXXIV. *Vertebris,* ut Corpus se flectere queat; *Costa,* 10 quarum XXIV; *Os pectoris,* 11 duæ *Scapula,* 12 *Os sessibuli,* 13 *Lacerti,* 15 & *Vlna, Tibia,* 14 *Fibula* 16 anterior & posterior. 17 *Ossa Manûs,* 18 sunt triginta quatuor, *Pedis,* 19 triginta. In Ossibus est *Medulla.*	in den Magen/ der Schlund/ 2 die Straße d' Speiß v. Tranks; und neben dieser/ zur Lungen/ die Luftröhre/ 5 zum Odem-holen; vom Magen zum Hintern/ der Mastdarm/ 3 zu ausführung des Unflats; von der Leber zur Blase/ die Harnröhre/ 4 den Harn zu lassen. Gebeine sind: im Kopf/ die Hirnschale/ 6 die zween Kiffer 7 mit XXXII Zähnen; 8 Dann/ der Ruckgrad/ 9 die Seule des Leibs/ bestehend in XXXIV Gelenken/ daß der Leib sich biegen könne; Die Rieben/ 10 deren vier und zwanzig; Das Brustblat/ 11 die II Schulterblätter / 12 das Hüftbein/ 13 die Armschinen / 15 die Schenkelbeine/ 14 das vördere 16 und hintere Schinbein. 17 Beine an der Hand 18 sind XXXIV; am Fuß 19 dreissig. In den Beinen ist das Mark.	음식과 음료의 통로인 **식도**[2]는 입에서 위에까지 연결되어 있으며 그 옆에 폐와 연결되는 호흡을 위한 **기관**[5]이 있습니다. 소화기관인 위에서 항문으로 변을 이끌어 내기 위한 **직장**[3]이 있고 간장에서 방광으로 오줌을 내보내기 위해 **요관**[4]이 있습니다. **골격**으로는 머리에 **두개골**[6] 상하 두 개의 **턱**[7] 안에 32개의 **이빨**[8]이 들어 있습니다. 몸을 구부릴 수 있도록 34개의 관절로 구성된 신체의 지주인 **척추**[9]가 있으며 24개의 **늑골**,[10] **흉골**,[11] 2개의 **어깨뼈**,[12] **좌골**,[13] **완골**,[14] **대퇴골**,[15] **앞경골**[16]과 **뒷경골**[17] 이 있습니다. **손뼈**[18]는 34개, **발뼈**[19]는 30개 입니다. 뼈 안에는 **골수**가 들어 있습니다.

F 3   Sensûs

Z 1 u 2 via c. ac p. in ventr.   Z 7 est c. ist d. M.   Z 8 auszuführt
den U.   Z 11 ad Ur. reddendam   Z 13 am K.   Z 17 col. cor
Z. 7 u. 6 v u a. et p. f.

제 41 과

Sensûs externi & interni.   Eüserliche und innerliche Sinnen.   외부와 내부의 감각기관

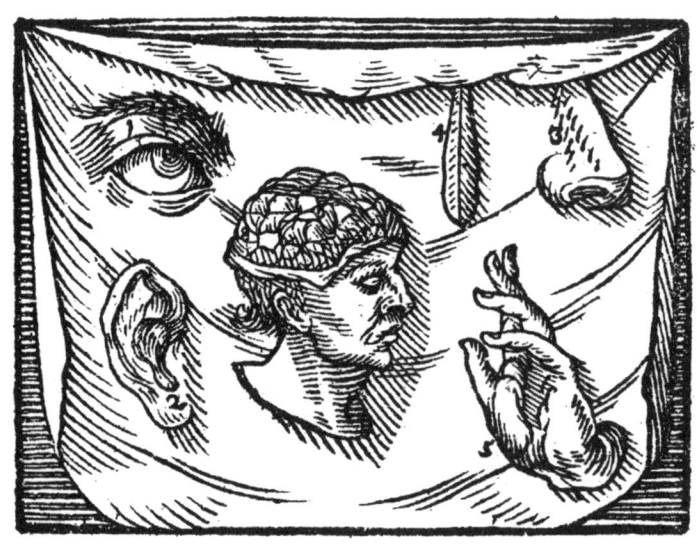

Sensûs externi sunt *quinque*.	Eüserliche Sinnen sind fünffe.	인간의 **외부 감각기관**은 **다섯** 가지가 있습니다.
Oculus, 1 videt *colores*, quid album vel atrum, viride vel cœruleum, rubrum aut luteum, sit.	Das Auge / 1 sihet die Farben / was weiß oder schwartz / grün oder blau / roth oder gelb / sey.	**눈**1은 흰색, 검은색, 녹색, 푸른색, 빨간색, 노란색 등의 색채를 구별합니다.
Auris, 2 audit *Sonos*, tum naturales, Voces & Verba; tum artificiales,	Das Ohr / 2 höret die Schalle / so wohl die Natürlichen / die Stimmen und Wortes als die Kunstfündigen / Tonos	**귀**2는 음악 소리와 인공적인 소리, 목소리나 말의 자연적인 울림을 듣습니다.

Z 1 E. s.   Z 3 v u tam—quam

Tonos Musicos.	die Musik-Thöne.	

Nasus, 3
olfacit Odores,
& Fætres.

Lingua 4 cum Palato
gustat Sapores,
quid dulce aut amarum,
acre aut acidum,
acerbum aut austerum.

Manus 5
dignoscit tangendo
rerum Quantitatem
& Qualitatem,
calidum & frigidum,
humidum & siccum,
durum & molle,
læve & asperum,
grave & leve.

Sensus interni
sunt tres.

Sensus communis 7
sub sincipite,
apprehendit
à Sensibus externis
perceptas res.

Phantasia, 6
sub vertice,
dijudicat res istas,
cogitat, somniat.

Memoria, 3
sub occipitio,
singula recondit
& depromit:
quædam deperdit,
& hoc est Oblivio.

Somnus,
est Sensuum requies.

Z 1 v u est r. s.

Die Nase, 3
riechet die Gerüche
und Gestänke.

Die Zunge 4 mit dē Gaumē
schmecket die Geschmäke,
was süß oder bitter,
scharf oder sauer,
herb oder streng sey.

Die Hand 5
unterscheidet, durchs anrühre/
der Sachen Maß
und Beschaffenheit,
warmes und kaltes,
feuchtes und truckne,
hartes und weiches,
glattes und rauhes,
schweres und leichtes.

Innerliche Sinnen,
sind dreye.

Die gemeine Empfindnis
unter dem Vorhaupt, (7
ergreiffet
die von den äusserlichen Sinen
eingebrachte Sachen.

Die Einbildungskraft 6
unter dem Wirbel,
entscheidet dieselben Sachen,
denket, träumet.

Die Gedächtnis 8
unter dem Hinterhaupt,
verwahret alle Sachen
und langt sie wieder hervor:
etliches verliehrt sie,
und das ist die Vergessenheit.

Der Schlaf,
ist eine Ruhe der Sinnen.

F 4   Anima

코[3]는 향기와 악취의 냄새를 맡습니다.

혀[4]는 무엇이 단지, 쓴지, 얼얼한지, 신지, 떫은지 등의 미각을 맛봅니다.

손[5]은 사물의 양과 질을 만져 봄으로써 식별하는데, 따뜻한 것과 차가운 것, 습한 것과 마른 것, 딱딱한 것과 부드러운 것, 미끄러운 것과 까칠까칠한 것, 무거운 것과 가벼운 것을 식별합니다.

내부 감각기관은 세 가지입니다.

전두부(前頭部) 아래의 **공통감각**[7]은 외부감각으로 지각된 사물을 파악합니다.

머리털의 가마가 있는 부분의 **상상력**[6]은 이러한 사물을 결정하고 생각하며 꿈을 꿉니다.

후두부(後頭部) 밑의 **기억력**[8]은 모든 것을 보존하고 기억해 냅니다. 어느 정도 잊어버리는 것을 망각이라고 합니다.

잠자는 동안은 감각기관이 휴식하게 됩니다.

제 42 과

Anima Hominis.   Die Seele des Menschen.   인간의 혼

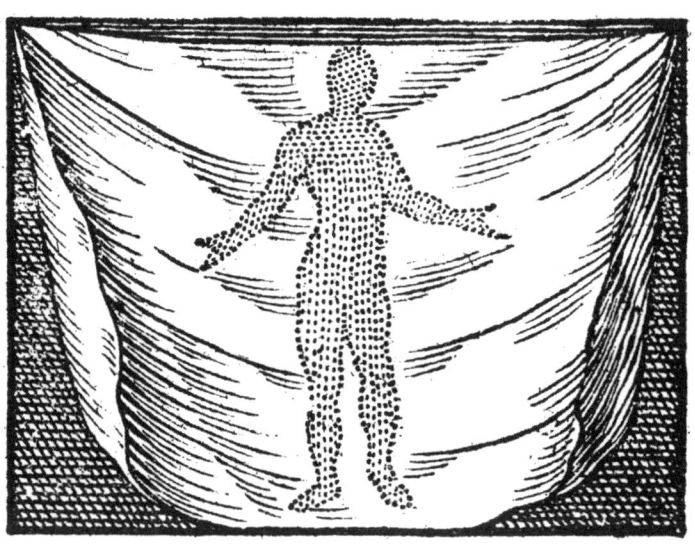

Anima est vita corporis, in toto una : Tantùm *Vegetativa*, in *Plantis* ; Simul *Sensitiva*, in *Animalibus* ; Etiam *Rationalis*, in *Homine*. Hæc, consistit in tribus: (&u] In *Mente* [Intelle-	Die Seele/ ist des Leibes Leben/ einig in dem gantzen: Allein eine Wachstüm- in den Pflantzen; (liche/ Zugleich eine Sinnliche/ in den Thieren; Auch eine Vernünftige/ in dem Menschen. Diese/ bestehet in dreyen Dingen: (nunft] Im Verstand [Ver- quâ	인간의 **혼**은 신체의 생명이며 모든 생물 중 유일한 것입니다. **식물**에게 있어서는 **성장**이 **동물**들에게는 **감각적**인 것이 **인간**에게는 **이성적**인 것이 독특합니다. 이것들은 세 가지 일 안에 존재합니다.

Z 2 est c. v. Z 3 u. in t. Z 12 Primo in m. sive int. Erstlich in der Vernunft oder in dem Verstand

quâ cognoſcit	wodurch er erkennet	선한 것과 악한 것
& intelligit,	und verstehet/	또는 참된 것과 가시적인 것을 이해하는
Bonum ac Malum,	das Gute und Böse/	이해력(이성) 안에서 그러합니다.
vel verum,	entweder das Warhafte	
vel apparens;	oder das Scheinbare;	
In *Voluntate*,	Im Willen/	그가 선택하고 요구하거나
quâ eligit	wodurch er erwählet	또는 버리며
& concupiscit,	und verlanget/	알게 된 것을
aut rejicit	oder verwirfſt	싫어하는 **의지** 안에서 입니다.
& averſatur,	und verabscheuet/	
cognitum;	das Erkandte;	
In *Animo*,	Im Gemüte/	그가 선택한 선한 것을 얻으려고
quo proſequitur	wodurch er nachstrebet	노력하거나 또는 배척한 악한 것을
Bonum electum,	dem erwählten Guten/	멀리하는 **마음**에서 입니다.
vel fugit	oder fliehet	
Malum rejectum.	das verworffne Böse.	
Hinc *Spes*,	Daher Hoffnung	그 때문에 **희망**과 **두려움**은
& *Timor*,	und Furcht/	욕망과 혐오 가운데서
in cupidine	in der Begierde	생겨나게 됩니다.
& averſatione.	und Abscheu.	
Hinc *Amor*	Daher Liebe	그 때문에 **사랑**과 **기쁨**은
& *Gaudium*,	und Freude	향유하는 가운데 있지만
in fruitione:	in der Genieſſung:	그러나 **노여움**과 **고통**은
Sed *Ira*	Aber Zorn	욕정 가운데 있습니다.
ac *Dolor*,	und Schmerze/	
in paſſione.	in d' Leidēschaft (nes dings/	
Vera rei cognitio,	Die wahre Erkäntnis ei-	사물의 참된 **지식**은 학문입니다.
est *Scientia*	iſt eine Wiſſenſchafft:	잘못된 지식은
falſa, *Error*,	die falsche/ein Irrtum/	**오류**요 **환상**이며 **의심**입니다.
Opinio, Suſpicio.	Wahn/ Verdacht.	

Z 1 III wod. ſie erf.   Z 6 Deinde in v. Hernach in d. W.   Z 12 Tertio in a. Zum dritten in d. G.   Z 16 r. m.   Z 17 Hinc oritur sp. daher entſpringet H.   Z 19 v u H. est etiam a. daher iſt auch L. Z 4 v u V. c. r.   Z 1 v u III O. et s. II III W. und V.

제 43 과

Deformes	Ungeſtalte	기형과
&	und	기형아
Monſtroſi.	Mißgeburten.	

Monſtroſi,

Monstrosi & *Deformes* sunt abeuntes corpore à communi formâ, ut sunt:	Mißgeburten und Ungestalte sind/ die mit dem Leib abarten von der gemeinen Gestalt/ als da sind:	기형과 기형아는 보통 사람의 모습에서 변형된 신체를 가진 다음과 같은 자들입니다.
immanis *Gigas*, 1 nanus *Pumilio*, 2 *Bicorpor*, 3 *Biceps*, 4 & id genus Monstra.	Der ungeheure Rieß/ 1 der winzige Zwerg/ 2 der Zweybeleibte/ 3 der Zweykopf/ 4 und dergleichen Unformen.	엄청난 거인,[1] 아주 작은 난쟁이,[2] 두 사람의 몸이 하나로 붙어있는 사람,[3] 머리가 둘인 사람,[4] 그리고 그와 같은 기형들입니다.
His accensentur: *Capito*, 5 *Naso*, 6 *Labeo*, 7 *Bucco*, 8 *Strabo*, 9 *Obstipus*, 10 *Strumosus*, 11 *Gibbosus*, 12 *Loripes*, 13 *Cilo*; 15 adde *Calvastrum*. 14	Zu diesen werde gezehlt: der Großkopf/ 5 der Großnase/ 6 der Wurstmaul/ 7 der Paußback/ 8 der Schieler/ 9 der Krummhals/ 10 der Kropfichte/ 11 der Höckerichte/ 12 der Dollfuß/ 13 der Spitzkopf; 15 setze hinzu de Kahlkopf. 14	이런 사람에는 다음과 같은 사람도 있습니다. 머리가 큰 사람,[5] 코가 큰 사람,[6] 입술이 두터운 사람,[7] 볼이 볼록한 사람,[8] 사시(斜視)인 사람,[9] 머리가 틀어진 사람,[10] 갑상선 종에 걸린 사람,[11] 등에 혹을 가진 사람,[12] 무릎이 안쪽으로 굽어 있는 사람,[13] 머리가 뾰족한 사람,[15] 그리고 **머리털이 적은 사람**[14]도 여기에 속합니다.

Horto-

Z 3 c. a.   Z 11 nur H   His quodammodo nonnullis a. 3. d. w
etlichermaßen v. etlichen g.

제 44 과

Hortorum Cultura. Die Gärtnerey. 동산의 경작

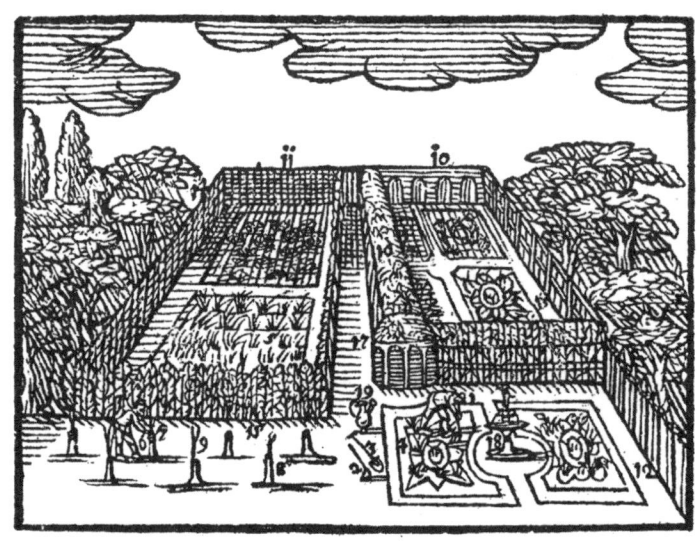

Hominem vidimus: Jam perg mus ad *Victum* hominis, & ad *Artes Mechanicas,* quæ huc faciunt.

    Primus & antiquissi-Victus,   (mus *Terra Fruges:*

    Hinc primus Labor Adami, *Horti-cultura.*

    Hortulanus (Olitor) in *Viridario*

Den Menschen haben wir besehen laßt uns fortschreiten (he: zur Kost des Menschen/ un zu den Handwerkskünwelche hierzu dienen. (sten/

    Die erste und älteste Nahrung/ waren die Erdfrüchte:

    Daher auch die erste Arbeit des Adams/ der Gartenbau.

    Der Gärtner 1 im Pflanzgarten fodit,

우리는 이제까지 사람에 대해서 살펴보았습니다.
지금은 사람의 **식료품**과 여기에 도움이 되는 **수공업의 기술 발전**을 알아보기로 합시다.
땅에서 생산된 **열매**는 가장 오래된 최초의 식품이었습니다.
그 때문에 아담의 최초의 노동은 동산을 경작하는 일이었습니다.

식물동산의 **정원사**[1]는

Z 4 & ad m. a. Z 7 victus erant Z 9 H. etiam p. l.

fodit, *Ligone* 2
aut *Bipalio*, 3
facitq́; *Pulvinos* 4
ac *Plantaria*; 5
quibus infert
Semina & Plantas.
    Arborator 6
in *Pomario*
plantat *Arbores*, 7
inseritq́;
Surculos 8
Viviradicibus. 9
    Sepit Hortum,
vel Cura,
Muro, 10
aut *Macerie*, 11
aut *Vacerrâ*, 12
aut *Plancis*, 13
aut *Sepe* 14
flexâ
è sudibus
& vitilibus;
    Vel Natura,
Dumis & Vepribus. 15
    Ambulacris 16
& *Pergulis* 17
ornatur.
    Fontanis 18
& *Harpagio* 19
rigatur.

gräbet mit de Grabscheit
oder mit der Spathe/ 3 (2
und macht Beete 4
und Pflanzenbeete; 5
darein er streuet und setzet
den Samen uñ die Pflantz.
    Der Baumgärtner 6
im Baumgarten
pflantzet Bäume/ 7
und impfet (patet)
die Pfropfreiser 8
auf die Stämmer. 9
    Den Garten zäunet/
entweder der Fleiß
mit einer Mauer/ 10
oder Lehmwand/ 11
oder mit Stacketen/ 12
oder Planken/ 13
oder mit einem Zaun 14
geflochten
aus Zaunpfälen
und Reisicht;
    Oder die Natur/
mit Hecken uñ Büsche. 15
    Mit Spazirgängen 16
und Sommerlauben 17
wird er gezieret.
    Mit Brunnen 18
und mit de Sprengkrug/
wird er gefeuchtet. (19
Agricul-

삽[2]이나 쟁기[3]로 땅을 파서
화단[4]이나 식물의 **모밭**[5]을 만들면
그 안에다 씨를 뿌리며
식물을 심습니다.

수목동산의 **경작자**[6]는

나무[7]를 심으며

꺾꽂이 모[8]를
줄기[9]에 접목합니다.

동산을 **벽**[10]이나
담장[11]
격자원[12]이나
두꺼운 판 **말뚝**[14]과
울타리로 담장을 두르든지
또는 한곳으로 모아 심거나
자연스럽게 **숲**[15]으로 만듭니다.

동산에는 **산책길**[16]이나
나무 그늘진 **원두막**[17]을 만들고
분수[18]나 **물뿌리개**[19]로 이용해서
물을 촉촉이 뿌려둡니다.

Z 5 III darein er bringet   Z 10 patet fällt weg   Z 13 H. s.   Z 11 v u quae f. der g.   Z 6—4 umgestellt Orn. amb. & p. Ebenso 3—1: R. f. & h.

제 45 과

Agricultura.　　Der Feldbau.　　　농경

Arator 1	Der Ackermañ 1	농부¹는
jungit *Boves* 3	spannet die Ochsen 3	황소³에 쟁기²를 연결해서
Aratro, 2	vor den Pflug, 2	왼손에 쟁기 자루⁴
&, tenens	und haltend (Stertz, 4	오른손에 막대기⁵를 쥐고
lævâ *Stivam,* 4	mit der Linken die Pflug-	쟁기로 흙덩이⁶를
dextrâ *Rallam* 5	mit d' Rechten die Reude 5	갈면서 파 나갑니다.
quâ amovet	womit er beyseit räumet	그는 쟁기의 날⁷로
Glebas, 6	die Erdschollen, 6	미리 거름⁸을 뿌려놓은 대지를 갈고
terram scindit	pflüget er die Erde	
Vomere	mit der Pflugschar	
& *Dentali,* 7	und dem Pflugeisen, 7	
anteâ *Fimo* 8	die zuvor mit Mist 8	
stercoratam,	gedünget worden,	
	facitq;	

Z 9 s. t.　Z 2 · v u quae a. f.　Z 1 v u est stercorata ist g. w.

facitq; *Sulcos.* 9	und schneidet Furchen. 9	밭 이랑[9]을 만듭니다.
Tum seminat	Alsdann säet er	그런 후 그는 **씨앗**[10]을 뿌리고
Semen 10	den Samen 10 (gen. 11	
& inoccat *Occâ.* 11	und eget ihn ein mit der E=	**써레**[11]로 흙을 덮어 줍니다.
Messor 12	Der Schnitter 12	**수확하는 사람**[12]은
metit	schneidet (mehet) ab	
Fruges maturas	das zeitige Getraid	열매 맺은 작물을 **낫**[13]으로 베어
Falce messoriâ, 13	mit der Sichel/ 13	
colligit *Manipulos,* 14	sammlet Hampeln 14	한 아름씩[14] 집어서
& colligat *Mergetes.* 15	und bindet Garben. 15	**다발**[15]로 묶습니다.
Tritor 16	Der Drescher 16	**탈곡하는 사람**[16]은
in areâ *Horrei* 17	auf d' Scheun-Tenne/ 17	**창고마루**[17]에서
triturat Frumentum	drischet das Korn	곡물을 **도리깨**[18]로 탈곡하고
Flagello (*tribulâ*) 18	mit dem Drischel/ 18	
jactat *Ventilabro,* 19	wirfts mit d' Wurfschauf-	**키**[19]질을 통해 알곡을 가려내며
atq; ita,	und also/ (fel/ 19	
separatâ *Paleâ*	wañ davõ gesondert d' Kaf	허접한 **쓰레기**와 **짚**[20]을 구별하여
& *Stramine,* 20	und das Stroh/ 20	
congerit in *Saccos.* 21	fasset er es in Säcke. 21	알곡을 **자루**[21]에 넣습니다.
Fœniseca 22	Der Mäder 22	**풀을 베는 사람**[22]은
in *Prato*	auf der Wiese/	
facit *Fœnum,*	machet Heu/	**목장**에서 **마른 풀**을 만듭니다.
desecans Gramen	abhauend das Gras	
Falce fœnariâ, 23	mit der Sense/ 23	목초를 **큰 낫**[23]으로 베고
corraditq; *Rastro,* 24	rechet es zusamen mit dem	**갈퀴**[24]로 끌어 모아
	(Rechen 24	
componit *Acervos* 26	machet Schober 26	**쇠스랑**[25]을 사용해서
Furcâ, 25	mit der Heugabel/ 25 (27	마른 풀 더미를 만들고
& convehit *Vehibus* 27	uñ führets ein mit Fudern	**마차**[27]에 싣고
in *Fœnile.* 28	auf den Heuboden. 28	**건초창고**[28]로 옮겨 쌓아둡니다.
	Pecuaria.	

Z 1 u. machet f. Z 7 m. f. Z 17 cum p. est sep. wann die Spreu ist abgesondert Z 18 et stramen

제 46 과

Pecuaria. Die Viehzucht. 목축

Agrorum Cultus & res pecuaria, (bus, antiquissimis tempori- Regum, Heroum: hodie tantùm infimæ Plebis, Cura est.
 Bubucus   1
evocat Armenta   2
è Bovilibus   3
Buccinâ (Cornu)   4
& pastum ducit.

Der Feldbau/ und die Viehzucht/ war von uralten Zeiten der Könige und Helden: Heuttags/ ists allein des untersten Pöbels/ Angelegenheit.
 Der Kühhirt/   1
bläst das Vieh   2
aus den Ställen   3
mit dem Kühhorn/   4
und führt es auf die Weide.
    Opilio

농경과 목축은
왕과 영웅이 탄생했던
태고 시대부터 있었습니다.
그러나 오늘날은
신분이 낮은 사람들이 하는 일이
되었습니다.

소를 기르는 목자[1]는
가축[2]을 **축사**[3]에서 **뿔피리**[4]로
불러내어 목초지로 데려갑니다.

Z 1 A. c. (agricultura)   Z 3 erat a. t.   Z 5 h. est t. heutiges Tags..
Z 7 est fällt   Z 8 Bubulcus   Z 1 v u & d. p.

Opilio (Paſtor) 5	Der Schäfer 5	목자[5]는 양떼[6]를 초원에 방목합니다.
paſcit *Gregem*, 6	weidet die Heerde/ 6 (7	목동의 **피리**[7](목장에서 가축을 돌보기
inſtructus *Fiſtulâ* 7	verſehê mit ď Sackpfeiffe	위해 부는 피리)와 **어깨에 매는 자루,**[8]
& *Perâ*,	und Hirtentaſche/ 8	**지팡이**[9]를 준비하고
ut & *Pedo*; 9	wie auch mit dem Hirten-	늑대에 **대항**[11] 할 수 있는
habens ſecum	bey ſich habend (ſtab; 9	**사냥개**[10]를 데려갑니다.
Moloſſum, 10	den Rüden[Schafhund]	
munitum,	welcher bewaffnet iſt (10	
contra Lupos	wider die Wölffe (band.11	
Millo. 11	mit dem ſtachlichten Hals.	
Sues 12	Die Schweine 12	**돼지**[12]는
ex *hara aqualiculo*	werden aus dem Trog des	**우리**의 **통**에서 먹이를 먹습니다.
ſaginantur.	gemäſtet. (Schweinſtals	
Villica 13	Die Meyerin 13	**농가의 여성**[13]은
mulget	melket	**암소의 젖**[14]에서 우유를 짜서
vaccæ *Ubera*, 14	die Euter der Kuh 14	**우유통**[16]과 **여물통**[15]에 담으며
ad *Praſepe*, 15	an der Krippen/ 15	네모난 **우유용기**[17]에서
ſuper *Mulctrâ*; 16	über den Melkſchaff; 16	우유기름으로 버터를
& facit	und machet	그리고 응결된 우유로
in Vaſe butyraceo 17	im Butterfaß 17	**치즈**[18]를 만듭니다.
Butyrum	Butter	
è *flore Lactis*,	aus dem Milchram/	**양의 털**[19]을 깎아
& è *Coagulo*	und aus der Laab	그것으로 여러 가지
Caſeos. 18	Käſe. 18	**의복**을 만듭니다.
Ovibus	Den Schafen (le/19	
detondetur *Lana*, 19	wird abgeſchoren die Wol-	
ex qua conficiuntur	aus welcher gemacht werdē	
variæ *Veſtes*.	allerley Kleider.	

Z 8 qui muniturus est   Z 12 u. 13 sag. ex. a. h.   Z 13 v u u. v.   Z 11
  v u ü. d. M. oder Melkkübel

제 47 과

Mellificium.　　Der Honig-Bau.　　양봉

Apes

Apes	Die Bienen
emittunt *Examen*, 1	schwärmen / 1
adduntq; illi	und geben dem Schwarm
Ducem (*Regem*) 2	einē Weiſer (König) 2 mit.
Examen illud,	Derſelbige/
avolaturum,	wann er durchgehen wil/
revocatur	wird zurücke gebracht
tinnitu	mit dem Klang
Vaſis ænei, 3	eines Beckens/ 3
& includitur	und gefaſſet
novò *Alveari*. 4	in einen neuen Stock. 4
Struunt	Sie bauen
Cellulas ſexangulares, 5	ſechseckichte Zellen/ 5
easq; complent	füllen dieſelben
mellagine,	mit Seim/
& faciunt *Favos*, 6	uñ machē Honigkuchen/
è quibus	aus welchen (6
Mel 7 effluit.	das Honig 7 flieſſet.
Crates,	Die Gewerke/
igne liquati,	am Feuer geſchmelʒet/
abeunt in *Ceram*. 9	geben Wachs. 8

꿀벌은 무리 지어 삽니다.

그 무리[1]에게는

오직 한 **여왕벌**[2]이 함께 합니다.

혹 여왕벌이 날아가려고 할 때

벌의 **심벌즈**[3] 치는 소리로

무리를 다시 돌아오게 만들어

새로운 **집**[4]에 자리를 잡게 합니다.

벌들은

육각형의 작은 **꿀 방**[5]을 만들고

이 방을 꿀로 **가득 차게**[6] 합니다.

거기에서 **꿀**[7]이 흘러나오게 되며

그것으로 빵과 과자를 만들게 됩니다.

불에 녹은 벌집은 **밀랍**[8]을 제공합니다.

G 2　　　　Molitura.

Z 6 cum a. est wann er wegfliegen od. d. will　Z 10 u. wird g.　Z 9 v u. s. c.　Z 8 v u complentque eas und f. d.　Z 1 v u werden zu Wachs

제 48과

Molitura.   Das Mühlwerk.   물레방아

In

In *Molâ*, 1	In der Mühl/ 1	방앗간[1]에서는
currit Lapis 2	laufft Stein 2	바퀴[4]의 회전을 통하여
super lapidem 3	auf Stein/ 3	돌[2] 위에 돌[3]이 돌아가며
circumagente	durch Umtreibung	깔때기[5]를 통해서
Rotâ, 4	des Rads/ 4	쏟아지는 곡식의 낱알을 빻게 됩니다.
& conterit	und mahlet (zermalmet)	
per *Infundibulum* 5	das durch dē Triechter 5	
infusa Grana,	aufgeschüttete Getraid/	
separatq́; *Furfurem*,	und scheidet die Kleyen 6	상자[7] 안에 떨어진 겨[6]와
decidentem	so da fället	체[8]를 통해
in *Cistam*, 7	in den Kasten/ 7	미끄러져 떨어진 가루를
à *Farinâ* (Polline)	von dem Meel	분리합니다.
elabente	das da stäubet	
per *Excussorium*. 8	durch den Beutel. 8	
Talis mola,	So eine Mühl	방앗간에는
primùm fuit,	ist erstlich gewesen/	첫째 손[9]으로 가는 것,
Manuaria; 9	die Handmühl; 9	다음으로 말[10]이 빻는 것,
deinde,	darnach/	
Jumentaria; 10	die Roßmühl; 10	그리고 물레방아[11]나
tum *aquatica*. 11	dañ/ die Wassermühl! 11	수차[12]로 빻는 것,
& *Navalis*; 12	und Schiffmühl; 12	마지막으로 풍차[13]로 빻는 것 등이
tandem,	endlich/	있습니다.
Alata (pneymatica.) 13	die Windmühl. 13	

G 3 Panifi-

Z 2—5 laufft ein St. auf einen St. d. ein umtreibendes Rad Z 7 u. 8 die durch d. T. aufgeschüttete Hörner Z 9 v u Eine solche Mühl Z 7 v u Mola m. ebenso 5 m. j. Z 4 v u porro m. a. ferner die W. Z 3 v u & m. n. Z 1 v u ebenso m. a.

제 49 과

Panificium. **Die Brodback.** 제빵

Pistor,

Pistor, 1 cernit Farinam *Cribro* 2 pollinario, & indit *Mactrae*, 3 tum affundit aquam, & facit *Massam*, 4 depsitq́; spathâ 5 ligneâ; dein format *Panes*, 6, *Placentas*, 7 *Similas*, 8 *Spiras*, 9 &c. Post imponit *Palæ*, 10 & ingerit *Furno* 11 per *Præfurnium*: 12 Sed prius eruit *Rutabulo* 13 ignem & Carbones, quos infra congerit. 14 Et sic pinsitur Panis, habens extra *Crustam*, 15 intus *Micam*. 16	Der Becker / 1 beutelt das Meel mit dẽ Meelsieb [Raiter] und schüttet es (2 in dem Backtrog ; 3 alsdann giesset er Wasser zu / macht einen Teig / 4 und knetet ihn mit dem Knetscheit. 5 Darnach formet er Brodleibe / 6 Kuchen / 7 Semmeln / 8 Bretzen (Grengel) 9 u.dg. Nach diesem legt er sie auf die Backschauffel / 10 und schiest sie in den Backofen 11 durch das Ofenloch: 12 Doch zuvor scharret er heraus mit der Ofenkrücke 13 das Feuer und die Kohlen / die er unten zusamen wirfft. Und also (14 wird Brod gebacken welches aussen eine Rinde 15 innen die Brosam 16 hat.	빵을 만드는 사람[1]은 체[2]로 밀가루를 걸러 반죽할 통[3]에 담습니다. 여기에다 물을 붓고 반죽[4]을 만들고 나무 주걱[5]으로 젓습니다. 그런 후에 작은 덩어리 빵,[6] 케이크,[7] 하얀 빵,[8] 롤빵[9] 등을 만듭니다. 이러한 상태에 따라 그것들을 빵을 굽는 판[10] 위에다 놓고 화로 굴[12]을 통하여 빵을 굽는 가마[11] 속에다 넣습니다. 넣기 전, 화덕에는 숯과 불쏘시개[14]를 모아둡니다. 이렇게 해서 빵의 겉[15]과 속[16]이 구워집니다.

G 4   Piscatio.

Z 5 in den B.   Z 6 tunc a.   Z 9 d. eam   Z 4 v u pa. pi.   Z 3 v u nur II: qui h. e. welches außen hat Z 1 v u & i. m

제 50 과

Piscatio. **Die Fischerey.** 물고기 잡이

Piscator

Piscator 1 captat pisces: sive, in littore, *Hamo*, 2 qui ab arundine filo pendet, & cui inhæret *Esca*; sive *Fundâ*, 3 quæ pendens *Perticâ*, 4 aquæ immittitur; sive, in *Cymbâ*, 5 *Reti*; 6 sive *Nassâ*, 7 quæ per Noctem demergitur.	Der Fischer 1 fähet Fische: entweder/ am Ufer/ mit dem Angel/ 2 welcher von der Angelrute am Faden herabhänget/ und an welchem klebet das Köder; ([Feimer] 3 Oder mit dem Hamen welcher/ hangend an der Stangen/ (4 ins Wasser gelassen wird; Oder/ auf dem Kahn/ mit de Netze (Zuggarn) 6 Oder mit der Reussen/ 7 welche über-nacht eingesenkt wird.	어부[1]는 물고기를 잡습니다. 강가에서 낚시 바늘에 **미끼**를 단 **낚싯대**[2]를 내려 물고기를 잡거나 **그물**[3]을 **막대기**[4]에 매달아 물속에 내려 잡거나 작은 **배**[5] 위에서 **그물**[6]을 끌어당겨 잡든지 밤새 물속에 내려놓은 **통발**[7]을 사용해서 물고기를 잡습니다.

Z 8 die Speise oder d. K.

제 51 과

Aucupium.   Der Vogelfang.   새 사냥

Auceps 1 exstruit *Aream*, 2 superstruit illi *Rete* aucupatorium, 3 obsipat *Escam*, 4 & abdens se in *latibulo*, 5 allicit aves,	Der Vogelsteller/ 1 richtet einen Lockheerd/ 2 leget auf das Vogelgarn/ 3 streuet die Atz (Körner) 4 und/ sich verbergend in die Hütte/ 5 locket er den Vögeln/ Cantu	새 사냥꾼[1]은 새 사냥을 위한 관망대[2]를 세우고 그물 벽[3]을 설치하고 먹이[4]를 뿌려놓고 관망대[5]에 숨어서 새 소리를 내며 새를 유인합니다.

Z 4 leget darauf Z 1 v u l, er die V.

Cantu *Illicum,*	mit der **Lock**/	일부는
qui partim	welche theils	**날아가지만**[6]
in areâ currunt, 6	auf dē **Heerd** lauffen [**Vor-**	일부는 새장 속으로 들어가
partim	theils (**geher**] 6	**갇히게**[7] 됩니다.
Caveis	in **Keſiche**	
incluſi ſunt; 7	eingeſchloſſen ſind; 7	새들이 먹이에 빠져 있는 동안
atq; ita	und alſo	그는
reti obruit	decket er mit den **Wänden**	새들을 그물 벽으로 덮칩니다.
transvolantes	die vorbeyfliegenden	
aves,	**Vögel**/	그는 날아온 새가
dum	indem ſie	미끼 근처에 내려와서
ſe demittunt:	auf die **Atz** fallen:	걸리도록 **덫**[8]을 놓습니다.
aut tendit	Oder/ er leget	
Tendiculas, 8	**Schlingē** (die **Schnait**) 8	
quibus ſeipſas	in welchen ſie ſelber	
ſuspendunt	ſich erhenken	
& ſuffocant:	und erwürgen:	
aut exponit	Oder/ er ſtecket	**새잡이 끈끈이**[9]를 바른 **막대기**[10]를
viſcatos calamos 9	**Leimruhten** 9	꽂아 두고
Amiti, 10	auf die **Leimſtange**/ 10	새가 날아와 앉을 때
quibus	auf welche	날개가 달라붙어
ſi inſident,	wann ſie ſitzen/	날아갈 수 없게 되어
implicant	verwickeln ſie	땅 위로 떨어져 버립니다.
Pennas,	die Federn/	
ut nequeant	daß ſie nit können	
avolare,	davon fliegen/	
& decidunt in terram:	und fallen zur **Erden**:	
aut captat	Oder er fängt ſie	새를 **통나무**[11]나
Perticâ, 11	mit dem **Kloben**/ 11 (12	새장 같은 **덫**[12]으로 잡기도 합니다.
vel *Decipulâ.* 12	od mit dē **Maiſenſchlag.**	
	V:natus.	

Z 8 o. r. überfällt er mit dem Garn   Z 12 se ad escam d.   Z 6 v u nicht

제 52 과

Venatus.   Die Jagt.   사냥

Venator

Venator 1 venatur feras, dum sylvam cingit *Cassibus,* 2 tentis super *Varos* (furcillas) 3 *Canis sagax* 4 vestigat feram, aut indagat odoratu; *Vertagus,* 5 persequitur. *Lupus,* incidit in *Foveam;* 6 fugiens *Cervus,* 7 in *plagas.* *Aper,* 8 transverberatur *Venabulo.* 9 *Ursus,* 10 mordetur à canibus, & tunditur *Clavâ.* 11 Si quid effugit, evadit, 12 ut hìc *Lepus* & *Vulpes.*	Der Jäger 1 jaget das Wild/ indem er den Wald umſtellet mit Garnen/ 2 welche aufgeſtellt werden mit Garnſtangen. 3 Der Spürhund [ſtän-koſt auf die Spur/ (ber] 4 oder ſtäubert es aus mit dem Geruch; der Windhund 5 verfolgt es. Der Wolff/ fället in die Grube; 6 der fliehende Hirſch/ 7 ins Netze. Der Eber/ 8 wird gefället mit dem Jägerſpiß. 9 Der Beer/ 10 wird gebiſſen von den Hunden/ und geſchmiſſen mit der Keule. 11 Was durchgehet/ das entwiſcht/ 12 wie hier der Haſe und Fuchs. Lanionia.	**사냥꾼**[1]은 숲속에 **말뚝**[2]에 매단 **그물**[3]을 울타리 모양으로 둘러놓고 사냥감을 잡습니다. **사냥개**[4]는 후각으로 사냥감을 탐색하거나 추적하며 **바람개**[5]는 쏜살같이 달려 뒤를 쫓습니다. 늑대는 파 놓은 **함정**[6]에 빠져 잡히고 도망치는 **사슴**[7]은 그물에 걸려 잡힙니다. **멧돼지**[8]는 **사냥용 창**[9]에 쓰러지며 **곰**[10]은 개에게 쫓겨 물리면 **몽둥이**[11]로 때려잡습니다. 여기 **토끼**[12]나 여우처럼 빠져 나간 동물들은 재빨리 도망칩니다.

Z 5 qui tenduntur Z 8 feras v. ſpürt das Wild aus Z 12 p. eas Z 16 C. f. incidit fällt Z 1 v u n. der f.

제 53 과

Lanionia.   Die Fleischhack.   정육점

Lanio,

Lanio, 1	Der Fleiſcher (Metzger) 1	도축장[1]은
mactat	ſchlachtet (metzelt)	살찐 가축[2]을 도살합니다.
Pecudem altilem, 2	das Maſtvieh / 2	
(*Veſcula* 3	(das Magre 3	(야윈 가축[3]은 사용하지 않습니다)
non ſunt veſca)	taugt nicht zum eſſen)	
proſternit	ſchlägt es	도끼[4]로 내려쳐 가축을 넘어뜨리거나
Clavâ, 4	mit der Barte / 4	
vel jugulat	oder ſticht es ab	칼[5]로 찔러 죽인 후
Clunacio, 5	mit dẽ Schlachtmeſſer / 5	
excoriat (deglabit) 6	zeucht die Haut ab / 6	가죽을 **벗기고**[6]
diſſecatq́;	zerſtückt es /	살점을 작게 자른 후
& carnes	und legt das Fleiſch	
in *Macello* 7	auf der Fleiſchbank 7	**진열대**[7] 놓고 판매합니다.
venum exponit.	feil (zu kauff)	
Suem 8	Die Sau 8	**돼지**[8]는 불로 털을 태우거나
glabrat igne,	ſenget	
vel aquâ fervidâ, 9	oder brühet er / 9	끓는 **물에 삶아**[9] **어깨살**,[10]
& facit *Pernas,* 10	uñ macht Hammen [Schul-	
Petaſones 11	Schinken 11 (tern] 10	**넓적다리살**,[11]
& *Succidias*: 12	und Speckſeiten: 12	비곗살이 있는 **옆구리(베이컨)살**[12]을 분리합니다.
Præsereà,	Uber das	
Farcimina varia,	allerley Würſte /	그리고 각종 쏘시지, **큰 쏘시지**,[13]
Faliſcos, 13	groſſe Würſte / 13	
Apexabones, 14	Schweiß [Blut] Wür-	돼지 피를 넣은 쏘시지,[14]
Tomacula, 15	Leberwürſte / 15 (ſte / 14	간으로 만든 쏘시지,[15]
Botulos (Lucanicas.) 16	Bratwürſte. 16	
Adeps 17	Das Schmeer 17	구운 쏘시지[16]를 만듭니다.
& *Sebum* 18	und Unſchlit 18	**지방**[17]과 **수지**[18](獸脂)는 녹여서
eliquatur.	wird ausgeſchmelzt.	사용합니다.
	Coqui	

Z 11 und z. es Z 12 und das fleiſch Z 13 u. 14 ve. exp. in m. hat er feil auf d. f. Z 16 ſenget er mit feuer Z 17 od. br. ſie mit heiſſen Waſſer Z 8 v u v. f. Z 1 v u oder ausgelaſſen.

제 54 과

Coquinaria. Das Kochwerk. 요리

Promus-condus 1 profert è *Penu* 2 *Obsonia*. 3 Ea accipit *Coquus*, 4 & coquit varia esculenta. *Aves* 5 priùs deplumat & exenterat; *Pisces* 6 desquamat & exdorsuat;	Der Speißmeister 1 gibet aus der Speißkammer 2 die Eßwaaren. 3 Dieselben empfäht der Koch / 4 und kochet mancherley Speißen. Die Vögel 5 rupfft er erstlich und nimt sie aus; Die Fische 6 schuppet und spaltet er; quasdam	요리 전문가[1]는 식료품 창고[2]에서 음식재료[3]를 제시합니다. 이를 요리사[4]가 받아서 여러 가지 음식을 요리합니다. 그는 먼저 새의 **깃털**[5]을 뽑아내고 내장을 도려냅니다. **생선**[6]은 비늘을 긁어내고 뼈를 발라 냅니다.

z 2 g. heraus Z 5 v u d. p.

Quasdam carnes lardo trajectat, ope *Creacentris*; 7 *Lepores*, 8 exuit. Tum elixat *Ollis* 9 & *Cacabis* 10 in *Foco*, 11 & despumat *Ligulâ*. 12 Elixata condit aromatibus, quæ comminuit *Pistillo* 14 in *Mortario*, 13 aut terit *Radulâ*. 15 Quædam assat *Verubus* 16 & *Automato*, 17 vel super *Craticulam*; 18 Vel frigit *Sartagine* 19 super *Tripodem*. 20 Vasa coquinaria præterea sunt: *Rutabulum*, 21 *Foculus* (Ignitabulum) 22 *Trua*, 23 (in quâ eluuntur *Catini* 24 & *Patina*, 25) *Pruniceps*, 26 *Culter incisorius*, 27 *Cualus*, 28 *Corbis* 29 & *Scopa*. 30	Etliches Fleisch spickt er vermittelst der Spicknadel; 7 Die Hasen/ 8 streifft er ab. Darnach siedet er in Döpfe 9 und Kesseln/ 10 auf dem Heerd/ 11 und schäumt ab mit dem Feimlöffel. 12 Das Gesottne würzt er mit Gewürze/ welches er zerstösset mit dem Stempfel 14 im Mörser/ 13 oder reibt es auf dem Reibeisen. 15 Etliches brätet er an Spissen 16 und am Bräter/ 17 oder über dem Rost; 18 Oder röstet (bäckt) es in der Pfanne 19 über dem Dreyfuß. 20 Küchengeräthe/ sind überdas: die Ofenkrücke/ 21 die Glutpfanne/ 22 die Spühlgelte/ 23 (worinn gespühlt werden die tieffe 24 und flache Schüsseln/ 25) die Feuerzange/ 26 das Hackmesser/ 27 der Seiher/ 28 der Korb 29 und Besem. 30	고기를 바늘모양의 **꼬챙이**[7]에 꽂습니다. **토끼**[8]는 가죽을 벗겨냅니다. 그런 후에 **부뚜막**[11]의 **솥**[9]이나 **냄비**[10]에 넣어 익히면서 떠오르는 기름은 **숟가락**[12]으로 건져냅니다. 익은 것에 향료를 뿌리고 이것을 **절구**[13]에 넣어 **절굿공이**[14]로 빻든지 **강판**[15]에다 갈게 됩니다. **꼬치**[16]는 굽는 **회전 석쇠**[17] 또는 **석쇠**[18] 위에서 굽습니다. 또는 삼발이 위의 **프라이팬**[19]에서 굽습니다. 그 외 부엌 도구에는 **화덕**,[21] **공물**,[22] 아궁(부뚜막), **물통**[23](여기에다 깊고 평평한 **주발**[24]과 **접시**[25]를 씻습니다). 그리고 **불쏘시개**,[26] 잘게 써는 **식칼**[27] **체**,[28] **소쿠리**[29]와 **빗자루**[30]가 있습니다.

Z 8 (lardarii) Z 19 an Bradspissen Z 12 v u s. p.

Vindemia.

제 55 과

Vindemia.　　Die Weinlese.　　포도 수확

Vinum	Der Wein	포도는
crescit	wächset	포도 동산[1]에서 자랍니다.
in *Vinea*, 1	in dem Weinberg/ 1	
ubi *Vites*	allwo die Weinstöcke	여기서 포도나무가 성장하는데
propagantur,	fortgepflantzet/	나무의 작은 가지들은
& viminibus	und mit Weidenruhten	
ad arbores, 2	an die Bäume/ 2	수목,[2] 지주[3](받침대)나
vel ad *Palos* (ridicas) 3	oder an die Weinpfäle/ 3	선반[4]에 묶여 자라게 됩니다.
vel ad *Juga*, 4	oder an die Weinlatten/ 4	
alligantur	angebunden/werden.	
Cùm tempus	Wann es	포도 수확기가 되면
vindemiandi adest,	Lesenszeit ist/	포도송이를 자르고
abscindunt	schneiden sie ab	
	Botros,	

Z 3 — 2 v u C. t. adest v. Wann die Zeit da ist, den Wein zu lesen

Botros,	die Trauben/	그것들을
& comportant	und tragen sie zusammen	지게[5]로 운반해서 모으고
Trimodiis, 5	mit Butten/ 5	
conjiciuntq;	und schütten sie	큰 통[6]속에 부어서
in Lacum, 6	in die Weinkufe/ 6	
calcant pedibus, 7	treten sie mit den Füssen/ 7	포도를 발[7]로 밟거나
aut tundunt	oder pressen sie (pfel/8	
ligneo Pilo, 8	mit einem hölzern Stäm-	나무로 만든 절굿공이[8]로 누르고
& exprimunt	und zwingen heraus	
succum	den Safft	
Torculari, 9	auf der Kälter/ 9	포도 압착기[9]로 액즙을 짜냅니다.
qui dicitur	welcher genennet wird	
Mustum, 11	der Most/ 11	그것을 포도즙[11]이라고 합니다.
&, Orcâ 10	und/von der Mostkufe 10	
exceptum,	aufgefangen/	그리고 이것을 통[10]에서 꺼내
Vasis (Doliis) 12	in Weinfässer 12	
infunditur,	gefasset/	술통[12]에 부어 넣고
operculatur, 15	verspündet/ 15	
& in Cellas	und in die Keller	마개로 막아[15]
super Cantherios 14	auf Kenterlein 14	
abditum,	geleget/	움막[14]의 저장실에서 묵히면
in Vinum abit.	zu Wein wird.	
		포도주가 되는 것입니다.
E dolio	Aus dem Faß	
promitur,	wird er gelanget	
Siphonè; 13	mit dem Heber; 13	술통에서 빨아올리는 관[15]이나
aut Tubulo, 16	oder mit der Faßröhre 16	
(in quo est	(an deren ist	수도꼭지[16](거기에 마개가 있습니다)의
Epistomium)	das Hänlein)	마개를 열어 포도주가 흘러나오게
Vase relito.	wenn es angezäpft ist.	합니다.

제 56 과

Zythopœia.　Die Bierbraw.　맥주 제조

Ubi

Ubi non habetur Vinum, bibitur *Cerevisia* (Zythus) quæ ex *Byne* 1 & *Lupulo*, 2 in *Aheno* 3 coquitur; post in *Lacus*, 4 effunditur &, frigefactum, *Labris* 5 in *Cellaria* 6 defertur & vasibus infunditur. *Vinum sublimatum* è fecibus vini in *Aheno* 7 cui superimpositū est *Alembicum*, 8 vi Caloris extractum, destillat per *Tubum* 9 in *Vitrum*. Vinum & Cerevisia, acescens, fit *Acetum*. Ex Vino & Melle faciunt *Mulsum*.	Wo man nicht Wein hat/ trinkt man das Bier/ welches aus Malz 1 und Hopfen/ 2 im Kessel 3 gesotten; hernach in Kufen 4 gegossen/ und/ wann es verkühlet/ mit Gelten 5 in die Keller 6 getragen/ und gefasset wird. Der Brandwein/ aus den Weinhefen in einem Kessel/ 7 über welchen gestellt ist ein Brennkolbe/ 8 durch Krafft der Hitze herausgezogen/ tropfet durch die Röhre 9 in das Glas. Wein und Bier/ wann sie versauren/ werden zu Essig. Aus Wein und Honig wird der Meet gesotten.	포도주가 없을 때 사람들은 **맥주**를 마십니다. 그것은 **가마**3 속에서 **맥아**1 (엿기름)와 **호프**2 로 양조된 후 **통**4 에 담아 숙성시킵니다. **통**5 은 저장실로 운반되어 큰 항아리에 부어둡니다. **브렌디 술**8 (화주)은 증류기가 설치된 **가마**7 안에서 포도주의 앙금을 열로 가열할 때 **관**9 을 통해서 유리 안으로 방울방울 떨어진 것입니다. 포도주와 맥주를 산패시키면 **식초**가 됩니다. 포도주와 벌꿀에서 **밀주**(꿀술)가 만들어집니다.

Z 12 frigefacta Z 16 III & vasis i. Z 4 u. 3 v u wann es versauret wird zu Essig

제 57 과

Convivium. Die Mahlzeit. 연회

Cum apparatur	Wann angestellt wird	연회가 준비되었을 때
Convivium,	eine Mahlzeit/	
Mensa sternitur	wird der Tisch (Tafel)	식탁을 덮개[1]나
Tapetibus 1	gedeckt mit Teppichen 1	식탁보[2]로 덮습니다.
& Mappâ, 2	und dem Tischtuch 2	
à Triclinariis,	von den Tafeldeckern/	
qui praetereà apponunt	welche überdas auflegen	그 위에
Discos. (Orbes) 3	die Teller/ 3	접시,[3] 스푼,[4]
Cochlearia, 4	Löffeln/ 4	
Cultros, 5	Messer 5	나이프,[5] 포크,[6]
cum Fuscinulis, 6	und Gabeln/ 6	
Mappulas, 7	Tellertüchlein/ 7	냅킨,[7] 빵[8]과
Panem 8	Brod 8	
	cum	

Z 2 Eine Gasterei

.cum *Salino.* 9	und Saltzfaß. 9	소금 그릇[9]이 놓이게 됩니다.
Fercula, inferuntur in *Patinis;* 10 *Artocreas,* 19 in *Lance.*	Die Speißen werden aufgetragen in Schüsseln; 10 die Pastete 19 auf der Platte.	요리는 **오목한 접시**[10]에 담고 **고기파이**[19]는 **평평한 접시**에 담아 운반됩니다.
Conviva, ab Hospite introducti 11 abluunt Manûs è *Gutturnio* 12 vel *Aquali,* 14 super *Malluvium* 13 aut *Pelvim,* 15 tergunt´q; *Mantili;* 16 tum assident Mensæ per *Sedilia.* 17	Die Gäste/ von dem Wirt hineingeführt/ 11 nehmen Handwasser aus dem Handfaß 12 oder der Gießkanne/ 14 über dem Handbecken/ 13 oder Gießbecken/ 15 und trucknen die Hände mit der Handquele; 16 alsdann sitzen sie zum Tisch auf die Stüle. 17	초대받은 손님은 안내자에 의해 인도되어[11] 손잡이가 달린 **물통**[12]이나 **물병**[14]으로 따라주는 물로 **세면기**[13]나 **황금 대야**[15]에서 손을 씻고, **수건**[16]으로 닦은 다음 준비된 식탁의 **의자**[17]에 앉습니다.
Structor 18 deartuat dapes & destribuit.	Der Vorschneider/ 18 zergliedert die Speißen/ und legt sie vor.	**식탁에서 봉사하는 사람**[18]은 사람들 앞에 놓인 그릇에 음식을 분배합니다.
Assaturis interponuntur *Embammata* in *Scutellis.* 20	Zwischen das Gebratens werden gesetzt Dunken (Dütschen) in Schüsselchen. 20	**둥근 그릇**[20]에 놓여 있는 구운 고기는 소스를 곁들여 줍니다.
Pincerna 21 infundit Temetum, ex *Urceo* 25 vel *Cantharo.* 26 vel *Lagenâ,* 27 in *Pocula* 22 & *Vitrea.* 23 quæ exstant in *Abaco* 24 & porrigit *Convivatori,* 18 qui Hospitibus propinat.	Der Schenke 21 schenket das Getränke/ aus dem Krug/ 25 der Kanne/ 26 oder Flasche/ 27 in die Becher 22 und Gläser 23 welche stehen auf der Credenz/ 24 und überreicht es dem Mahlhalter/ 28 welcher den Gästen zutrinket.	**술을 따르는 사람**[21]은 **항아리**,[25] **포트**,[26] **병**[27]에 담긴 술을 **컵**[22]이나 **유리잔**[23]에 따릅니다. 그것은 **탁자**[24] 위에 놓여 있는데 손님에게 술을 권하는 **연회의 주인**[28]에게서 건네받습니다.

Z 1 mit d. S. Z 10 waschen d. Hände Z 20 zergliedert Z 21 distribuit
Z 9 v u oder Kanne Z 6 v u III & vitra Z 2 v u dem, der die Gastung hält

제 58 과

Tractatio Lini. **Flachs-Arbeit.** 아마포 제작

Linum

Linum & Cannabis, aquis macerata rurfumq́; ficcata, 1 contunduntur *Frangibulo ligneo,* 2 (ubi *Cortices* 3 decidunt) tùm carminantur *Carmine ferreo,* 4 ubi *ſtupa* 5 feparatur.	Der Lein und Hanf/ im Waſſer geröſtet und wieder getrucknet/ 1 wird gebrochen mit der Breche / 2 (da die Flocken 3 hinwegfallen) alsdann gehechelt mit der Hechel/ 4 da das Werk 5 davon kommt.	아마와 대마는 물에 담갔다가 다시 **말려서**[1] 아마와 **대마 껍질을 벗기는 기구**[2]로 찢습니다. (거기에서 **마 조각**[3]이 떨어집니다) **마를 훑는 기계**[4]로 빗질을 하며 그렇게 **마 부스러기**[5]가 분리되었습니다.
Linum purum alligatur *Colo,* 6 à *Netrice,* 7 quæ, finiſtrâ trahit *filum,* 8 dexterâ 12 *Rhombum* (girgillú) 9 vel *Fuſum* 10 (in quo *Verticillus* 11) verſat.	Der reine Flachs wird gelegt an dē Rockē 6 von der Spinneriñ / 7 welche/mit der Linken den Faden ſpinnet/ 8 mit der Rechten 12 das Spinnrad 9 oder die Spindel 10 (an deren der Einſpan 11) umdrehet	순수한 아마는 **실**[7]을 뽑는 여자에 의해서 **실을 감는 봉**[6]에 감게 됩니다. 왼손으로 실을 뽑고[8] 오른손으로[12] **물레**[9]나 **물레의 가락**[10] (**속도 조절 바퀴**[11])을 돌립니다.
Fila accipit, *Volva;* 13 inde deducuntur in *Alabrum:* 14 hinc vel *Glomi* 15 glomerantur, vel *Faſculi* 16 funt.	Den Faden empfähet die Spule; 13 von dañen wird er gehaſpelt auf die Weiffe: 14 daraus werden Kneule 15 gewunden/ oder Strehnen 16 gemacht. H 5 Textura.	**실패**[13]는 실을 받아들이며 **틀**[14]에 감기게 됩니다. 옮겨진 실은 촘촘히 감기게 됩니다. 이렇게 해서 **실뭉치**[15]가 둥그렇게 말리게 되며 **실타래**[16]가 만들어 졌습니다.

Z 16 f. t.   Z 21 oder Wirte   Z 8 v u die fäden e.   Z 6 v u. d. werden ſie g.

제 59 과

Textura.   Das Gewebe.   직물

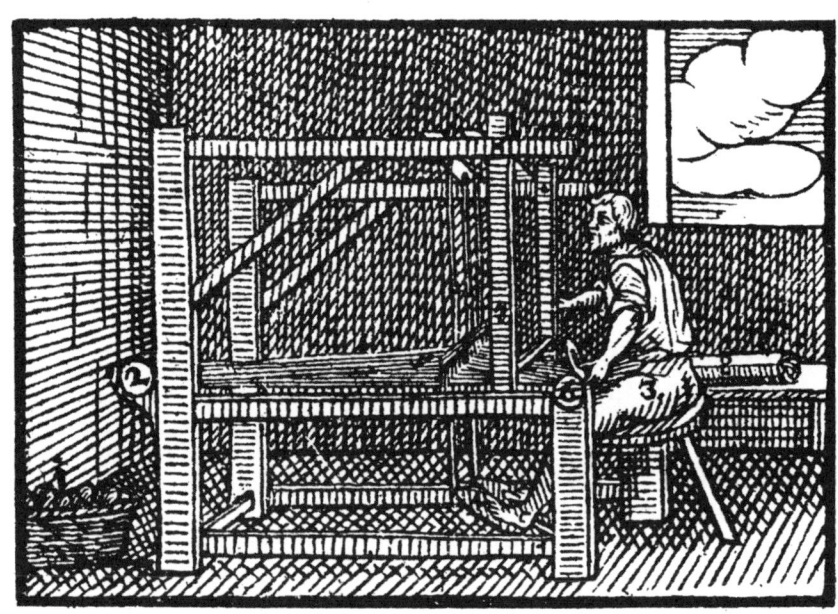

Textor, diducit in Stamen *Glomos*, 1 & circumvolvit *Jugo*, 2 ac sedens in *Textrino*, 3 pedibus calcat *Insilia*. 4 *Liciis* diducit Stamen, 5 & trajicit *Radium*, 6. in quo est *Trama*, ac densat *Pectine*, 7 atq; ita conficit *Linteum*. 8 Sic etiam *Pannifex* facit *Pannum* è *Lanâ*.	Der Weber/ zettelt das Garn 1 an/ und rollet es auf den Weberbaum/ 2 und/ sitzend auf dem Weberstul/ 3 tritt er mit den Füssen die Schemel. 4 Mit den Zotten theilet er das Garn/ 5 und stecket dadurch den Weberspul/ 6 an welchem ist der Eintrag/ und macht es dichte mit dem Weberkamm/ 7 und also webet er die Leinwat. 8 Also auch der Tuchmacher webet das Tuch aus der Wolle.	직공은 **실뭉치**[1]를 날실에 걸어 **직물기**[2]의 돌아가는 도투마리에 감고 **직물기 앞**[3]에 앉아 발로 **디딤대**[4]를 밟습니다. 그는 실뭉치를 **날실**[5]로 풀어 **씨실이 달린 북**[6](배 모양의 통)을 통해 **바디**[7](날실 짜넣기 위한 빗 모양의 날줄)로 틈사이를 메꾸어 갑니다. 이런 방법으로 **아마 천**[8]을 만듭니다. 이와 같은 방법으로 **직물을 만드는 이**는 **양털**로 **모직물**을 만듭니다.

Lintea.

Z 8 c. p. Z. 6 v u u. a. w. oder macht er

제 60 과

Lintea.   Die Leinwat.   아마포(亞麻布)

Lintea-

Linteamina	Die Laken (Loden)	새로 만든 아마포는
insolantur, 1	werdē gebleichet[gesōñet]	햇빛에 펼쳐 놓고[1]
aquâ pérfusa, 2	mit Wasser besprengt/ 2 (1	그것이 하얗게 될 때까지
donec candefiant.	biß sie weiß werden.	물을 뿌려줍니다.[2]
Ex iis	Aus denselben	
Sartrix 3	nehet die Näterin 3	바느질하는 여자[3]는
suit *Indusia,* 4	Hemder/ 4	그 천으로 **속옷**[4]
Muccinia, 5	Nasetücher/ 5	**손수건**[5]
Collaria, 6	Krägen/ 6	**칼라**[6](옷깃)
Capitia, &c.	Nachtmützen/ u. dg.	**취침용 모자** 등을 만듭니다.
Hæc,	Diese/	이것이 더러워지면
si sordidentur,	so sie unrein werden/	다시 한번
à *Lotrice* 7	werde von d Wäscherin 7	**세탁하는 여자**[7]가
rursum lavantur	wieder gewaschen	물이나 잿물
aquâ sive luxurio	mit Wasser oder Laugen	또는 **비누**로 빨래를 합니다.
ac *Sapone.*	und mit Seiffe.	
	Sartor.	

Z 3 mit aufgegossenem Wasser Z 6 u. 7 suit s. i. Z 8 N. (Schnuj
tücher) Z 10 N. (Schlafhauben) Z 4 u. 3 v u umgestellt Z 2 v
a. s. lixivio

제 61 과

Sartor. 𝔇𝔢𝔯 𝔖𝔠𝔥𝔫𝔢𝔦𝔡𝔢𝔯. 재봉사

Sartor

Sartor 1	Der Schneider 1	재봉사[1]는
discindit *Pannum* 2	zerschneidet das Tuch 2	천[2]을 가위[3]로 재단하고
Forfice, 3	mit der Scheer/ 3	이것을 잘 맞추어
consuitq;	und nehet es zusammen	바늘과 꼰 실[4]로 꿰맵니다.
Acu	mit Nadel	
& *filo duplicato.* 4	und Zwirnfaden. 4	그런 후에
Posteâ	Darnach	바느질한 곳을 다리미[5]로 다립니다.
complanat futuras	bügelt er die Naaten	
Ferramento. 5	mit dem Bügeleisen. 5	이렇게 해서 옷자락의 가장자리[9]에
Sicq; conficit	Also machet er	장식[8]을 달고 단을 꿰매 주름[7]을 잡은
Tunicas 6	Röcke 6	윗도리[6](때로 아래 옷을 의미함)를
plicatas, 7	mit Falten/ 7	만듭니다.
in quibus infra est	an welchen unten ist	
Fimbria 8	der Saum 8	그리고 칼라[11]가 달린 망토[10]나
cum *Inflitis*; 9	mit dem Gebreme; 9	긴팔 코트[12]와 단추[14]와
Pallia 10	Mäntel 10	소매[15]가 달린 자켓,[13] 반바지,[16]
cum *Patagio*, 11	mit dem Kragen/ 11	
& *Togas manicatas*; 12	und Ermelröcke; 12	때로는 리본[17]이 달린 것
Thoraces, 13	Wämmeser/ 13	양말,[18] 장갑,[19] 코르셋[20] 등을
cum *Globulis* 14	mit Knöpfen 14	만듭니다.
& *Manicis*; 15	und Ermeln; 15	
Caligas 16	Hosen/ 16	이와 같은 방법으로
aliquando	zuweilen	모피 직공은 모피로 털옷을 만듭니다.
cum *Lemniscis*; 17	mit Bändern; 17	
Tibialia, 18	Strümpfe/ 18	
Chirothecas, 19	Handschuch/ 19	
Amiculum, 20 &c.	Leibchen/ 20 u.a.m.	
Sic *Pellio*,	Also der Kürschner/	
facit *Pellicia*,	machet Beltzkleider	
è *Pellibus.*	aus Beltzwerk.	
	Sutor.	

Z 11 u. 12 pi. t. die gefaltete Röcke   Z 17 c. p. (focali)   Z 18 & m. t.

제 62 과

Sutor. 𝔇𝔢𝔯 𝔖𝔠𝔥𝔲𝔰𝔱𝔢𝔯. 제화공

Sutor 1	Der Schuster 1	제화공[1]은
conficit,	machet/	송곳[2]과
ope *Subula* 2	vermittelst der Aale 2	기름을 바른 실[3]을 사용해서
& *fili picati*, 3	und des Pechdrats/ 3	구두 틀[4]에 맞추어
super *Modulo*, 4	über dem Leist/ 4	
è *Corio*, 5	aus Leder/ 5	(가죽을 자르는 칼[6]로 재단된다)
(quod	(welches	
Scalpro sutorio 6	mit der Kneipe 6	가죽[5]으로
discinditur)	zugeschnitten wird)	
Crepidas (*Sandalia*) 7	Pantoffeln/ 7	실내화[7]
Calceos 8	Schuhe 8	단화[8]
(in quibus	(an welchen	
spectatur	zusehen ist	(위에는 상피, 아래는 속피,
supernè	oben	
Obstragulum,	das Oberleder/	곁에는 쇠 장식이 보임)
infernè	unten	
Solea,	die Sole/	
& utrinq;	und zu beyden Seiten	
Ansa)	die Läpplein)	장화[9]를 만들며
Ocreas, 9	Stiefeln 9	**생가죽으로 된 반장화**[10]도 만듭니다.
& *Perones*. 10	und Halbstiefeln. 10	

I   Faber

Z 5 s. m. (forma calcei)   Z 15 III d. O. (Übergeschühe)

제 63 과

Faber lignarius. Der Zimmermann. 목수

Hominis *Victum & Amictum*, vidimus: sequitur nunc, *Domicilium* ejus;
　Primò habitabant in *Specubus*, 1 deinde in *Tabernaculis* vel *Tuguriis*; 2 tum etiam in *Tentoriis*; 3 demum, in *Domibus*.

Des Menschen Fülle und Hülle/ haben wir besehen: nun folget/ die Wohnung desselben.
　Erstlich wohnete man in Hölen; 1 darnach/ in Laubhütten oder Stroßhütten; 2 dann auch/ in Gezelten; 3 Endlich/ in Häusern.

Lignator

지금까지 우리는 인간의 **의복**과 **음식**에 관해서 살펴보았는데 이제부터는 주거(住居)에 관하여 살펴보겠습니다. 처음에 인간은 **동굴**1에서 거주하고 그 후에 움막이나 **초가집**3에서 살았으며 이후 **천막**3에서 살았습니다. 마침내 건축된 **집**에서 살게 되었습니다.

Lignator	Der Holzhacker	나무꾼이 **도끼**[4]로 **나무**[5]를 베고
Securi 4	mit der Holzart/ 4	그것을 다듬으면
sternit & truncat	fället und behauet	큰 둥치와 **작은 가지**[6]가
Arbores; 5	die Bäume/ 5	남게 됩니다.
remanentibus	davon dann überbleibt	마디진 나무를
Sarmentis; 6	das Reisich; 6	**쐐기**[7]로 가르고
Clavosum Lignum	Das knottichte Holz	그것을 **망치**[8]로 두드려
findit *Cuneo*, 7	spältet er mit dem Keil/ 7	
quem adigit	welchen er hineintreibet	**장작**[9]을 만들어
Tudite, 8	mit dem Schlegel/ 8	쌓아 놓습니다.
& componit	und machet	**목수**가 **목수용 도끼**[10]로
Strues. 9	Holzhauffen. 9	목재를 사각으로 쳐내면
Faber Lignarius	Der Zimmermann	거기에서 **나무 조각**[11]이 떨어지고
asciat *Ascia* 10	zimmert mit d'Zimerart 10	**톱**[12]으로 자르면
Materiam,	das Bauholz/	**톱밥**[13]이 떨어집니다.
unde cadunt	davon fallen	그 후 목재를 **활차**[15](도르래)로
Assulæ; 11	die Späne; 11	**나무 다듬는 대**[14] 위에 올리고
& ferrat *Serra*, 12	uñ seeget es mit d'Seege/12	**꺾쇠**[16]로 고정시키고
ubi *Scobs* 13	da die Seegspäne 13	**낚시줄**과 같은 가는 **줄**[17]로 측정합니다.
decidit;	davon stäuben;	
Post elevat tignum	Darnach legt er d; Zimer	그리고는 **벽**[18]을 조립하고
super *canterios* 14	auf Böcke 14	대들보를 **못**[19]으로 잘 고정시킵니다.
ope *Trochleæ*, 15	mit Hülff d'Winde/ 15 (16	
affigit *Ansis* 16	befästet es mit Klamern/	
lineat *Amussi*; 17	messet es mit der Richt-	
	(schnur; 17	
Tum compaginat	Alsdann paaret er	
Parietes 18	die Wände 18	
& configit trabes	und füget die Balken	
Clavis trabalibus. 19	mit Zimmernägeln. 19	

Z 5 ubi romanent davon überbleiben Z 6 sarmenta die Reißhölzer
Z 10 v u Zimmerholtz Z 4 v u A. p. er (füget er zusammen)

제 64 과

Faber Murarius. **Der Maurer.** 미장이

Faber

Faber murarius, 1 ponit Fundamentum & ſtruit Muros: 2　Sive è Lapidibus, quos Lapidarius eruit in Lapicidinâ, 3 & Latomus 4 conquadrat ad Normam; 5　Sive è Lateribus, 6 qui, ex arenâ & luto, aquâ intritis, formantur, & igne excoquuntur: Dein cruſtat Calce, ope Trullæ, 7 & Tectorio veſtit. 8	Der Mäurer 1 leget den Grund/ und ſetzet Mauren: 2　(ſteinen/ Entweder aus Bruch- welche der Steinhauer bricht in der Steingrube/ 3 und der Steinmetz/ 4 zubereitet nach dem Richtſcheit; 5 Oder aus Zigelſteinē/ 6 welche/ aus Sand und Lehmen/ mit Waſſer angerührt/ geformet/ und gebrennet werden: Darnach bewirft er ſie mit Kalch (Mertel) (7 vermittelſt d' Mertelkelle/ und übertünchet ſie. 8	미장이[1]는 건물의 기초를 놓고 벽[2]을 쌓아갑니다. 채석공이 채석장[3]에서 돌을 파내면 그것을 석공[4]이 정[5]으로 각지게 다듬은 돌덩어리나 또는 모래와 진흙에 물을 섞어 모양을 다듬어서 구운 벽돌[6] 등으로 미장이는 벽을 쌓습니다. 그런 후 흙손[7]을 사용하여 석회를 바르고 회반죽으로 마무리 합니다.[8]

I 3　　　　　Machinæ.

제 65 과

Machinæ. 𝕲𝖊𝖜𝖊𝖗𝖈𝖐=𝖅𝖊𝖚𝖌. 도구

Quantum

Quantum duo ferre
Palangâ 1 (possunt
vel *Feretro*, 2
tantum potest unus,
trudendo ante se
Pabonem, 3
suspensâ à collo
Ærumnâ. 4
    Plus autem potest;
qui molem,
Phalangis (Cylindris)
impositam,   (6
provolvit, *Vecte*. 5
    Ergáta, 7
est columella,
quæ versatur
circumeundo.
    Geranium 8
habet *Tympanum*,
cui inambulans quis,
pondera
navi extrahit,
aut in navem demittit.
    Fistuca 9
adhibetur,
ad pangendum
Sublicas: 10
adtollitur, fune,
tracto per *Trochleas*; 11
vel manibus,
si *ansas* habet. 12

Z 8 v u b. H. (Schlegel)

So viel zweene tragē kön-
an einer **Stange**/ 1 (nen
oder auf der **Tragbaar**/ 2
so viel kan einer/
vor sich herschiebend
den **Schubkarren**/ 3
mit vom Halshangendem
Tragriemen. 4
    Mehr aber vermag/
wer die Last/
auf **Walzen** (Rollen) 6
gelegt/   (baum. 5
fortwalzet mit dem Hebe-
    Der **Wellbaum** 7
ist eine Seule/
welche gedrehet wird
durch herumgehen.
    Die **Grane** 8
hat ein holes Rad/
in welchem einer gehend/
die Lasten
aus dem Schiff hebet/
oder ins Schiff ladet.
    Der **Hoy** 9
wird gebraucht/
einzuschlagen
die **Wasserpfäle**: 10
wird gehobē/ mit dem Seil/
gezogē durch die **Werbel**: 11
oder mit Händen/
wañ er **Handheben** hat. 12
    I 4   Domus.

두 사람이

짐을 나르는 막대기[1]나 **들것**[2]으로

운반할 수 있는 양을

목에 **끄는 기구**[4]를 걸고

손으로 끄는 수레[3]로 밀게 되면

혼자서도 똑같은 양을 옮길 수 있습니다.

그렇지만 쌓여있는 짐을

굴림대[6] 위에 놓고

지레[5]로 굴려서 옮기면

더 많은 양을 운반할 수 있습니다.

바퀴의 축[7]은 지주가 되어

그 주위를 돌아가는 것에 의해서

회전합니다.

기중기[8](크레인)는

안이 비어있는 바퀴가 달려있어서

이동해 온 배에서 짐을 들어 올리거나

배에다 짐을 싣기도 합니다.

봉[9]을 박는 기구는

말뚝[10]을 박기 위해서 이용되는데

끈을 잡아 올리거나

도르래[11]나 **핸들**[12]이 달린 것은

손으로 잡아 올릴 수 있습니다.

제 66 과

Domus. **Das Haus.** 집

Ante Januam Domûs est *Vestibulum*. 1	Vor d' Thür des Hauses/ ist der Eingang. 1	집의 문 앞은 **입구**[1]입니다.
Janua habet *Limen* 2 & *Superliminare*, 3 & utrinq; *Postes*. 4	Die Thür hat eine Oberschwelle 2 und Unterschwelle/ 3 und beyderseits die Pfosten. 4	문은 **문지방**[2]과 **문미**[3]의 양쪽에 **기둥**[4]이 있습니다.
A dextris sunt *Cardines*, 5 à quibus pendent *Fores*; 6	Zur Rechten/ sind/ die Thürangel/ 5 an welchen hänget die Thür; 6	오른편에 **경첩**[5]이 있어서 **문**[6]을 걸게 됩니다.
à sinistris *Claustrum*, 7 aut *Pessulus*. 8	zur Linken/ das Schloß 7 und der Rigel. 8	왼편에 **자물쇠**[7]나 **빗장**[8]이 있습니다.
Sub ædibus est *Cavædium* 9	Unter dem Haus ist der offne Saal/ 9 *pavimento*	계단아래 모자이크 모양의

pavimento tessellato, 10	mit einem gewürffelten (Estrich/ 10	마루10가 깔린 홀9이 있으며
fulcitum columnis, 11	gestützet mit Seulen 11	이것은 기둥머리12와
in quibus	an welchen	물건을 얹는 선반13이 달린 원기둥11에
Peristylium 12	das Capitel 12	의해 지탱되고 있습니다.
& Basis. 13	uñ Postement. 13 (ge]14	계단14이나
Per Scalas 14	Uber die Treppe[Stie-	나선형 계단15을 통해서
& Cochlidia 15	und Wendeltreppe 15	위층으로 올라갑니다.
ascenditur in superio-	steiget man auf die obern	바깥 쪽에 창문16과 격자17
contignationes. (res	Stockwerke.	발코니18
Extrinsecus	Aussen	차양19과
apparent, Fenestra, 16	erscheinen/die Fenster 16	벽을 지탱하는 지주20가
& Cancelli (clathrá) 17	und Gegitter/ 17	보입니다.
Pergula, 18	die Gallereyen/ 18	가장 꼭대기에는
Suggrundia, 19	Wetterdächlein/ 19	기와22나 판자23로 덮힌
& Fulcra 20	und Pfeiler 20	지붕21이 있고
fulciendis muris.	das Gemäur zustützen.	그것은 엮어놓은 목재24 위에
In summo est	Zu öberst ist	서까래25로 덮혀 있습니다.
Tectum, 21 ([tegulis]22	das Dach/ 21	지붕에는 빗물홈통26이 달려있습니다.
contectum Imbricibus	gedecket mit Ziegeln 22	지붕이 없는 곳을 테라스27라고
vel Scandulis, 23	oder Schindeln/ 23	부릅니다.
quæ incumbunt	welche ligen	지붕 위에
Tigillis, 24	auf den Latten/ 24	바람벽28(돌출된 창문)과 깃발29이
hæc Tignis. 25	diese auf den Sparren. 25	있습니다.
Tecto adhæret	Am Dach hänget	
Stillicidium. 26	die Rinne (Träuffe) 26	
Locus sine tecto	Der Ort ohne Dach/	
dicitur Subdiale. 27	wird genennt die Altan. 27	
In tecto sunt	Auf dem Dach sind	
Meniana 28	die Aercker/ 28	
& Coronides. 29	Knöpf und Fahnen. 29	
	I 5 Metalli-	

Z 5 d. C. (Saal, Creutzgang) Z 16 m. f.

제 67 과

Metallifodina. **Die Erzgrube.** 광산

Metalli-

Metalli-fossores 1	Die Bergknapen
ingrediuntur	lassen sich
Puteum	in den Schacht
Fodinæ, 2	des Bergwerks/ 2
Bacillo, 3	auf dem Knebel/ 3
sive *Gradibus*, 4	oder auf den Stuffen/ 4
cum *Lucernis*, 5	mit dem Bergliecht/ 5
& effodiunt	und hauen
Ligone, 6	mit der Keilhauen 6
terram *metallicam*,	das Erz/
quæ,	welches/
imposita *Corbibus*, 7	in Körbe 7 gefasset/ (ge 8
extrahitur *Fune* 8	mit einē Seil herausgezo-
ope *Machina tractoriæ*,	durch Hülff des Haspels/ 9
& defertur (9	und gebracht wird
in *Ustrinam*, 10	in die Brennhütte/ 10
ubi igne urgetur,	da es im Feuer geschmelzet
ut profluat	daß davon fliesse (wird/
Metallum; 12	das Metall; 12
Scoria, 11	die Schlacken 11
seorsim abjiciuntur.	werdē besonders geschüttet.

Z 7 mit dem Liecht letzte Z III seorsum

Faber

광부[1]는
광산[2] 속 횡목[3]이나
사다리[4]에 의지하여
등불[5]을 가지고 갱내로 들어갑니다.
그리고 곡괭이[6]로
광석을 파냅니다.
광석은 바구니[7]에 가득 채워
끌어올리는 밧줄[8]에 의해
바깥으로 올려져
용해[10] 시키는 곳으로 운반됩니다.

거기에서
불에 녹아 금속[12]이 흘러나오고
광석찌꺼기[11] (비금속)는 버려집니다.

제 68 과

Faber Ferrarius. Der Schmied. 대장장이

Faber

Faber ferrarius 1	Der Schmied 1	대장장이[1]는
in *Ustrinâ* (*Fabricâ*) 2	in der Schmitte/ 2	대장간[2]에서
inflat ignem	bläst das Feuer auf	발[4]로
Folle, 3	mit dem Blaßbalg 3	풀무[3]의
quem adtollit	den er tritt	바람을 불어넣어
Pede, 4	mit dem Fuß/ 4	철을 담금질 합니다.
atq; ita candefacit	und also glühet er	그런 후
Ferrum;	das Eisen;	불에 달군 철[5]을 꺼내
Deinde	Darnach	모루[6] 위에 놓고 망치[7]로 치면
eximit	zieht er es heraus	거기에서 불꽃[8]이 튀어
Forcipe, 5	mit der Zange/ 5	떨어집니다.
imponit	legt es	
Incúdi, 6	auf den Amboß/ 6	이렇게 해서
& cudit	und schmiedet es	못[9]
Malleo, 7	mit dem Hammer/ 7	편자[10]
ubi *Strictura* 8	da die Geneiste 8	수레바퀴의 바퀴 철[11]
exiliunt.	davon springen.	쇠사슬[12]
Et sic	Und also	판금, 열쇠가 달린 자물쇠,
excuduntur	werden verfärtigt	문의 경첩 등을 만듭니다.
Clavi, 9	die Nägel/ 9	뜨겁게 달구어진 철금은
Soleæ, 10	Hufeisen/ 10	물통 속에 넣어 냉각시킵니다.
Canthi, 11	Radschienen/ 11	
Catena, 12	Ketten/ 12	
Lamina,	Bleche/	
Seræ	Schlösser	
cum *Clavibus*,	mit den Schlüsseln/	
Cardines, &c.	Thürangel/ u. dg.	
Ferramenta canden- (tia	Das glühende Eisenwerk	
restinguit	löschet er ab	
in *Lacu*.	in dem Löschtrog.	
	Scrinia-	

Z 16 da die Funken

제 69 과

| Scriniarius & Tornator. | Der Schreiner und Drechßler. | 가구 장인과 선반 세공사 |

Arcularius, 1	Der Schreiner [Tischer]	가구 장인[1]은
edolat *Asseres* 2	hobelt die Bretter 2 (1	작업대[4] 위에서
Runcinâ, 3	mit dem Hobel 3	두꺼운 널판지[2]에
in *Tabulâ*, 4	auf der Hobelbank/ 4	대패[3]로 손질하고
deplanat	glättet sie	마무리 하는 대패[5]로 판자를
Planulâ, 5	mit dē Schlichthobel/ 5	매끄럽게 합니다.
perforat (terebrat)	bohret sie	여기에 송곳[6]으로 구멍을 뚫고
Terebrâ, 6	mit dem Bohrer/ 6	작은 칼[7]로 자르고
sculpit *Cultro*, 7	schnitzt mit dē Schnitzer/	아교나 꺾쇠[8]로 접착시켜
combinat	füget sie (7	널판[9]이나
Glutine	mit Leim	책상[10]
& *Subscudibus*, 8	und mit den Leisten/ 8	상자[11] 등을 만듭니다.
& facit	und machet	선반 세공사[12]는
Tabulas, 9	Getäfel/ 9	나무 밑둥같은 의자[13]에 앉아
Mensas, 10	Tische/ 10	세공대[14] 위의 선반[15]을 돌려서
Arcas (Cistas) 11 &c.	Kisten/ 11 u.a.m.	공모양[16]
Tornio 12	Der Drechsler 12	원추모양의 핀[17]
sedens in *Insili*, 13	sitzend auf dē Reitstock 13	작은 인형[18] 같은 세공품을 만듭니다.
tornat *Torno*, 15	drehet mit dē Dreheisen 15	
super *Scamno* tornato-	über der Drehbank/ 14	
Globos, 16 (rio 14	Kugeln/ 16	
Conos, 17	Kegel/ 17	
Icunculas 18	Püppchen/ 18	
& similia	und dergleichen	
Toreumata.	Dreßwerk.	

Figulus.

제 70 과

Figulus.   Der Döpfer.   도공

Figulus

Figulus, 1	Der Döpfer/ 1	도공[1]은
sedens	sitzend	녹로의 원판[2] 앞에 앉아
super *Rotâ*, 2	über der Scheibe/ 2	
format	drehet	도토[3](점토)로
ex *Argillâ*, 3	aus Doon (Lehm) 3	
Ollas, 4	Döpfe/ 4	항아리,[4] 물병,[5]
Urceos, 5	Krüge/ 5	
Tripodes, 6	Dreystollen/ 6	세발 달린 항아리,[6]
Patinas, 7	Schüsseln/ 7	오목 접시,[7] 도자기 남비,[8]
Vasa testacea, 8	irdne Gefässe/ 8	
Fidelias, 9	Ofenkacheln/ 9	타일,[9] 뚜껑[10] 등의
Opercula, 10 &c.	Stürzen/ 10 u. dg.	모양을 만듭니다.
postea excoquit	darnach härtet er sie	그런 후 이들에 **유약**을 바르고
in *Furno*, 11	im Brennofen/ 11	가마[11] 안에 넣어 굽습니다.
& incrustat	und gläset sie	
Lithargyro.	mit Glasur.	
Fracta Olla,	Ein zerbrochner Dopf/	깨진 항아리는 **조각**[12]낸 후 버립니다.
dat *Testas*. 12	gibt Scherben. 12	

Z 5 aus Doon (Leim) Z 10 t. v.

제 71 과

Partes Domûs.　　Die Hausgemächer.　　집의 방

Domus

Domus distinguitur in *Conclavia*, ut sunt: *Atrium*, 1 *Hypocaustum*, 2 *Culina*, 3 *Cella penuaria*, 4 *Cœnaculum*, 5 *Camera*, 6 *Cubiculum* 7 cum adstructo Secessu (*Latrinâ*) 8 *Corbes*, 9 inserviunt rebus transferendis; *Arca*, 10 (quæ *Clave* 11 recluduntur) adservandis illis. Sub tecto est *Solum* [*Pavimentum*] in *Areâ*, 13 (12 *Puteus*, 14 *Stabulum* 15 cum *Balneo*. 16 Sub domo, est *Cella*. 17	Das Haus wird abgetheilet in Gemächer / als da sind: (Saal] 1 das Vorgemach [der die Stube / 2 die Küche / 3 die Speißkammer / 4 der Eß-Saal / 5 das Gewölbe / 6 die Schlaffkammer 7 samt dem angebauten Secret (heiml Gemach) 8 Die Körbe / 9 dienen / die Sachen hin und wieder zu tragen; die Kisten (Truhen) 10 (welche mit dẽ Schlüssel 11 aufgeschlossen werden) dieselben zu verwahren. Unter dem Dach / ist der Boden; 12 im Hof / 13 der Schöpfbrunne / 14 der Stall 15 samt der Badstube. 16 Unter dem Haus / ist der Keller. 17	집은 다음과 같은 방으로 나뉘어 있습니다. **현관**,1 **거실**,2 **부엌**,3 **식품 저장실**,4 **식당**,5 **천장이 둥근 방**,6 **화장실**8이 딸린 **침실**7입니다. **바구니**9는 물건을 옮길 때 사용하며 **긴 궤짝**10(그것은 **열쇠**11로 엽니다)은 무엇을 보관하는 데 도움이 됩니다. 지붕 밑에는 **다락방**,12 **안뜰**13에 **우물**,14 **마굿간**,15 **욕실**16이 있습니다. 집의 건물 아래에는 **지하실**17이 있습니다.

K 2 Hypo-

제 72 과

Hypocaustum, cum Dormitorio.   Stube und Kammer.   거실과 침실

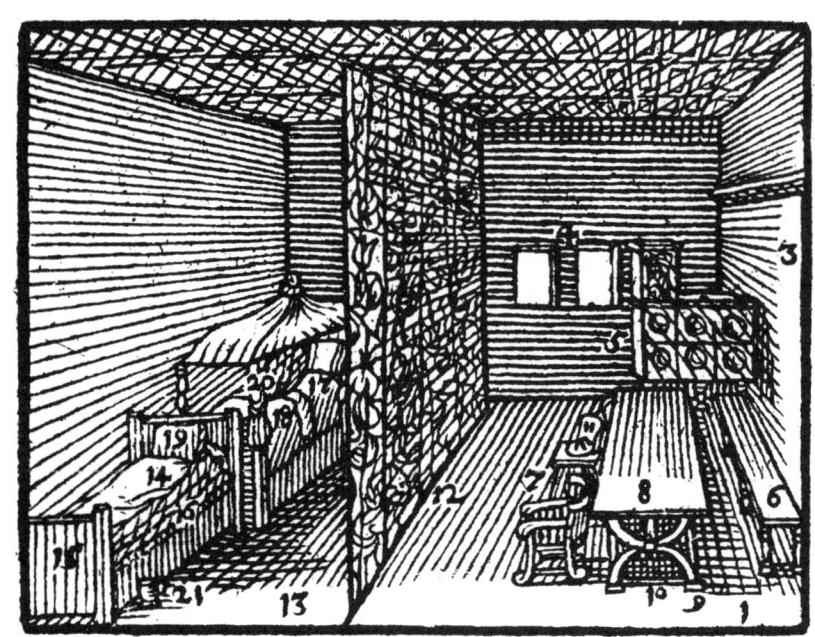

Hypo-

Hypocaustum, 1	Die Stube 1	거실[1]은
ornatur *Laqueari* 2	wird gezieret/von d'Decke 2	천정[2]과 판자로 된
& *Parietibus*, 3	und den Wänden / 3	벽[3]으로 장식되며
tabulatis;	so getäfelt sind ;	
illuminatur,	und erleuchtet/	창문[4]을 통해 빛이 들어오고
Fenestris; 4	durch die Fenster; 4	
calefit	und erwärmet/	난로[5]에 불을 지피면
Fornace. 5	durch den Ofen. 5	따뜻해집니다.
Ejus Utensilia sunt,	Stubengeräthe sind/	거실의 세간으로는
Scamna, 6	die Bänke / 6	긴 의자,[6]
Sella, 7	Sessel/ 7	안락의자,[7]
Mensa 8	Tische 8	
cum *fulcris* 9	mit ihren Gestellen 9	다리[9]와 발판[10]이 달린 책상[8]과
ac *scabellis,* 10	und Fußtritten / 10	
& *Culcitra.* 11	un Polster(Banckpfüle)11	쿠션[11]이 있습니다.
Appenduntur etiam	Es werden auch aufge-	
Tapetes. 12	Tapezereyen. 12 (hängt	벽걸이[12]도 걸려 있습니다.
Pro levi cubátu,	Zur sanften Ruhe/	
in *Dormitorio,* 13	in der Schlaffkamer/ 13	침실[13]에는
est *Lectus*, (Cubile) 14	dienet das Bette / 14	편안하게 잠자기 위한 침대[14]가 있고
stratus	gebettet	시트[17]와
in *Spondâ*, 15	auf dem Spanbette/ 15	침대커버[18]
super *Stramentum,* 16	über den Strohsack/ 16	속에 짚을 넣어 만든 요[16]가 있는
cum *Lódicibus,* 17	mit den Leylachen/ 17	침대에서 잠[15]을 잡니다.
& *Stragulis.* 18	und Bettedecken. 18	
Cervical, 19	Das Küssen/ 19	베개[19]는 머리 밑에 둡니다.
est sub capite.	ligt unter dem Haupt.	
Conopéo 20	Mit dem Fürhang 20	침대는 덮개[20]로 씌워져 있습니다.
Lectus tegitur.	wird das Bette verdecket.	
Matula, 21	Der Nachtpott/ 21	요강[21]은 방광을
est, vesicæ levandæ.	dienet die Blase zu leichtern.	가볍게 비우는 일에 사용합니다.
	K 3 Putei.	

Z 5 & i. Z 18 nur II: cubitu Z 19 u. 20 est in d. l. ist in d. Schl. d. B.

제73과

Putei. **Schöpfbrunnen.** 우물

Ubi fontes deficiunt, effodiuntur *Putei*, 1 & circumdantur *Crepidine*, 2 ne quis incidat. 　　Inde hauritur aqua, *Urnis* (situlis) 3 pendentibus vel *Perticâ*, 4 vel *Fune* 5 vel *Catenâ*; 6 idq; aut *Tollenone*, 7 aut *Girgillo*, 8 aut *Cylindro* 9 manubriato, aut *Rotâ* (tympano) 10 aut deniq; *Antliâ*. 11	Wo es an Quellen mangelt/ werden Brunnen 1 aus- und umgeben (gegraben/ mit einer Lehne/ 2 daß niemand hineinfalle. 　　Daraus schöpfet man das Wasser/ mit Eimern/ 3 so da hangen an einer Stange/ 4 oder am Seil/ 5 oder an der Kette; 6 Und dieses　　(gel/ 7 entweder mit dē Schwen- oder in der Werbel/ 8 oder mit der Walze 9 die einen Handgriff hat/ oder mit dem holen Rad/ oder endlich　　(10 mit der Pumpe. 11	샘이 부족한 곳에서는 **우물**[1]을 파고 누구도 빠지지 않도록 **난간**[2]을 만들어 보호합니다. 그곳에는 **막대기**[4]나 **밧줄**[5] 또는 **사슬**[6]에 달린 **그릇**[3](들통)으로 물을 퍼 올립니다. 이것들은 **두레박**[7] 횡목이나 **도르래 바퀴**[8]나 손잡이가 달린 **원형통**[9] 또는 **수레바퀴**[10]나 마지막에 **펌프**[11]에 연결되어 있습니다.

K 4　　　　Balneum.

Z 1 u. 2 Wo Qu. mangeln　Z 10 quae pendent

제 74 과

Balneum. **Schöpfbrunnen.** 목욕탕

Qui lavari cupit aquâ frigidâ, descendit in *fluvium*. 1	Wer gerne badet im kalten Waſſer/ ſteiget in den Fluß. 1	차가운 물로 샤워를 하고 싶은 사람은 **강물**[1]에 들어갑니다.
In *Balneario* 2 abluimus ſqualores, ſive ſedentes in *Labro*, 3 ſive conſcendentes in *Sudatorium*; 4 & defricamur *Pumice* 6 aut *Cilicio*. 5	In der Badſtube 2 waſchē wir dē Schmutz ab/ entweder ſitzend in der Badwanne/ 3 oder ſteigend auf die Schwitzbank; 4 uñ reiben uns mit dē Reib- od' hä̆riñē Tuch. 5 (ſtein 6	우리는 **목욕탕**[2]에서 **욕조 안**[3]이나 **한증탕**[4]에 들어가서 **가벼운 돌**[6]이나 **타올**[5]로 문질러 때를 벗겨냅니다.
In *Apodyterio* 7 veſtes exuimus, & præcingimur *Caſtulâ* (Subligari) 8	In der Auszieh ſtube 7 ziehen wir die Kleider aus/ und gürten uns mit der Badſchürze. 8	**탈의실**[7]에서 옷을 벗고 **목욕용 수건**[8]으로 몸을 두릅니다.
Caput tegimus *Pileolo*, 9 & pedes imponimus *Pelluvio*. 10	Das Haupt bedecken wir mit dem Badhut/ 9 und die Füſſe ſtellen wir in das Fußbecken 10	머리는 **목욕용 모자**[9]를 쓰고 양 발을 **물통**[10]에 담급니다.
Balneatrix 11 miniſtrat aquam, *Situlâ*, 12 hauſtam ex *Alveo*, 13 in quem defluit è *Canalibus*. 14	Die Badmagd 11 trägt Waſſer zu/ mit dem Badgeſchirr; 12 dz ſie ſchöpfet aus dē Waſ- worein es flieſt (ſertrog/ 13 aus den Badröhren. 14	**목욕탕의 도우미**[11]는 **수도관**[14]으로 들어온 물을 **수조**[13]에서 퍼내 **양동이**[12]로 옮깁니다.
Balneator 15 ſcarificat *Scalpro*, 16 &, applicádo *Cucurbi* extrahit ſaguinē (*tas*,17 ſubcutaneum, (18 quem abſtergit *Spongiâ*.	Der Bader 15 (eiſen/ 16 ſchrepfet mit dē Schrepf- und indē er Köpfe 17 ſetzet/ ziehet er das Blut aus dz zwiſchē Fell uñ Fleiſch iſt/ welches d' Schwam̄ 18 ab- wiſcht. Ton-	**목욕탕 주인**[15]은 **날카로운 칼**[16]로써 절개하고 **흡종**[17](고름을 빨아내는 기구)을 사용해서 피부와 살 사이의 피를 빼내고 이것을 **해면**[18]으로 닦아냅니다.

Z 1 Wer zu baden begehrt   Z 10 & defricamus nos   Z 13 e. v.   Z 14 nur II praecimus nos   Z 9 v u quam haurit e. a.   Z 5 v u III und aufſetzend die Laßköpfe   letzte Z: welches er mit dem Schwamm ab- wiſcht

제 75 과

Tonstrina. Die Barbierstube. 이발소

Tonsor

Tonsor 1	Der Barbierer 1	이발사[1]는
in *Tonstrinâ*, 2	in der Barbierstube/ 2	이발소[2]에서
tondet	butzet	머리카락과 수염을
Crines & Barbam	Haar und Bart	
Forpice, 3	mit der Scheer/ 3	가위[3]로 자르거나
vel radit	oder nimmt sie ab	칼집[4]에서 꺼낸
Novaculâ,	mit dem Scheermesser/	
quam è *Thecâ* 4	welches er aus dem Fut-	
depromit;	teral 4 hervorlanget;	면도칼로
& lavat	und wäschet sie	수염을 깎습니다.
super *Pelvim* 5	über dem Waschfaß 5	세면기[5] 위에서는
Lixivio,	mit Lauge/	
defluente	welche fliesset	물병[6]에서
è *Gutturnio*, 6	aus dem Gießfaß/ 6	부어주는 잿물이나
ut & *Sapone*; 7	wie auch mit Seiffe; 7	비누[7]로 씻으며
& tergit	und trucknet sie	
Linteo; 8	mit dem Haartuch; 8	타올[8]로
pectit,	kämmet sie/	물기를 닦습니다.
Pectine; 9	mit dem Kam; 9	빗[9]으로 머리카락을 빗고
crispat,	kräuselt sie	이발사는 불에 달군 **인두**[10]로
Calamistro. 10	mit dem Kräußeisen. 10	머리카락을 곱슬하게 만들어 줍니다.
Interdum	Zuweiln	
Venam secat	läßt er zur Ader	때로는 이발사의 수술용 **작은 칼**[11]로
Scalpello, 11	mit dem Laßeisen/ 11	혈관을 베고 피를 내게 합니다.
ubi Sanguis	da das Blut	
propullulat. 12	herausschießt. 12	치료하는 **의사**[12]처럼 상처 입은 사람을
Chirurgus,	Der Wundarzt/	치료합니다.
curat Vulnera.	heilet die Wunden.	

(참고, 그 당시 방혈요법으로 이발사가 외과적인 치료를 겸하는 경우가 있었다고 하며, 이발소를 상징하는 표지로 사용되는 빨강, 파랑, 흰색은 동맥, 정맥, 붕대를 상징한다고 함)

Equile.

Z 13 quod defluit

제 76 과

Equile.   Der Pferdstall.   마구간

Stabu-

Stabularius (Equiso) 1	Der Stallknecht 1	마부[1]는
purgat à fimo 2	miſtet aus/ 2	마구간의 **분뇨**[2]를 깨끗이 청소하며
Stabulum;	den Stall;	말고삐[3]를
alligat *Equum* 3	bindet das Pferd 3	**여물통**[5] 앞의 **손잡이**[4]에다 묶어 두거나
Capiſtro 4	mit der Halffter 4	
ad *Præſepe*, 5	an den Baaren/ 5	또는 말이 물려고 하면 **입마개**[6]를
aut, ſi mordax ſit,	oder/ ſo es beiſſig iſt/	씌웁니다.
conſtringit *Fiſcellâ*; 6	legt er ihm den Maulkorb	
Deinde,	Darnach/ (6 an.	그런 후 **짚**[7]을 깔아줍니다.
ſubſternit *ſtramenta*, 7	macht er die Streu; 7	마부는
Avenam,	den Habern	귀리열매 **통**[8]을 흔들어 나오게 하고
ventilat *Vanno*, 8	ſchwingt er in d' Wanne/8	
(paleis mixtâ,	(ſo er mit Halmen mängt/	잘게 썬 볏짚에 섞어[10]
ac depromptâ	und nimmet	그것을 말에게 먹입니다.
è *ciſta pabulatoriâ*,) 10	aus de Futterkaſten 10)	그것과 함께 **건초**[9]도 먹입니다.
eâq; paſcit equum,	füttert damit das Pferd/	
ut & *Fœno*; 9	wie auch mit Heu; 9	그리고서 물을 먹이기 위해
Poſtea	Nach dieſem/	**물통**[11]이 있는 곳으로 데려갑니다.
aquatum ducit	führt er es zur Tränke/	그런 후 **천**[12]으로 등을 닦아주고
ad *Aquarium*; 11	zum Waſſertrog; 11	털을 **빗질**[15]해 주며
Tum detergit	Dann/wiſcht er es	
Panno, 12	mit dem Tuch/ 12	안장 밑에 **덮개**[14]를 깔아주고
depectit *Strigili*, 15	ſtrigelt es mit dē Strigel/	**편자철**[13]이
inſternit	legt ihm auf (15	제대로 잘 붙어 있는지
Gauſape, 14	die Decke (Rotze) 14	**발굽**을 살펴봅니다.
& *Soleas* inſpicit,	und beſchauet die Huſe/	
an *Calcei ferrei* 13	ob die Eiſen 13	
firmis clavis hæreant.	fäſte ſitzen.	

Horo-

Z 13 u. 14 II quam paleis miscet ac depromit; III q. m. p.   Z 16 und f. Z 19 d. a. Z 3 v u & i. s. letzte Z adhuc f. c. h. noch an feſten Nägeln hangen

제 77 과

Horologia.　Uhrwerke.　시계

Horolo-

Horologium,	Das Uhrwerk/	시계는 시간을 측정합니다.
dimetitur Horas.	zehlet die Stunden ab.	**해시계**[1]는
Solarium, 1	Die Sonnuhr/ 1	벽이나 **나침판**[3]에서
ostendit	weißet (gers/2	시간이 얼마나 되었는지
umbrâ *Gnomonis,* 2	mit dem Schatten des Zei-	
quota sit hora;	wieviel es geschlagen;	**바늘**[2]의 그림자로 알게 됩니다.
sive in pariete,	entweder an der Wand/	**모래시계**[4]는
sive in *pyxide magneti-*	oder im Compast. 3	모래의 흐름으로 15분을 나타내지만
Clepsydra, 4 (câ. 3	Die Sanduhr/ 4	이전에는 물로 시간을 재기도 했습니다.
ostendit	zeiget	**괘종시계**[5]는
partes horæ quatuor,	die Stundvierthail/	밤에도 톱니바퀴의 회전으로
fluxu arenæ,	mit dem Sandlauf/ (lauf.	시간을 알려줍니다.
olim aquæ.	vorzeiten mit dem Wasser-	가장 큰 톱니바퀴는
Autómaton, 5	Die Schlaguhr/ 5	**추**[6]로 잡아당기고
numerat etiam	zehlet auch	다른 톱니바퀴도 당겨줍니다.
nocturnas horas,	die Nachtstunden/	그런 후에
circulatione rotarum,	durch Umtreibung der Rä-	망치로 **종**[7]을 쳐서
quarum maxima	dessen gröstes (der/	소리를 내거나
trahitur	gezogen wird	바깥쪽으로 도는
à *Pondere,* 6	von de Bleygewichte/ 6	**바늘**[8]로 시간을 알려줍니다.
& trahit ceteras:	und die andern ziehet:	
Tum	Alsdann	
horam indicat,	bedeutet die Stunde/	
vel *Campana* 7	entweder die Glocke 7	
sonitu suo,	mit ihrem Klang/	
percussa	angeschlagen	
à malleolo;	von dem Hammer;	
vel extrà	oder aussen	
Index, 8	der Zeiger/ 8	
Circuitione suâ.	mit seinem Umlauff.	
	Pictura.	

Z 2 theilet den St. ab. Z 11 h. q. p. Z 10 v u & c. t. Z 8 vu i. h.
Z 6 v u suo so.

제 78 과

Pictura. **Mahlerey.** 회화

Picturæ

Pictura 1 oblectant Oculos, & ornant conclavia. *Pictor*, 2 pingit effigiem *Peniculo*, 3 in *Tabulâ*, 4 super *Pluteo*; 5 sinistrâ tenens *Orbem pictorium*, 6 in quo Pigmenta, quæ terebantur à Puero 7 in marmore. *Sculptor* & *Statuarius*, exsculpunt *Statuas*, 8 è Ligno & Lapide. *Cælator* & *Scalptor* insculpit Æri (Ligno) aliisq; Metallis, *Figuras* 10 & Characteres, *Cælo*. 9	Die Gemähle 1 ergetzen die Augen/ und zieren die Gemächer. Der Mahler/ 2 mahlet ein Bildnis mit dem Pinsel 3 auf die Tafel 4 über der Staffeley; 5 in der linken haltend das Pollet/ 6 auf welchem die Farben/ so gerieben wurden von dem Jungen 7 auf den Marmelstein. Der Bildschnitzer/ und Bildhauer/ schnitzet (hauet) die Seulbilder/ 8 aus Holtz und Stein. Der Kunststecher und Formschneider stichet (schneidet) in Kupffer (Holtz) und andre Metalle/ Bildungen 10 und Buchstaben/ mit dem Stecheisen. 9	그림[1]은 눈을 즐겁게 하고 방을 아름답게 장식합니다. 화가[2]는 이젤[5]의 화판[4]에다 붓[3]으로 그림을 그립니다. 왼손에 물감이 있는 **팔레트**[6]를 쥐고 그 물감으로 대리석 조각상의 **남자아이**[7]를 그립니다. 조각가는 나무와 돌에 **조각상**[8]을 새깁니다. 나무조각가는 나무에다 새기며 금속조각가는 칼금으로 판에다 새기거나 또는 다른 금속의 **끌**[9]로써 **조각상**[10]과 글자들을 새겨 넣습니다.

Z 17 schnitzen (hauen)

제 79 과

Specularia. **Geſicht-Gläſer.** 거울

Specula

Specula 1 parantur, ut homines intueantur seipsos;	Die Spigel 1 werden zubereitet/ daß die Leute sich selber sehen;	거울[1]은 자신을 볼 수 있도록 해주며
Perspicilla, 2 ut acriùs cernat, qui habet Visum debilem.	Die Brillen/ 2 daß der schärffer sehe/ der da hat ein blödes Gesicht.	안경[2]은 약시(시력이 나쁜)인 사람이 사물을 확실하게 볼 수 있도록 해 줍니다.
Per *Telescopium*, 3 videntur remota, ut proxima;	Durch das Fernglas 3 werden gesehen entfernte Sachen/ als wären sie die nächsten;	망원경[3]에 의해서 먼 것이 가깝게 보이고
in *Microscopio*, 4 Pulex apparet ut Porcellus.	in dem Grösser-glas/ 4 erscheinet ein Floh wie ein Spanferkel.	현미경[4]에 의해서 벼룩이 돼지처럼 크게 나타납니다.
Radii Solis accendunt ligna per *Vitrum urens*. 5	Die Sonnen-Strahlen zünden das Holz an durch das Brennglas. 5	햇빛은 **집광렌즈**[5]를 통해서 나무에 불을 붙입니다.

L 2   Victor.

Z 4 s. iut.   Z 8 d. v.   Z 12 wie die nächsten   Z 13 in macroscopio   Z 14 III a. p. letzte Z p. u. v.

제 80 과

Vietor. 𝔇𝔢𝔯 𝔅𝔬̈𝔱𝔱𝔠𝔥𝔢𝔯. 통장이

Vietor, 1	Der **Böttcher**[**Bütt-**	통장이[1](통을 만드는 사람)는
amictus	angethan (ner) 1	앞치마[2]를 두르고
Præcinctorio, 2	mit dem **Schurzfell**/ 2	작업대[4]에서
facit,	machet/	조각도[5]를 사용해여
è *Virgis colurnis,* 3	aus **Weidenruhten**/ 3	개암나무가지[3]로 만든 회초리로
super *Sellam incisoriā,* 4	über der **Schnitzbank**/ 4	고리를 만들고
Scalpro bimanubriato, 5	mit dem **Schnitzmesser**/ 5	나무에서
Circulos;	**Reiffe**;	**통판**[6]을 만듭니다.
& ex ligne	und aus **Holtz**	그는 통판으로
Assulas. 6	**Tauben.** 6	상하 두 개의 바닥을 가진 **나무통**[7]과
Ex assulis	Aus **Tauben**	**큰통**[8]을 만듭니다.
conficit	machet er	그리고서
Dolia 7	**Fässer** 7	**큰 통**,[9] **물통**, [10]
& *Cupas,* 8	und **Tonnen**/ 8	등에 짊어지는 통,[11]
Fundo bino;	mit zweyen **Böden**;	깊은 통[12]을 만듭니다.
tum *Lacûs,* 9	dann/ **Kuffen**/ 9	그 후 그는
Labra, 10	**Schäffer**/ 10	그것들을 **테**[13]로 연결합니다.
Pitynas 11	**Butten**/ 11	작은 칼[14]을 사용해서
& *Situlas,* 12	und **Gelten**/ 12	**개암나무**[15]로 만든 고리 줄로 묶고
fundo uno.	mit einem **Boden**.	**나무망치**[16]와 **나무통**[17]으로 때리면서
Postea vincit	Darnach bindet er sie	그것들을 묶습니다.
Circulis, 13	mit **Reiffen**/ 13	
quos ligat,	welche er häfftet/	
ope *Falcis vietoriæ,* 14	mit **Hülff** des **Bindmes-**	
Viminibus, 15	mit **Wieden**/ 15 (**sers**/ 14	
& aptat	und anschläget	
Tudite 16	mit dem **Schlegel** 16	
ac *Trudiculâ.* 17	und **Triebel.** 17	
	L 3 Restio	

Z 15 b. f.   Z 18 II trioddia III trimodia   Z 20 u. f.   Z 4 v u salignis
v. mit weidenen Zäinen   letzte Z III tudicula

제 81 과

Restio & Lorarius.　　Der Seiler und Riemer.　　밧줄 꼬는 사람과 가죽끈 제조자

Restio

Restio 1	Der Seiler 1	밧줄을 꼬는 사람[1]은
contorquet	drehet	그가
Funes, 2	Seile/ 2	주위에 둔 마[4]나
agitatione	durch umdrehung	마껍질을 벗길 때 사용하던
Rotulæ, 3	des Rads/ 3	실감개[3]를 회전시켜
è *Stupâ* 4	aus Werk 4	줄[2]을 꼬게 합니다.
vel *Cannabi,*	oder Hanff	이렇게 해서
quam sibi circumdat.	so er um sich leget.	우선 끈[5]이 다음으로 밧줄[6]이
Sic fiunt,	Also werden gefärtigt/	마지막으로 배의 동아줄[7]이
primò	erstlich	만들어집니다.
Funiculi, 5	dj Seilgarn(Bindfade)5	
tum *Restes,* 6	dann/ die Stricke/ 6	가죽끈 제조자[8]는
tandem	endlich (7	소가죽[9]으로 가죽끈[10]과
Rudentes. 7	die Bruñ-od Schiffseile.	재갈용 고삐,[11]
Lorarius, 8	Der Riemer/ 8	칼을 차는 띠,[12]
scindit	schneidet	작은 주머니,[13]
de corio bubulo, 9	aus der Kühehaut/ 9	말안장,[15]
Loramenta, 10	Riemen/ 10	주머니[14] 등을 만듭니다.
Frena, 11	Zäume/ 11	
Cingula, 12	Gürteln/ 12	
Baltheos, 13	Wehrgehänge/ 13	
Crumenas, 14	Taschen/ 14	
Hippopéras, 15 &c.	Vellis/ 15 u. dg.	

L 4　　　Viator.

letzte Z. V. (Wadsäcke) u. dg.

제 82 과

Viator. Der Wandersmann. 여행하는 사람

Viator, 1	Der Wandersman/ 1	여행하는 사람¹은
portat Humeris	trägt auf dem Rücken	주머니³나
in *Bulgâ*, 2	im Reise Fell/ 2	지갑⁴에 들어가지 않는 것을
quæ non capit	was nit fassen können	여행 가방²에 넣고
Funda 3	der Schiebsack 3	어깨에 메고 다닙니다.
vel *Marsupium*; 4	und die Tasche; 4	외투⁵를 입고
tegitur,	Decket sich/	손에는 지팡이⁶를 붙들고
Lacernâ; 5	mit dem Reißmantel; 5	그것에 몸을 의지합니다.
manu tenet	Hält in der Hand	
Baculum, 6	den Wanderstab/ 6	
quo se fulciat;	daran er sich halte;	

opus

Z 4 quae capere nequit was nicht f. kan Z 6 oder d. T. Z 7 wird bedecket Z 9 lII t. m.

opus habet
Viatico,
ut & fido
& facundo *Comite*. 7
    Propter *Semitam*, 8
nisi sit
Callis tritus,
non deserat
Viam regiam. 9
    Avia 10
& *Bivia* 11
fallunt,
& seducunt
in *Salebras*; 12
non æquè,
Tramites 13
& *Compita.* 14
    Sciscitet igitur
Obvios, 15
quà sit eundum;
    & caveat
Prædones, 16
ut in viâ,
sic etiam
in *Diversorio*, 17
ubi pernoctat.
	hat vonnöten/
	eine Wegzehrung/
	wie auch eines getreuen (7
	uñ gesprächige Gefärten.
	Wegen des Fußsteigs/ 8
	wann es nit ist
	ein gebahnter Pfad/
	verlasse er nicht
	die Landstrasse. 9
	Die Abwege 10
	und Scheidwege 11
	betriegen/
	und verführen
	an unwegsame Oerter;
	nicht so sehr/ (12
	die Krummwege 13
	und Creutzwege. 14
	Demnach so forsche er
	bey den Begegnenden/ 15
	welchẽ Weg er gehẽ müsse;
	und hüte sich (16
	vor dẽ Strassenräubern/
	gleich wie auf der Strasse/
	also auch
	in der Herberge/ 17
	wo er übernachtet.
		서로 신뢰할 수 있으며
		동시에 말 벗이 되는 **동반자**7와 함께
		여비 또한 필요합니다.
		좁은 길8 때문에
		그 길이 평탄하지 않다 해도
		그는 그 **길**9을
		벗어나지 않습니다.
		광야길10이나 **갈림길**11이
		길이 없는 곳으로 인도하며
		헷갈리게 하지만
		구부러진 길13이나
		교차로14는
		그렇지 않습니다.
		그는 거기에서 **만나는 사람**15에게
		어떤 길을 가야하는지를 묻습니다.
		그는
		하룻밤을 지내는 **숙소**17에서처럼
		거리에서는 **강도**16로부터
		자신을 보호해야 합니다.

L 5   Eques.

Z 1 bedarf Z 7 t. c. Z 9 v u Sciscitetur i.

제 83 과

Eques. Der Reiter. 말 타는 사람

| Eques 1 | Der Reiter 1 | 말 타는 사람¹은 |

Eques 1
imponit Equo 2
Ephippium, 3
idq; succingit
Cingulo; 4
    insternit etiam
Dorsuale; 5
    ornat eum
Phaleris,
Frontali, 6
Antilenâ, 7

Der Reiter 1
legt dem Pferd 2
den Sattel 3 auf/
welchen er ihm angürtet
mit dem Gurt; 4
er legt ihm auch auf
den Schaberak [Rück-
    zieret es   (decke;] 5
mit dem Roßzeug/
dem Stirnriemen/ 6
Brustriemen/ 7
                    &Po-

말 타는 사람[1]은
말[2]에다 안장[3]을 얹고
그것을
끈[4]으로 묶습니다.
또 안장 밑에는 덮개[5]를 깔고
가죽끈
이마의 끈[6]
가슴 끈[7]과 꼬리 끈[8]으로 장식합니다.

Überschrift: Der Reuter

& Postilenâ. 8	und Schwantzriemen. 8	그 후 말에 올라
Deinde insilet in equum, indit pedes Stapedibus, 9	Darnach schwingt er sich auf dz Roß/ setzt die Füsse (9 in die Stegreiff [Bügel]	발을 **등자**[9]에 걸고
sinistrâ capessit Lorum (habenam) 10	mit der Linken fasset er den Zügel (Zaum) 10	왼손에 **재갈**[11]의 **밧줄**[10]을 쥐며
Freni, 11 quo equum flectit & retinet; tum.	am Gebiß/ 11 womit er das Pferd lencket und anhalt; Alsdann	그것으로 말의 방향을 바꾸거나 멈추게 합니다.
admovet Calcaria, 12 incitatq́; Virgulâ, 13 & coërcet Postomide. 14	gibt er ihm die Sporn/ 12 treibt es an mit der Spitzruhte/ 13 und bremset es mit der Bremse. 14	그리고서 말에 **박차**[12]를 가해 **채찍**[13]으로 말을 몰며 입에 물린 것에 **고삐**[14]를 걸어 제어합니다.
Bulga, 15 pendent ex apice ephippii, 16 quibus inseruntur Sclopi. 17	Die Hulfftern/ 15 hängen am Sattelknopf/ 16 worein gesteckt werden die Pistole (Faustrohr.) 17	권총을 꽂아 놓는 **통**[15]은 안장 앞 **돌기**[16]에 걸려있고 걸려있는 통의 자루 안에 **권총**[17]이 꽂혀있습니다.
Ipse eques, induitur Chlamyde; 18 Lacernâ à tergo revinctâ. 19	Er/ der Reuter/ ist angethan mit dem Reitrock; 18 der Regenmantel wird hinten aufgebunden. 19	말을 탄 사람은 **승마용 윗옷**[18]을 입고 **작은 외투**[19](레인 코트)를 뒤에 묶어둡니다.
Veredarius 20 cursim equo fertur.	Der Postreuter 20 rennet dahin.	급한 소식을 전하는 **파발꾼**[20]은 말을 타고 재빨리 달립니다.

Vehicula.

Z 8 des Gebises   Z 11 v u ex e. a.   Z 3 v u revincitur

제 84 과

Vehicula.   Die Wägen.   수레

Trahâ 1 vehimur super nivibus & Glacie.
 Vehiculum unirotú, dicitur *Pabo;* 2 birotum, *Carrus;* 3 quadrirotum

Mit dem Schlitten 1 fahren wir über Schnee und Eis.
 Ein Wagen mit einem wird genannt (Rad/ ein Schubkarre; 2 mit zweyen Rädern/ ein Karre; 3 mit vieren
 Currus,

우리는 **썰매**[1]를 타고
눈과 얼음 위를
달립니다.
바퀴가 하나인 차는 손수레
두 개의 바퀴를 가진 것은 **짐수레**[2]로
부릅니다.
4개의 바퀴를 가진 **수레**[3]는

Currus,	ein Wagen/	
qui	welcher (gen/ 4	끌채가 달린 수레[4]이거나
vel *Sarrácum*, 4	entweder ein Sterzwa-	
vel *Plaustrum*. 5	oder ein Lastwagen. 5	짐마차[5]입니다.
Partes Currûs sunt,	Wagenstücke sind/	수레의 각 부분들은
Temo, 6	die Deichsel/ 6	끌채,[6]
Jugum, 7	die Wage/ 7	가로대,[7]
Compages, 8	die Fuge/ 8	연결부분,[8]
Sponda; 9	die Leitern; 9	
tum *Axes*, 10	dann die Axen/ 10	양쪽의 틀[9]이 있으며
circa quos currunt	um welche lauffen	수레바퀴[10]는 바퀴 축을 중심으로
Rotæ,	die Räder/	회전하며 거기에는 못[11]과
præfixis	denen vorgefüge	
Paxillis 11	die Nägel 11	쐐기[12]가 박혀 있습니다.
& *Obicibus*. 12	und Lohne. 12 (des 13	
Basis *Rotæ* 13	Die Grundfäste des Ra	차바퀴[13]의
est *Modiolus*, 14	ist die Nabe/ 14	기본은 바퀴통[14]이며, 거기에는 12개의
ex quo prodeunt	aus welcher hervorgehen	
duodecim *Radii*; 15	zwölff Speichen; 15	바퀴살[15]이 연결되어 있습니다.
hos ambit	Diese umgibet	이것은 12개의 바퀴테[16]와
Orbile,	der Kranz/	마찬가지로
compositum	zusammengesetzt	
è sex *Absidibus* 16	aus zwölff Felgen/ 16	많은 바퀴선로[17]로 조립된
& totidem *Canthis*. 17	und ebensovielen Radschi-	고리모양을 둘러 싸고 있습니다.
Currui	Auf den Wagen (nen. 17	바구니와 그물로 꼬아 만든
imponuntur	werden gelegt	
Corbes & *Crates*. 18	Körbe und Flechten. 18	세공품[18]이 수레 위에 놓여 있습니다.

Vectu

Z 5 C. p. s. Z 15 15 quibus praefiguntur denen v. (III noch werden) par
& obices Z 5 v u III aus sechs F.

제 85 과

Vectura.   Das Fuhrwerk.   운송마차

Auriga, 1
jungit
Parippum 2
Sellario, 3
ad *Temonem,*
de *Helcio* 4
dependentibus
Loris vel *Catenis.* 5
 Deinde
insidet
Sellario,
agit ante se
Antecessores 6

Der Fuhrmañ / 1
spannet
das Handpferd 2
zu dem Sattelpferd 3
an die Deichsel/
mit den vom Kummet 4
herabhangenden
Riemen oder Ketten. 5
 Darnach
sitzet er
auf das Sattelpferd/
jaget vor sich her
die Vorspann 6
 Scuticâ,

마부[1]는
목걸이[4]에 걸려 있는
가죽끈이나 사슬[5]로
수레를 끄는 쌍두마차의
왼편 말,[3] 오른편 말[2]을
끌채에 묶습니다.
그런 후
쌍두마차 위 안장에 앉아
앞에서 끄는 말[6]을 채찍[7]으로 몰고

Scuticâ, 7
& flectit
Funibus. 8
   Axem ungit
ex *vase unguentario* 9
Axungiâ;
& inhibet rotam
Sufflamine, 10
in præcipiti descensu.
   Et sic aurigatur
per *Orbitas.* 11
   Magnates,
vehuntur
Sejugibus 12
duobus *Rhedariis,*
Curru pensili
qui vocatur
Carpentum [pilentú;]
   alii, *Bijugibus,*14 (13
Essedo. 15
   Arcera 16
& *Lectica* 17
portantur
à duobus equis.
   Per invios montes
utuntur,
loco Curruum,
jumentis Clitellariis. 18

Z 6 III Schmierb.

mit der Peitsche / 7
und leitet sie
mit den Strängen. 8
   Die Rad-Are
schmieret er   (9
aus der Schmeerbüchse
mit Wagenschmier/
und hänget das Rad ein
mit der Hemmkette / 10
in gäher Abfahrt.
   Und also fähret er
in der Wagenleise. 11
   Grosse Herren/
fahren
mit sechs Pferden/ 12
und zweyen Gutschern/
auf dem Hangwagen/
welcher genaßt wird
eine Carrete (Gütsche;) 13
Andere/ mit zwey Pfer-
auf der Calesse.15 (den 14
   Die Roßbaren 16
und Sänfften 17
werden getragen
von zweyen Pferden.
   Uber unwegsame Gebir-
gebraucht man /   (ge
an stat der Wägen/
die Saumrosse. 18

Transitus

줄을 잡아당겨 방향을 잡습니다.

바퀴 축에 달린 기름 그릇에서
바퀴[9]에 기름을 두르고
경사가 급한 산을 내려갈 때는
제동사슬[10]로
바퀴가 돌아가는 것을 멈추게 합니다.

이렇게 해서 **궤도**[11]를 따라 앞으로
나갑니다.

신분이 높은 사람은
6마리의 말[12]과
두 사람의 마부가 끄는
객마차[13]를 탑니다.

다른 이들은 **2마리의 말**[14](쌍두마차)이
이끄는 **마차**[15]를 이용합니다.
장례마차[16](관을 안치한 대)와
들것을 실은 **마차**[17]는
두 마리의 말이 이끕니다.
길이 없는 산길에서 사람들은
마차 대신 짐을 **운반하는 동물**[18]을
사용합니다.

제 86 과

Tranſitus Aquarum.　　Die Uberfuhrt.　　나룻배

Trajectu.

Trajecturus flumen ne madefiat, excogitati sunt Pontes 1 pro Vehiculis, & Ponticuli 2 pro Peditibus.　Si flumen habet *Vadum*, 3 vadatur. 4　Struuntur etiam Rates, 5 ex compactis tignis; vel *Pontones*, 6 ex trabibus consolidane　　　(tis, aquam excipiant.　Porrò fabricantur Lintres (Lembi) 7 qui aguntur Remo, 8 vel *Conto*; 9 aut trahuntur *Remulco*. 10	Wer über einen Fluß (kommen wil/ daß er nit naß werde/ sind erdacht worden die Brücken 1 vor die Fuhren/ und die Stege/ 2 vor die Fußgänger.　Wann der Fluß eine Fuhrt 3 hat/ watet man durchhin. 4　Man bauet auch Flöße/ 5 (hölzern; aus zusamengefügte Bau- und Fähren 6 aus dichtgedehlten Dramē/ damit sie nicht Wasser fangen.　Ferner werden gezimmert Nachen (Kähne) 7 welche fortgetrieben werden mit dem Ruder/ 8 oder mit d' Stürstange; 9 oder fortgezogen mit der Cabel (Trecke.)	물에 젖지 않고 강을 건너려고 하는 사람들은 물에 젖지 않도록 마차를 위한 **다리**[1]나 보행자를 위한 판자로 만든 **다리**[2]를 고안했습니다. 강이 얕은 **물**[3]일 때는 걸어서 건넜습니다.[4] 나무목재로 연결된 **뗏목**[5]이나 또는 물이 들어오지 않도록 통나무를 접합해서 **나룻배**[6]를 만듭니다. 계속해서 **노**[8] 또는 **장대**[9]로 계속 젓게 하거나 양쪽으로 묶여 있는 밧줄로 끌어당기는 **조각배**[7]가 만들어졌습니다.

Natatus.

Z 9 v. h. Z 10 wird er durchwatet Z 15 c. ex t. aus dicht zusammen- gefügten Blöckern oder Balken

제 87 과

Natatus. Das Schwimmen. 수영

Solent

Solent etiam tranare aquas, super *scirpeum fascem*, 1 porrò super inflatas boum *Vesicas*; 2 deinde, liberè *jactatu manuum pedumq́;*. 3 Tandem didicerunt *calcare aquam*, 4 cingulotenus immersi, & vestes supra caput gestando. *Urinator*, 5 etiam natare potest sub aquâ, ut Piscis.	Man pfleget auch (men) über das Wasser zuschwimmen auf eine Binsenbüschel/ 1 ferner auf aufgeblasenen Ochsenblasen; 2 darnach/ frey durch bewegung der Hände und Füsse. 3 Endlich hat man gelernet Wasser-treten / 4 biß an den Gürtel unter dem Wasser gehend/ und die Kleider uber dem Haupt tragend. Der Täucher/ 5 kan auch schwimmen unter dem Wasser/ wie ein Fisch.	사람들은 **갈대 묶음다발**[1]을 이용해 물을 건넙니다. 이외에도 바람을 넣어 부풀린 황소의 **담낭**[2]을 이용하여 건너기도 합니다. **손과 발**[3]의 자유로운 운동을 통한 수영으로 건너기도 합니다. 결국 허리까지 물에 잠겨 머리 위에 옷을 이고 **물에 들어가는 것**[4]을 습득하였습니다. **잠수부**[5]는 물고기처럼 물속에서 헤엄칠 수 있습니다.

Z 11 nonnulli d. haben etliche g. Z 5 v u gestantes

제 88 과

Navis actuaria. Das Ruderschiff. 갤리선(노 젓는 배)

Navis instructa remis
est *Uniremis* 2
vel *Biremis*, &c.
in quà
Remiges, 3
confidentes
per *Transtra*
ad *Scalmos*, 4
aquam
Remis pellendo,
remigant. 5
　Proréta 6
ftans
in *Prorâ*,
& *Gubernator* 7
fedens
in *Puppi*
tenensq́;
Clavum, 8
gubernant
Navigium,

Ein Ruderschiff 1
hat eine Ruderbank 2
oder zwo / u. f. f.
in welchem
die Ruderpursche/ 3
sitzend
auf den Ruderbänken/
bey den Ruderringen/ 4
das Wasser
mit den Rudeln schlagend/
rudern. 5
　Der Schiffmann 6
stehend
im Vordertheil/
und der Steuermann 7
sitzend
im Hintertheil
und führend
das Steuerruder/ 8
regiren
die Schiffahrt.

갤리선[1](노 젓는 배)은
하나 또는 두 개의
노 젓는 자리[2]를 가지고 있습니다.
노 젓는 사람[3]은
노 젓는 자리에 앉아서
물속으로 **노를 움직여**[4]
배가 **물결을 헤쳐 나가도록**[5] 합니다.

배는
선수에 있는 **선장**[6] 과
선미에 앉아있는 **키잡이**[7]가
배의 **방향을 조정**[8]하면서
항해를 지휘합니다.

제 89 과

Navis oneraria.　　**Das Lastschiff.**　　화물선

Navigium, 1	Das Schiff 1	배[1]는
impellitur,	wird fortgetrieben/	노를 젓는 것뿐만 아니라
non remis,	nicht durch Rudeln/	바람을 통해서도 움직입니다.
sed solâ vi ventorum.	sondern von den Winden.	배 한가운데
In illo	In demselben	**돛대**[2]가 세워져 있으며
erigitur	wird aufgestellet	배의 가장자리 둘레에는
Malus, 2	der Mastbaum/ 2	**밧줄**[3]로 묶여 있습니다.
undiq;	ringsum	그것에 **돛대**[4]가 연결되어 있고
ad *Oras* Navis	an den Bort des Schiffs	바람에 맞서 줄을 **잡아당겨**[6]
funibus 3 firmatus;	mit Seilen 3 befästet;	**밧줄**[7]로 방향을 바꾸는 **돛**[5]이 걸려
cui annectuntur	an welchen gehängt werden	있습니다.
Antenna, 4	die Segelstangen/ 4	
his, *Vela*, 5	an diese/ die Segel/ 5	
quæ ad Ventum	welche gegen dem Wind	
	expan-	

Z 3 Ruder　Z 4 sed solum v. v. sondern a. v. Gewalt d. W.

expanduntur 6	ausgespannet
& *Versoriis* 7	und mit den Leitseilen 7
versantur.	gerichtet werden.
Vela sunt,	Segel sind /
Artemon, 8	das grosse Segel / 8
Dolon, 9	das Vorder-Segel / 9
& *Epidromus.* 10	und d; Hinter-Segel. 10
In Prorâ	Am Vordertheil (Biet)
est *Rostrum.* 11	ist der Schiffschnabel. 11
In *Puppi*,	Im Hintertheil
Signum (vexillum) 12	wird das Fähnlein 12
ponitur.	aufgestecket
In malo	Am Mastbaum
est *Corbis* 13	ist der Mastkorb 13
Navis Specula,	und über der Krone
& supra galeam	des Schiffes Warte /
Aplustre 14	die Flagge 14
Ventorum Index.	der Winde-Zeiger.
Anchorâ, 15	Mit dem Anker / 15
navis sistitur.	wird das Schiff angehalte.
Bolide, 16	Mit dem Senkbley 16
profunditas exploratur.	wird die Tieffe erkündigt.
Navigantes	Die Schiffenden
deambulant	spaziren
in *Tabulato.* 17	auf dem Schiffboden. 17
Nautæ	Die Bootsleute
cursitant	lauffen
per *Foros.* 18	in den Schiffgängen. 18
Atq; ita,	Und also /
etiam Maria	wird auch das Meer
trajiciuntur.	überreiset
	M 4 Naufra=

Z 15 u. 16 des Sch. W. u. ü. d. Kr.   Z 2 v u werden a. die Meere

돛에는
가장 큰 돛[8]
앞 돛대,[9] **뒷 돛대**[10]가 있습니다.

뱃머리[11]는 앞부분이며
선미(배끝)에는
작은 깃발[12]이
달려 있습니다.
돛대에는
망을 보는 곳인 **망루**[13]가 있고
최상부에는
풍향을 나타내는 깃발[14]이 있습니다.
배는 **닻**[15]을 사용하여 정박을 시킵니다.
측심연[16]으로 바다의 깊이를
탐지합니다.

항해하는 사람들은
갑판 위[17]를 걸어 다닙니다.
선원들은 **승강구**[18]를 통해서
분주하게 돌아다닙니다.
그렇게 사람들은
바다를 항해합니다.

제 90 과

Naufragium. Der Schiffbruch. 난파선

Cum

Cum *Procella* 1 repentè oritur, contrahunt *Vela*, 2 ne Navis ad *Scopulos* 3 allidatur, aut in *Brevia* (Syrtes) 4 incidat. Si non possunt prohibere, patiuntur *Naufragium*. 5 Tum miserabiliter pereunt, Homines, Merces, omnia; (juvat Neq; hîc quidquam *Sacra anchora*, 6 *Rudenti* jacta. Quidam evadunt, vel *tabulâ* 7 ac enatando, vel *Scaphâ*. 8 Pars Mercium cum mortuis à *Mari* 9 in littora defertur.	Wann ein **Sturm** 1 gehlings entstehet/ ziehen sie zusammen die Segel/ 2 damit nicht das Schiff an die Klippen 3 geworffen werde/ oder auf die Syrten 4 lauffe (strande.) Wann sie es nit können abwenden/ leiden sie **Schiffbruch**. 5 Alsdann verderben jämmerlich die Menschen/ die Wahren/ und alles; Und hilfft hier nichts der grosse Anker/ 6 am Ankerseil ausgeworffen. Etliche kommen davon/ entweder auf einem Bret 7 und ausschwimmend/ oder auf dem Nachen. 8 Theils Waaren samt den Todten werden von dem Meer 9 ans Ufer geworffen. M 5 Ars	폭풍[1]이 갑자기 일어나거나 또는 배가 **암초**[3]에 부딪쳤을 때 낮은 **여울**[4]에 올라가지 않도록 **돛**[2]을 접습니다. 이것을 막지 못하면 배는 **난파**[5]하는 불행을 경험하게 되며 그럴 때 사람과 화물 그리고 모든 것이 무참히 파멸됩니다. 이러한 경우 닻줄에 걸린 **큰 닻**[6]을 내던져도 아무런 도움이 되지 않습니다. 어떤 사람은 **배의 판자**[7] 위에 올라탄 채 헤엄 치면서 표류하거나 혹은 **작은 배**[8]를 타고서 위험을 벗어납니다. 화물이나 사망자의 일부는 **바다**[9]에서 해안으로 떠밀려옵니다.

Z 14 tunc Z 15 p. m. Z 18 III & o. letzte Z ad l. d.

제 91 과

Ars Scriptoria. Die Schreibkunst. 글 쓰기(서법)

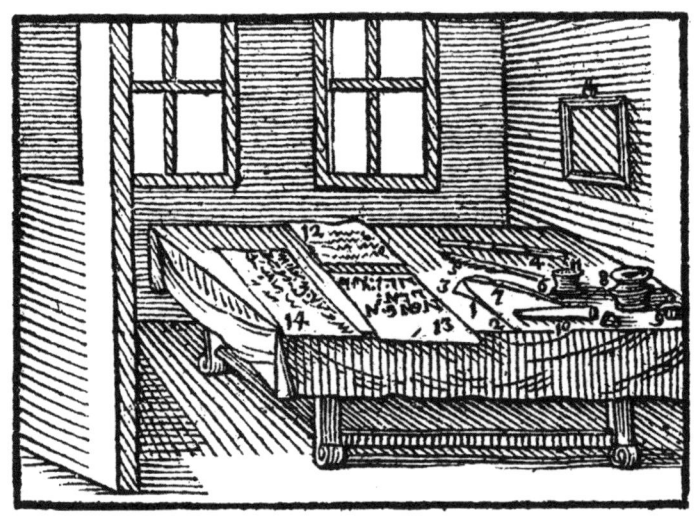

Veteres scribebant in tabellis ceratis æneo *Stilo*, 1 cujus *parte cuspidatâ* 2 exarabantur literæ, *planâ* 3 verò rursum obliterabantur; Deinde literas pingebant subtili *Calamo*. 4 Nos, utimur anserinâ *Pennâ*, 5	Die Alten schrieben auf wåchserne Tafeln mit einem ehrnē Griffel/ 1 mit dessē spitzigem End 2 die Buchstaben gezogen/ mit dem breiten 3 aber wieder ausgethan wurden, Darnach mahlten sie die Buchstaben mit einem zarten Rohr. 4 Wir/ gebrauchen die Gansfeder/ 5 cujus	옛날 사람들은 **석필**[1]로 밀랍 판에 글자를 써넣었습니다. 석필의 **뾰족한 부분**[2]으로 문자가 새겨졌으며, 반대로 **평범한 부분**[3]에서는 지워지기도 했습니다. 이후 문자를 얇은 **갈대**[4]로 만든 펜으로 썼습니다. 우리는 **거위 털로 만든 펜**[5]을 사용합니다.

Z 5 c. c. p.   Z 7 pl. v. parte mit d. b. Theil a.

cujus *Caulem.* 6	deſſen Kiel 6	우리는 그것의 **대**[6]를
temperamus	wir zuſchneiden	**펜을 깎는 칼**[7]로 잘라서 만듭니다.
Scalpello ; 7	mit dem Federmeſſer/ 7	
tum intingimus	darnach tunken wir ein	그리고서 뾰족하게 깎은 부분을
Crenam	den Spalt (Schlitz)	**뚜껑**[9]이 있는 **잉크병**[8] 안에 담갔다가
in *Atramentario*, 8	ins Dintenfaß/ 8	글을 씁니다.
quod obſtruitur	welches zugemacht wird	
Operculo ; 9	mit dem Deckel, 9	펜들은 **통**[10]에 넣어둡니다.
& *Pennas*	und die Federn	
recondimus	ſtecken wir (10	
in *Calamario.* 10	in dz Pennal [Federrohr.]	
Scripturam	Die Schrifft	**흡수지**나
ſiccamus,	trucknen wir	**모래상자**[11]에서 꺼낸 모래로
chartâ bibulâ,	mit dem Löſchblat/	잉크로 쓰여진 글씨를 말립니다.
vel *arenâ ſcriptoriâ*,	oder mit Streuſand/	
ex *Thecâ pulverariâ.* 11	aus der Sandbüchſe. 11	우리는 왼쪽에서부터 오른쪽으로
Et nos quidem,	Und zwar wir/	글씨를 씁니다.
ſcribimus,	ſchreiben	**유대인**[12]은 오른쪽으로부터
à ſiniſtrâ	von der Linken	**왼쪽 방향**[13]으로 글씨를 써나가며
dextrorſum; 12	gegen die rechte Hand ;	중국인들이나 인도인들은
Hebræi	die Ebreer [Juden] (12	**위에서 아래로**[14] 글씨를 씁니다.
à dexterâ	von der Rechten	
ſiniſtrorſum ; 13	gegen der Linken ; 13	
Chinenſes	die Chineſer	
& *Indi alii*,	und andre Indianer/	
à ſummo	von oben	
deorſum. 14	herunter. 14	

Papyrus.

Z 3 v u III & a. I.

제 92 과

Papyrus. **Das Papier.** 종이

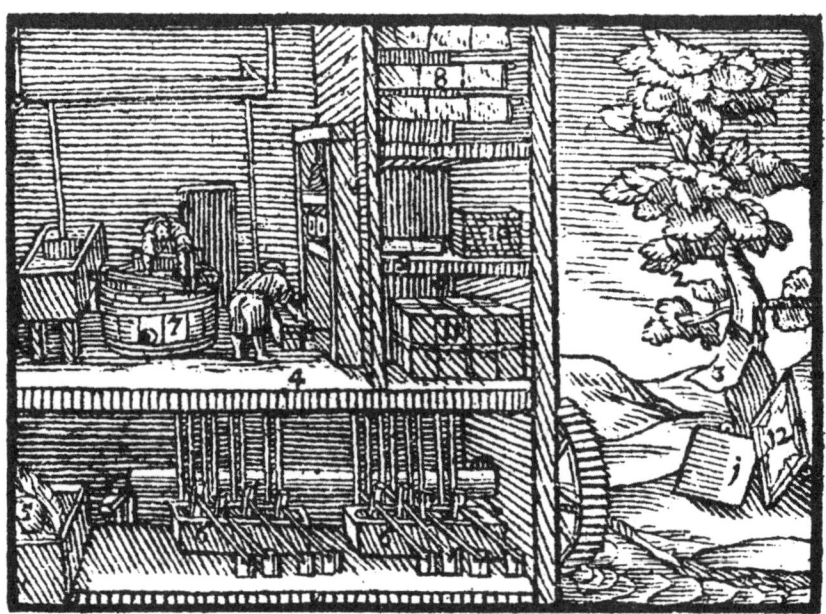

Veteres

Veteres utebantur
Tabulis faginis, 1
aut Foliis 2
ut & Libris 3
Arborum, præsertim
arbusculæ Ægyptiæ,
cui nomen erat
Papyrus.
 Nunc, est in usu
Charta,
quam Chartopæus,
in molâ papyraceâ, 4
conficit è linteis vetu-
in pulmentum (stis, 5
contusis, 6
quod, Normulis
haustum, 7
diducit
in plagulas, 8
aëriq; exponit,
ut siccentur.
 Harum XXV
faciunt Scapum, 9
XX. Scapi
Volumen minus, 10
horum X
Volumen majus. 11
 Diu duraturum,
scribitur in Membranâ.
 (12

Z 2 t. t. Z 6 III Ae. a. Z 14 u. 15 quae in p. contunduntur

Die Alten brauchten
sichtene Tafeln/ 1
oder Blätter 2
wie auch Rinden 3
der Bäume/ sonderlich
des Egyptischē Bäumleins/
welches genennt wurde
Papyrus.
 Itzund/ ist gebräuchlich
das Papier/
welches der Papierer
in der Papiermühl 4
machet aus alten Lum-
so zu einem Brey (pen, 5
gestossen werden/ 6
welchen in die Formen
geschöpfft/ 7
er ausbreitet
in Bögen/ 8
und an den Lüfft hänget/
daß sie trocken werden.
 Deren XXV
machen ein Buch/ 9
XX Buche
ein Rieß/ 10
und deren X
einen Ballen Papiers. 11
 Was lang währen sol/
wird geschrieben auf Per-
 (ment. 12
 Typo-

옛날 사람들은
소나무 목판[1]이나
특별히 파피루스라고 불렀던
이집트의 작은 다년초 **나무의 잎**[2]을
껍질[3]과 같이 사용했습니다.

지금은 **제지업자**가 **제지공장**[4]에서
낡은 섬유조각[5]을 종이로 만들어
사용합니다.

걸쭉하게 녹인[6] 후 **틀에 넣어**[7] 모양을
낸 후 종이를 만듭니다.

그 종이는 **전지(全紙) 크기**[8]로 펼쳐
공기 중에 내 놓아 말립니다.

그것의 25장을 1**첩**,[9] 20첩을 1**연**[10]
그리고 10연을 1**발렌**[11]으로 종이 단위를
표합니다.

오래 간직할 것은 **양피지**[12] 위에 글씨를
썼습니다.

제 93 과

Typographia. Die Buchdruckerey. 인쇄술

| Typographus habet æneos Typos, magno numero, distributos per Loculamenta. 5 Typotheta 1 eximit illos singulatim, & componit (secundùm Exemplar, quod Retinaculo 2 sibi præfixum habet) | Der Buchdrucker hat ehrne Buchstabe (schrift) in grosser Mänge/ so ausgetheilet sind in die Schrifftkasten. 5 Der Schrifftsetzer 1 nimt dieselben einen nach dem andern/ und setzet (nach der Vorschrifft/ welche auf dem Tenakel [Halter] vor ihm stecket) (2 Verba, | 인쇄공은 활자판5에 구리로 만든 활자를 대량으로 정리합니다. 식자공1은 그것을 하나씩 꺼내 (앞의 받침2에 끼워진 원고글씨에 따라서) 한 줄이 채워질 때까지 식자기3에 모아나갑니다. |

letzte Z II sibi p. est, III ipsi p. est.

Verba,	Wörter/	그는 한 **면**[6]이
Gnomone, 3	in den Winkelhaken/ 3	다 찰때까지
donec fiat	biß es wird	**식자판**[4]에 넣고
Versus;	eine Zeile;	그리고
hos indit	die hebet er	이것을 다시
Forma, 4	in das Schiff/ 4	**구성판**[7]에다 넣습니다.
donec fiat	biß es wird	그리고 흩어지지 않도록
Pagina; 6	eine Columm (Seite;) 6	**나사**[8]로
has iterum	diese wiederum	틀에 끼워 넣고[9]
tabulæ compositoriæ, 7	auf das Formbret/ 7	이를 **인쇄기**[10] 밑에 둡니다.
eosq; coarctat	und fasset sie	그런 후
Marginibus ferreis, 8	mit der Form-Ram/ 8 (9	인쇄공은 **솜방망이**[11]로 잉크를 바르고
ope Cochlearum, 9	durch die Formschraube/	그 위 **압지틀**[12]에 종이를 넣습니다
ne dilabantur;	daß sie nicht voneinander	
ac subjicit	und hebet sie ein (fallen;	마지막으로
Prelo. 10	unter die Presse. 10	**목판**[13](롤러)에 얹어
Tum Impressor,	Alsdann der Drucker/	**축**[14] 밑에 넣은 후
ope Pilarum, 11	mit Hülff der Ballen/ 11	**가로대**[15]로 눌러서
illinit	träget auf	종이에 잉크가 흡수되게 합니다.
Atramento impressorio;	die Farbe;	
superimponit,	leget darauf	
inditas Operculo 1.	die in den Deckel 12 ge-	
Chartas,	Bögen/ (faßte	
quas,	welche er/	
in Tigello 13	auf dem Tigel 13	
subditas	geschoben	
Trochleæ, 14	unter die Spindel/ 14	
& Suculâ 15	und mit dem Pengel 15	
impressas,	gedrucket/	
facit	machet	
typos imbibere.	die Schrifft trinken.	
	Biblio-	

Z 9 hanc i. Z 11 eamque Z 10 v u o. i.

제 94 과

Bibliopolium. **Der Buchladen.** 책방

Biblio-

Bibliopóla 1 vendit Libros in *Bibliopolio;* 2 quorum conscribit *Catalogum.* 3 Libri disponuntur per *Repositoria,* 4 & ad usum, super *Pluteum* 5 exponuntur. Multitudo Librorũ, vocatur *Bibliotheca.* 6	Der Buchführer 1 verkauffet die Bücher in dem Buchladen; 2 über welche er ein Register 3 hält. Die Bücher werden beygesetzt in die Bücherrahmen/ 4 und/ zum Gebrauch/ über dem Pult 5 aufgeschlagen. Viel Bücher werden genennet eine Bücherey. 6	책을 판매하는 사람[1]은 목록서[4]에 기록된 책을 서점[2]에서 판매합니다. 책은 책장[3]에 정리되어 있거나 책을 사용할 수 있도록 책상[5] (plutem) 위에 펼쳐 놓습니다. 많은 수의 책이 있는 곳을 서고[6] (書庫) 또는 도서관으로 부릅니다.

제 95 과

Bibliopegus. **Der Buchbinder.** 책 제본

Olim

Olim agglutinabant Chartam chartæ, convolvebantq; eas in unum *Volumen*. 1 Hodiè compingit Libros *Compactor*, dum Chartas aquâ glutinosâ mace- terget; 2 (ratas, deinde *complicat*, 3 *malleat*; 4 tum *consuit*, 5 comprimit *Prelo*, 6 (quæ habet duas *Cochleas* 7) dorso conglutinat, rotundo *Cultro* 8 demarginat; tandem Membrana vel *Corio* 9 vestit, efformat, & affigit *Uncinulos*. 10	Vorzeiten leimeten sie ein Papier an das andre/ uñ wickelten solche zusamen in eine Rolle. 1 Heutzutag bindet die Bücher der Buchbinder/ indem er die Bogen/ wann sie geplanirt/ trocknet; 2 darnach falzet/ 3 und schläget; 4 alsdann/ hässtet/ 5 presset in der Presse/ 6 (welche hat zwo Schrauben 7) am Rücken leimet/ mit dem Schnitthobel 8 beschneidet; endlich mit Perment oder Leder 9 bekleidet/ ausmachet / und aufschläget mit Clausuren (Gesperr.)10	옛날에는 한 장의 종이를 또 다른 한 장 위에 아교로 붙이고 그것을 함께 **두루마리**[1]에 붙였습니다. 오늘날 **제본하는 사람**은 다음과 같은 공정으로 책을 제본합니다. 아교 액체에 종이를 담근 후 **말리며,**[2] 그 후 **접어서 포개고**[3] **방망이로 두드리며**[4] 그리고 **철을 해서**[5] 두 개의 **나사**[7]를 가진 **압착기**[6]로 누르고 뒷면을 아교로 붙혀 **모서리를 제거하는 대패**[8]로 귀퉁이를 자르고 마지막으로 양피지나 **가죽**[9]을 입혀 장식하고 그것에 **물림쇠**[10]를 붙이면 한 권의 책이 완성됩니다.

N 2   Liber.

Z 17 III quod h.   Z 4 v u überzeucht   Z 2 v u & illis a. und ihnen anschl.

제 96 과

Liber. Das Buch. 책

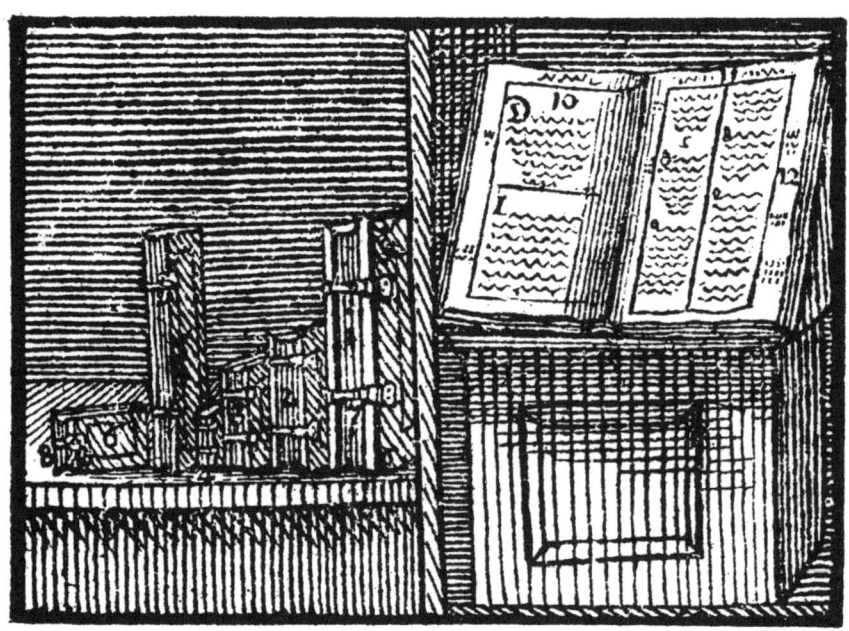

Liber,

Liber, (orem, quoad formam exteri- est vel in *Folio*, 1 vel in *Quarto*, 2 in *Octavo*, 3 in *Duodecimo*, 4 vel *Columnatus*, 5 aut *Linguatus*; 6 cum *Clausuris aneis*, 7 vel *Ligulis*, 8 & *Bullis angularibus*. 9 Intus sunt *Folia* 10 duabus *Paginis*; aliquando *Columnis* divisa, 11 cumq́; *notis marginalibus*. 12	Das Buch/ nach der äuserliche Gestalt/ ist entweder ein Foliant/ 1 oder ein Quartbuch/ 2 in Octav/ 3 in Duodetz/ 4 oder in Registerform/ 5 oder in lang Format; 6 mit Clausuren / 7 oder Bändern / 8 und Buckeln. 9 Inwendig sind die Blätter 10 mit zweyen Seiten; zuweiln gespalten mit Columen 11 und mit Randschrifften. 12

책은 외형에 따라

2개의 판(2절판)으로 접은

대형 서적,[1] 4절판[2] 또는 8절판[3]과

12절판[4]의 출판물이 있으며

또는 **등기부 형태의 8절판**[5]이나

약관[7]처럼 **긴 형태**[6]의 책이 있으며

또는 **끈**[8]이나 **장식**[9]이 붙은

책도 있습니다.

안쪽에는 두 쪽을 가진 **종이**[10]가 있고

때로는

난[11]이나 **난**[12] 외에 적어 놓은 글자에

의해서 나누어져 있습니다.

제 97 과

Schola.   Die Schul.   학교

Schola

Schola 1
est officina, in quâ
novelli animi
ad Virtutē formantur;
& distinguitur
in *Classes.*
  Præceptor, 2
sedet in *Cathedrâ;* 3
Discipuli, 4
in *Subselliis:* 5
ille docet,
hi discunt.
  Quædam
præscribuntur illis
cretâ
in *Tabellâ.* 6
  Quidam
sedent ad mensam,
& scribunt : 7
ipse, corrigit 8
Mendas.
  Quidam stant,
& recitant
memoriæ mandata. 9
  Quidam confabulan-
ac gerunt se   {tur, 10
petulantes
& negligentes:
hi castigantur
Ferula (baculo) 11
& *Virgâ.* 12

Z 4 3. T. angewöhnet w.

Die Schul 1
ist eine Werkstat/in welcher
die jungen Gemüter
zur Tugend geformet wer-
und wird abgetheilt (den;
in Classen
  Der Schulmeister/ 2
sitzt auf dem Lehrstul; 3
die Schüler/ 4
auf Bänken: 5
jener lehret/
diese lernen.
  Etliches
wird ihnen vorgeschrieben
mit der Kreide
an der Tafel. 6
  Etliche
sitzen am Tische/
und schreiben: 7
Er/ verbässert 8
die Fehler.
  Etliche stehen/
und sagen her/
was sie gelernet. 9
  Etliche schwätzen 10
und erzeigen sich
mutwillig
und unfleissig;
die werden gezüchtigt
mit dem Bakel 11
und der Ruhte. 12
N 4   Museum.

학교[1]는
학급으로 나누어져
아이들의 마음에
덕성이 형성되게 하는
하나의 작업장입니다.
학교의 **교사**[2]는
선생님 의자[3]에 앉으며
학생[4]은 **긴 의자**[5]에 앉습니다.
교사는 가르치고 학생들은 배웁니다.

교사가 무엇인가를
분필로 미리 **흑판**[6]에 써 놓았습니다.

몇몇 학생은
책상 앞에 앉아서 글쓰기를 합니다.[7]
교사는 틀린 것을 고쳐줍니다.[8]

또 어떤 학생은
배운 것을 일어서서 질문 합니다.[9]
다른 학생은 **잡담**[10]을 하거나
장난을 치며 학업에 불성실합니다.

이런 학생은 **회초리**[11]나
막대기[12]로 벌을 받습니다.

제 98 과

Muséum.   Das Kunstzimmer.   서재(書齋)

Muséum 1
est locus,
ubi *Studiosus*, 2
secretus ab hominibus,
solus sedet,
Studiis deditus,
dum lectitat *Libros*, 3
quos penes se
super *Pluteum* 4
exponit, & ex illis
in *Manuale* 5 suum
optima quæq; excerpit,
aut in illis

Das Musenzimmer 1
ist ein Ort/ ([Student] 2
wo der Kunstliebende
abgesondert von den Leuten/
alleine sitzet/
dem Kunstfleiß ergeben/
indem er liset Bücher/ 3
welche er neben sich
auf dem Pult 4
auffschläget/ und daraus
in sein Handbuch 5
das bäste auszeichnet/
oder darinnen
　　　　　　　　Liturá,

서재[1]는
재능을 가진 자가
혼자 앉아서 공부에 몰두 하는 **장소**[2]
입니다.
그가 **책상**[4] 위에 **책**[3]을 펼치고
책을 읽으며
가장 좋은 내용을 그의 **핸드북**[5]에
써 넣거나
줄[6]을 치거나, 글줄 밖에

Z 1 die Studirstuben Z 2 v. d. allerbäste a.

Liturâ, 6	mit Unterstreichen/ 6	
vel ad marginem	oder am Rand	
Asterisco, 7	mit einem **Sternlein**/ 7	**별표**[7]를 표시하는
notat	bezeichnet.	재능열성을 드러냅니다.
Lucubraturus,	**Wer bey Nacht studiren**	밤에 공부하려는 사람은
elevat	der stecket (wil/	
Lychnum (candelam) 8	ein **Liecht** 8	**심지를 자른**[10] 깨끗한 초를
in *Candelabro*, 9	auf den **Leuchter**/ 9	**촛대**[9]에 놓고 **불**[8]을 켭니다.
qui emungitur	welches gebutzet wird	
Emunctorio; 10	mit der **Liechtscheer**; 10	시력이
ante Lychnum	vor das Liecht	약해지지 않도록
collocat	stellet er	
Umbraculum, 11	den **Liechtschirm**/ 11	녹색 **갓**[11]을 촛불 앞에 놓습니다.
quod viride est,	welcher grün ist/	
ne hebetet	damit er nit abnütze	부유한 사람은
oculorum aciem:	die Schärffe des Gesichts:	**밀랍으로 만든 가는 초**를 사용합니다.
opulentiores	die **Reicheren**/	왜냐하면 **수지**(짐승의 기름)**로 만든**
utuntur	gebrauchen	**초**는 악취를 풍기며 연기를 내기
Cereo,	**Wachskerzen**/	때문입니다.
nam *Candela sebacea*	dann das **Unschlitliecht**/	
foetet	stinket	
& fumigat.	und rauchert.	
Epistola 12	Der **Sendbrieff** 12	**편지**[12]는 봉투에 넣어
complicatur,	wird zusammengelegt/	**받는 사람의 이름을 쓰고**[13]
inscribitur 13	überschrieben/ 13	**봉인합니다.**[14]
& obsignatur. 14	und versiegelt. 14 (gehet/	
Noctu prodiens,	Wann er bey Nacht aus-	밤에 외출할 때는
utitur *Laternâ* 15	gebraucht er eine **Latern**	**손 램프**[15]나 **횃불**[16]을 사용합니다.
vel *Face*. 16	oder **Fackel**. 16	

제 99 과

Artes Sermonis.   Red=Künste.   말하는 기술

    Grammatica, 1
versatur
circa *Literas*, 2
ex quibus
componit
Voces (verba) 3
easq; docet
rectè eloqui,
scribere, 4
construere,
distinguere [interpun-
    Rhetorica, 5 (gere.]
pingit 6 quasi

Die Sprachkunst/ 1
ist beschäfftigt
mit den Buchstaben/ 2
aus welchen sie
zusammen setzet
die Wörter/ 3
und dieselben lehret
recht ausreden/
schreiben/ 4
zusammen fügen/
und unterscheiden.
    Die Redekunst/ 5
vermahlet 6 gleichsam
                rudem

언어의 **기술**[1]은
낱말[3]을 요약하는
문자[2]에 달려있습니다.
이것은 바르게 말하고
글을 바르게 **쓰며**[4]
접합시키고
구별하기를 가르쳐 줍니다.
수사학[5]은 마찬가지로
말 전체의 **줄거리**[7]를

rudem *formam* 7	den groben Abriß 7
Sermonis	der Rede
Oratoriis	mit rednerischen
pigmentis, 8	Farben/ 8
ut sunt	als da sind (auren]
Figura,	die Verstandreden [Fi-
Elegantia,	zierliche Redarten/
Adagia (Proverbia)	Sprüchwörter/
Apophthegmata,	Klugreden/
Sententia (Gnomæ)	Kernsprüche/
Similia	Gleichnissen/
Hieroglyphica, &c.	Sinnbilder/ u d g.
Poësis 9	Die Dichtkunst 9
colligit	sammlet
hos *Flores Orationis* 10	diese Redblumen/ 10
& colligat quasi	und bindet sie gleichsam zusam-
in *Corollam*, 11	in einen Kranz/ 11 (men
atq; ita,	und also /
faciens é prosa	machend aus ungebundner
ligatam Orationem,	eine gebunone Rede/
componit	dichtet sie
varia *Carmina*	allerley Gedichte
& *Hymnos* (Odas)	und Lieder/
ac propterea	und wird deßwegen
coronatur	gekrönet
Lauru. 12	mit dem Lorbeerzweig. 12
Musica 13	Die Tohnkunst 13
componit *Notis*	setzet in die Noten
Melodias, 14	die Singweißen/ 14
quibus Verba aptat,	legt den Text unter/
atq; ita cantat	und stimmet also an
sola vel Concentu [Sym-	entweder mit der Stimme/
aut voce (phoniâ]	(allein/od in zusamenstimung)
aut *Instrumentis Musicis*.15	oder auf Klangspielen. 15
	Instru-

Z 3—1 v u II vel voce sola vel concentu vel inst. mus. entweder m einer St. oder in Zusammensetzung vieler St. oder auf Kl. III änder noch: od. in Zuj. stimmung v. St.

수사학적인 **색채**[8]로 꾸며줍니다.[6]
그것은 이해력을 동반할 말과
**우아한 연설 방식, 격언, 지혜의 말,
금언, 비유와 상징적인 것** 등에서
입니다.

시(詩)**문학**[9]은
이러한 말의 **미사여구**[10]를 모으며
마치 그것들을 소위 **화환**[11]으로
연결합니다.
이와 같이
그것들이 연결되지 않은 말이
결합된 말로 만들어 지면서
여러 가지 시와 노래가 됩니다.
그 때문에
시는 **월계관**[12]으로 장식되었습니다.
음악[13]은 **멜로디**[14]를 만들며
가사 또한 그곳 악보에 표현합니다.
그리고 독창이나 합창에서
또는 **악기**[15]를 통해 소리로 연주됩니다.

제 100 과

Instrumenta Musica. Klangspiele. 악기 연주

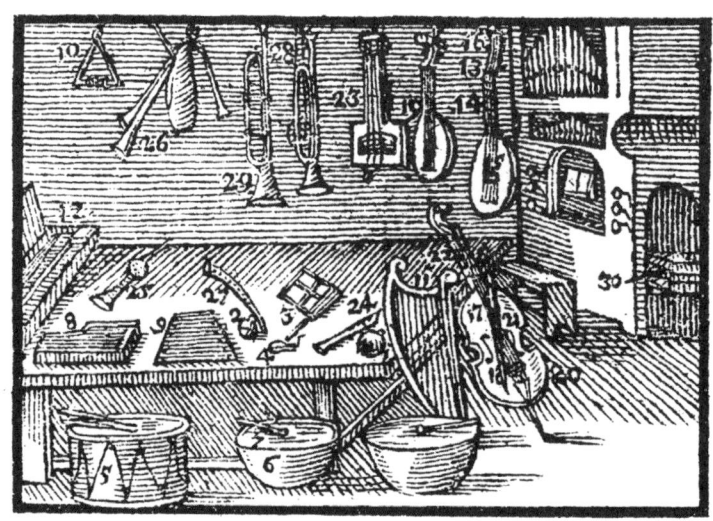

Musical Instrumenta sunt, quæ edunt Vocem:
 Primò,
cùm pulsantur,
ut *Cymbalum* 1
pistillo,
Tintinnabulum 2
intus globulo ferreo;
Crepitaculum, 3
circumversando;
Crembalum, 4
ori admotum,
digito;
Tympanum 5
& *Ahenum,* 6
Claviculâ, 7

Z 2 v u Heerpauke

Klangspiele sind /
die eine Stimme von sich geben:
 Erstlich /
wann sie geschlagen werden /
als / die Cymbel 1
mit dem Schwengel;
die Schelle / 2 (Knöpflein;
inwendig mit einem eisernen
das Klepperlein / 3
durch umdrehen;
die Maultrommel / 4
an den Mund gehalten /
mit dem Finger;
die Trummel 5
und Pauke / 6
mit dem Schlegel / 7
ut

악기는
심벌즈[1]처럼 내려칠 때
그 자체로 소리를 내게 됩니다.
조그마한 **방울종**[2]은
안쪽에 철로 된 작은 단추로 소리내며
딸랑이[3]는 회전에 의해서 소리내며
주둥이북[4]은
입에 대고 손가락으로 소리내며
작은 북[5]과 **팀파니**[6]는
채[7]로 두들겨 소리를 냅니다.

ut & *Sambuca*, 8	wie auch das Hackbret / 8	덜시어[8](타현악기 중 하나)는
cum *Organo pastoritio*; 9	mit der Strohfidel; 9	현악기[9]와 트라이앵글[10]을 치는 것처럼
& *Sistrum* (Crotalum.) 10	und der Triangel. 10	소리를 냅니다.
Secundò,	Darnach /	그런 후
in quibus *Chordæ*	an welchen die Saiten	
intenduntur & plectun-	aufgezogen uñ gerühret werdẽ /	크라비코트[12]와 함께 하프[11]는
ut *Nablium*, 11 (tur,	als / die Harffe / 11	양손으로 현들이 팽팽해진 상태에서
cum *Clavicordio*, 12	samt den Clavicord / 12	접촉되었을 때 소리를 내게 됩니다.
utráque manu;	mit beyden Händen;	만다린과 같은 현악기[13]와 치터[19]는
Dexterâ tantùm,	mit der Rechten alleine /	오른손으로 소리를 냅니다.
Testudo (Celys) 13	die Laute / 13	
(in quâ *Jugum*, 14	(woran der Kragen / 14	(손가락판,[14] 음향판,[15] 줄감기[16]가
Magadium, 15	das Dach / 15	있고 그것에 의해서 현[17]이 팽이[18]위에
& *Verticilli*, 16	und die Wirbel / 16	팽팽해져 있는 경우)
quibus *Nervi* 17	an welchen die Saiten 17	
intenduntur	aufgezogen werden	비올라[20]는 활[21]로 소리냅니다.
super *Ponticulum* 18)	über den Steg 18)	리라[23]는 속에서 회전하는 바퀴로
& *Cythara*; 19	und die Cyther; 19	소리를 내지만 이것들은 모두 플렛[22]을
Pandura, 20	die Viole (Geige) 20	왼손으로 움켜집니다.
Plectro; 21	mit dem Fidelbogen; 21	마지막으로
& *Lyra*, 23	die Leyr / 23	입으로 불어서 소리를 내는 경우인데
intus rotâ,	inwendig von dem Rad /	피리,[24] 샤르마이,[25] 주머니 피리,[26]
quæ versatur:	welches gedrehet wird:	코트넷,[27] 트럼펫,[28] 트럼본[29] 등이
In singulis,	In iedem /	있으며, 오르간[30]은 페달을 밟아 공기를
Dimensiones 22	werden die Bünde 22	넣어 소리를 냅니다.
sinistrâ tanguntur:	mit der Linken gegriffen,	
· Tandem	Endlich /	
quæ inflantur,	welche geblasen werden /	
ut, Ore,	als / mit dem Mund /	
Fistula (Tibia) 24	die Pfeiffe (Flöte) 24	
Gingras, 25	die Schalmey / 25	
Tibia utricularis, 26	die Sackpfeiffe / 26	
Lituus 27	der Zinke (Krumhorn) 27	
Tuba 28	der Trompete 28	
Buccina; 29	die Posaune; 29	
vel *Follibus* (cum. 30	oder mit Blasbälgen /	
ut *Organum Pneumati-*	als das Orgelwerk. 30	
	Philoso-	

Z 7 v u tibia gingrina

제 101 과

Philofophia.   Die Weltweißheit.   철학(세계의 지혜)

Phyficus

Physicus, 1 speculatur omnia Dei Opera in Mundo.	Der Naturforscher/ 1 betrachtet alle Geschöpfe Gottes in der Welt.	**자연과학**(물리학)**자**[1]는 세계에 있는 하나님의 모든 피조물을 관찰합니다.
Metaphysicus, 2 perscrutatur rerum Causas & Effecta.	Der Uberforscher/ 2 durchgründet der Dinge Ursachen uñ Würkungen.	**형이상학자**[2]는 사물의 영향들에 대한 원인을 탐구합니다.
Arithmeticus, computat numeros, addendo, subtrahendo, multiplicando, dividendo; idq; vel *Ciphris* 3 in *Palimpsesto*, vel *Calculis* 4 super *Abacum* :	Der Rechenmeister/ rechnet die Zahlen/ indem er sie zusamen zehlet/ voneinander abziehet/ vervielfältiget/ und vertheilet; und solches entweder mit Ziffern 3 auf der Rechenhaut/ (4 od' mit Rechenpfennigen auf dem Rechentisch :	**산술학자**는 수를 더하거나, 빼거나, 곱하거나, 나누며 계산합니다. 그들은 **양피지**[4]에 **숫자**[3]를 쓰든지 계산판 위에서 숫자의 알을 이용해서 계산을 합니다.
Rustici numerant 5 *Decussibus* (X) & *Quincuncibus* (V) per *Duodenas*, *Quindenas*, & *Sexagenas*.	Die Bauern zehlen 5 mit Creutzen (X) und halben Creutzen (V) durch Dutzet/ Mandeln/ und Schocke.	농부는 12, 15, 60 단위를 통해서 **10자**[5](X)형과 **5자**(V)형으로 표하여 셈을 합니다.

제 102 과

Geometria. **Die Erdmeßkunst.** 측량술

Geome-

Geometra metitur *altitudinem* Turris, 1...2 aut *distantiam* Locorum, 3...4 sive *Quadrante*, 5 sive *Radio*. 6 Figuras rerum designat *Lineis*, 7 *Angulis*, 8 & *Circulis*, 9 ad *Regulam*, 10 *Normam* 11 & *Circinum*. 12 Ex his oriuntur *Cylindrus*, 13 *Trigonus*, 14 *Tetragonus*, 15 & aliæ figuræ.	Der Erdmesser misset die Höhe eines Thurns/ 1...2 oder die Weite (Distanz) der Oerter/ 3...4 (5 entweder mit dē Quadrat/ oder mit dem Meßstab. 6 Die Umrisse der Dinge zeichnet er ab mit Linien (Gleichzügē) 7 Winkeln (Eckzügen) 8 und Kreißen (Ringen/ Rundzügen) 9 nach dem Linial (Richt-Winkelmaß 11 [scheit]10 und Cirkel (Rinkmaß.) 12 Aus diesen entstehen/ das Oval (langrund) 13 der Triangel (dreyeck) 14 der Quadrat (viereck) 15 und andre Figuren.	측량사[1]는 탑의 **높이**[2]나 일정 **장소**[3]의 **거리**[4]를 **사분의**[5](四分儀)나 **측량막대**[6]로 측정합니다. 사물의 형태를 **자**,[10] **직각자**,[11] **콤파스**[12]를 가지고 **선**,[7] **각**,[8] **원**[9]으로 표시합니다. 이런 것에서 **달걀형**,[13] **삼각형**,[14] **사각형**[15] 및 여러 도형이 생겨납니다.

제 103 과

Sphæra cœlestis. Die Himmelskugel. 천구(天球)

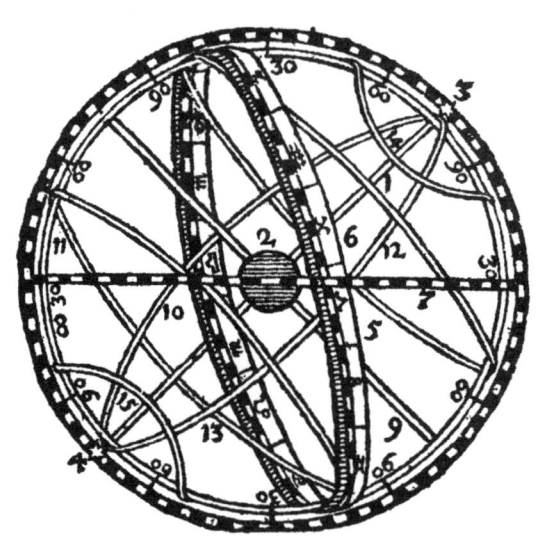

Astronomia, considerat Astrorum motûs; *Astrologia* eorum effectûs.
 Cœli globus, volvitur super *Axem* 1 circa globum *Terræ*, 2 spacio XXIV horarum.
 Axem utrinq; finiunt Stella Polares sive Poli, *Arcticus* 3 & *Antarcticus*. 4
 Cœlum undiq; est stellatum.
 Stellarum fixarum numerantur plus *mille*; *Siderum* vero

Die Sternsehkunst/ betrachtet/ der Gestirne Bewegungen; die Sterndeutkunst/ deren Würkungen.
 Die Himmelskugel/ drehet sich an der Axe 1 um die Erdkugel/ 2 in XXIV Stunden.
 Die Axe enden beyderseits die zween Angelsterne/ der Nordpol 3 und Süderpol. 4
 Der Himmel ist um uñ um gestirnet. (sterne)
 Der Beständsternen [Fix- werden gezehlet über tausend; der Gestirne aber/
 Septen-

천문학은
별자리의 운행을 관찰하며
점성술은 그것들의 작용을 고찰합니다.
천구는
축[1] 위의 **지구**[2] 주변을
24시간 회전합니다.
축은 **북극**[3]과 **남극**[4]의
두 극 양측에서 끝납니다.
천체의 모든 곳에 별이 있습니다.
현존하는 **별**(항성)은 **1000개** 이상
셀 수 있습니다.

Septentrionalium XXI, Meridionalium XV: Adde Signa XII Zodiaci, 5 quodlibet graduum XXX quorum nomina sunt, ♈ *Aries,* ♉ *Taurus,* ♊ *Gemini,* ♋ *Cancer,* ♌ *Leo,* ♍ *Virgo,* ♎ *Libra,* ♏ *Scorpius,* ♐ *Sagittarius* ♑ *Capricor-* ♒ *Aquarius,* ♓ *Pisces.* (ng, Sub hoc, cursitant Stellæ errantes VII, quas vocant *Planetas.* quorum via est, (ci, Circulus in medio Zodia- dictus, *Ecliptica.* 6 Alii Circuli sunt, *Horizon,* 7 *Meridianus,* 8 *Æquator;* 9 duo *Coluri,* alter *Æquinoctiorum,* 10 (*Verni* quando ☉ ingreditur ♈, *Autumnalis* quando ingreditur ♎) alter *Solstitiorum,* 11 (*Æstivi* quando ☉ ingreditur ♋, *Hyberni* quando ingreditur ♑ ;) duo *Tropici,* Tr. *Cancri,* 12 Tr. *Capricorni;* 13 & duo *Polares.* 14 ... 15	der Mitternächtischen XXI, derer gegen Mittag XV, Setze hinzu die XII Zeichen des Thierkreißes / 5 (sen/ ein iedes von XXX Himmelsstuf- deren Nahmen sind/ (ling/ ♈ Widder/ ♉ Stier/ ♊ Zwil- ♋ Krebs / ♌ Löw / ♍ Jungfrau / ♎ Wage/ ♏ Scorpion / ♐ Schütze/ ♑ Steinbock/ ♒ Wassermann/ ♓ Fische. Unter diesem Kreiß/ lauffen die VII Lauff-Sternen / welche man nennet Planeten/ deren Straße ist/ der Kreiß mitte im Thierkreiß/ genannt der SonnenCirkel. 6 Andre Kreiße sind/ der Horizon (Gesichtkreiß) 7 der Mittags Cirkel/ 8 der Mittelkreiß; 9 die zween Coluren/ der eine/ der Tag-und Nacht- (im Früling/ (gleiche 10 wann die ☉ in den ♈ / im Herbst/ wann sie in die ♎ trifft) der andre/ d Sonnenwende 11 (im Sommer/ wann die ☉ in den ♋/ im Winter/ wann sie in den ♑ tritt;) die zween Nebenkreiße / der Krebs-Cirkel/ 12 und Steinbock-Cirkel; 13 und die zween Angelkreiße. 14 ... 15	천체의 별자리는 북방으로 21개, 남방으로 15개 입니다. 점성술의 **12궁**[5]의 기호를 붙여보십시오. 각각에 30의 단계가 있고 그 이름은 수양자리, 황소자리, 쌍둥이자리, 게자리, 사자자리, 처녀자리, 천칭자리, 전갈자리, 사수자리, 산양자리, 물병자리, 물고기자리 등입니다. 이 12궁 밑에 7개의 궤도성이 운행하고 있는데 이를 혹성이라고 부릅니다. 그 항로는 **황도**[6]라 불리는 12궁의 한가운데 궤도를 말합니다. 다른 궤도는 **지평선**,[7] **자오선**,[8] **적도**,[9] 2개의 분지경선이며 한쪽은 **주야평분선**[10](**태양**[11]이 수양 자리에 들어가는 봄과 천칭자리에 들어가는 가을) 다른 한쪽은 지선(태양이 게자리로 들어가는 여름과 산양자리로 들어가는 겨울) 2개의 회귀선(**북회귀선**,[12] **남회귀선**[13]) 및 2개의 **극궤도**[14]...15 입니다.

Z 1 II nepe S. Z 12 II S. h. Zodiaco c. unter d. Thier-Kreiß i. III behandelt dies Thema auf 4 Seiten (210—13) die hinten wiederge- geben sind.

제 104 과

Planetarum - Adspectûs. Planeten-Stellungen. 행성의 위치

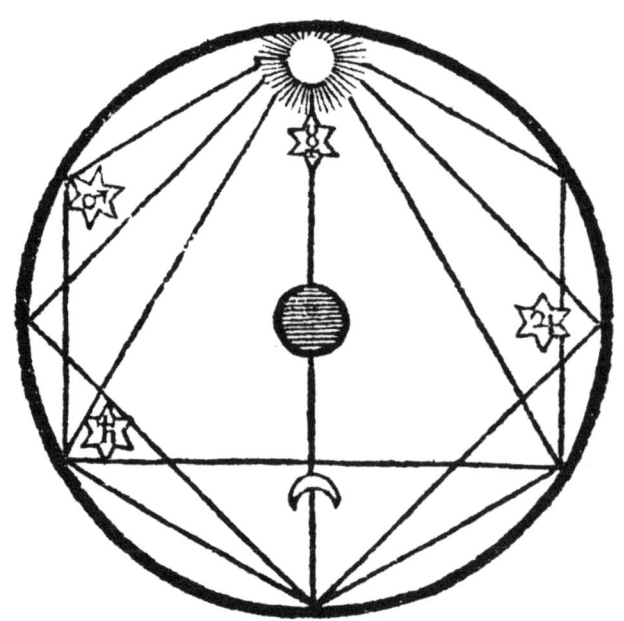

Luna

Luna ☽ percurrit Zodiacum singulis Mensibus; *Sol*, ☉ Anno; *Mercurius* ☿ & *Venus*, ♀ circa Solem, ille CXV, hæc DLXXXV Diebus; *Mars*, ♂ Biennio; *Jupiter*, ♃ ferè duodecim; *Saturnus*, ♄ triginta, annis. Hinc variè inter se conveniunt & se mutuò adspiciunt: Ut hìc, sunt ☉ & ☿ in *Cŏjunctione*, ☉ & ☽ in *Oppositione*, ☉ & ♄ in *Trigono*, ☉ & ♃ in *Quadra-(turâ)* ☉ & ♂ in *Sextili*.	Der Mond ☽ durchreiset den Thierkreiß alle Monate; Die Sonne / ☉ in einem Jahr; Mercurius ☿ und Venus / ♀ neben der Sonne / jener in 115 diese in 185 Tagen; Mars / ♂ in zweyen; Jupiter / ♃ fast in zwölff; Saturnus / ♄ in dreissig / Jahren. Daher sie mannigfaltig zusammen kommen und einander anschauen: Als hier / sind (kunft / ☉ und ☿ in Zusammen- ☉ uñ ☽ im Gegeschein / ☉ und ♄ im Gedritt-(schein / ☉ und ♃ im Gevierdt-(schein / ☉ und ♂ im Gesechst-(schein.	달은 점성술의 12궁을 매월 1회 순환합니다. **태양**은 1년에 한 번 통과합니다. **수성과 금성**은 태양의 주위를 돌게 되며 수성은 115일, 금성은 185일 소요됩니다. **화성**은 2년, **목성**은 거의 12년, **토성**은 30년을 주기로 돕니다. 이 때문에 그들은 여러 가지로 만나고 서로 마주봅니다. **태양과 수성**은 **함께 만나며**, **태양과 달**은 서로 **대립관계**에 놓이며, **태양과 토성**은 **삼각형**의 형태로 나타내며, **태양과 목성**은 **정방형**의 모습으로, **태양과 화성**은 **육각형**의 위치에서 만납니다.

Z 10 man beachte den Druckfehler 185; II: hæc quingentis et octoginta diese in 185; (!) III hæc DXLIX diese in 549. In den letzten 6 З. des lat. Textes steht in II III neben dem Zeichen das Wort, z. B. Sol ☉ & Luna ☽.

제 105 과

Phases Lunæ.　　**Des Monds Gestalten.**　　달의 모양

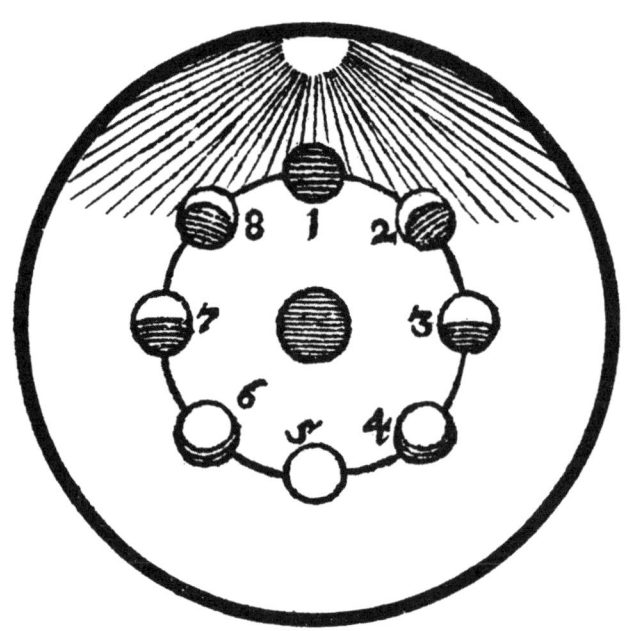

Luna,

Luna,	Der Mond/	달은
lucet,	scheinet/	자체의 빛이 아닌
non suâ propriâ,	nit mit eigenem	태양으로부터 오는 빛을
sed à Sole mutuatâ	sondern von der Sonne ent-	반사하여 빛을 냅니다.
Luce:	liehnet: (lehntem	
Nam,	Dann/	그래서 한쪽 절반은 항상 밝고
altera ejus medietas	dessen eine Hälffte	다른 쪽은 어두운 모습을 드러냅니다.
semper illuminatur,	ist allemahl helle/	이 때문에 **달이 태양과 만날 때**[1]는
altera manet caliginosa;	die andre bleibet finster.	암흑의 상태로 우리는 아무것도 볼 수
Hinc videmus,	Daher sehen wir ihn/	없습니다.
in *conjunctione* Solis, 1	in Zusammenkunfft mit	
	(der Sonne/ 1	
obscuram, imò nullam;	dunkel/ ja gar nicht;	**달이 태양의 반대쪽에 있을 때**[5]에는
in *Oppositione*, 5	im Gegenschein/ 5	전체가 밝게 보이고(이를 **만월**이라
totam & lucidam	ganz und helle/	부릅니다)
(& vocamus	(und nennen es	
Plenilunium;)	den Vollmond;)	
alias dimidiam,	andermahls/ die Hälffte	다른 때에는 반만 보이는데
(& dicimus	(und heissen es	(이를 **상현달**,[3] **하현달**[7]이라 부릅니다)
primam 3	das erste 3	
& *ultimam* 7 *Quadrā*.)	und letzte 7 Viertel.)	그 밖에 달은
Ceteroqui	Sonsten	2-4번까지는 점점 커져가며
crescit 2 ... 4	nimmt er zu 2 ... 4	6-8번까지는 점점 작아지는 모습이
aut decrescit, 6 ... 8	oder ab/ 6 ... 8	됩니다.
& vocatur	und wird genennet	그리고 활모양을 지닌 달이라 불립니다.
Falcata vel *gibbosa*.	der gehörnte Mond.	

O 4 Eclipses.

Z 10 H. v. eam.

제 106 과

Eclipses.   ☉ und ☽ Finsternissen.   일식, 월식

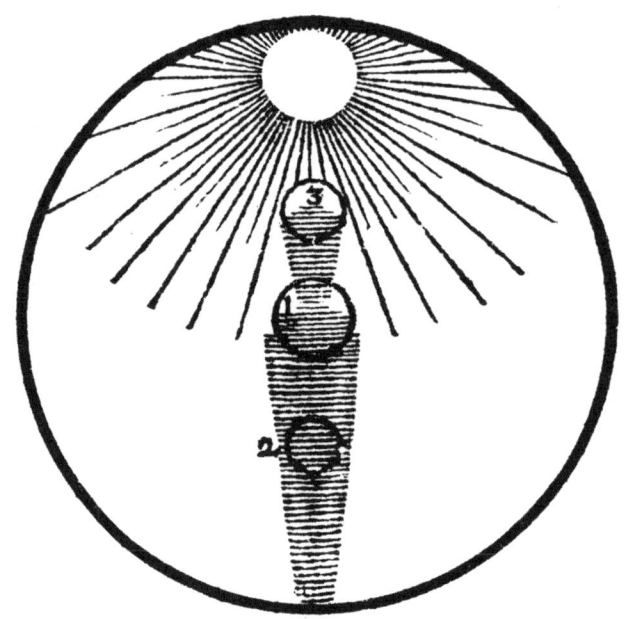

Sol.

Sol,	Die Sonne	태양은 빛의 원천이며
est fons Lucis,	ist die Quelle des Liechts/	모든 것을 밝게 해 줍니다.
illuminans omnia:	so da alles erleuchtet:	
sed non penetrantur	aber es werden nit durch-	그러나
Radiis ejus,	von ihren Strahlē/(drungē	**지구**[1]나 **달**[2]과 같이 어두운 물체는
Corpora opaca,	die dunklen Körper/	그 광선이 관통하지 못합니다.
Terra 1	die Erde 1	태양이 비치는 반대편은 그림자를
& *Luna*; 2	und der Mond; 2	이룹니다.
nam jaciunt umbram,	dann sie werffen Schatten	
in locum oppositum.	auf den ihnen entgegenste-	그 때문에
Ideò,	Derhalben/(hendē Ort.	달이 지구의 그림자에 들어갔을 때는
cum Luna incidit	wann der Mond kommet	암흑 상태가 됩니다.
in umbram *Terræ*, 2	in den Schatten der Erde/2	그것을 **월식**(月蝕)이라고 부릅니다.
obscuratur:	wird er verfinstert:	
quod vocamus	welches wir nennen	그러나
Eclipsin [deliquium]	eine Mondsfinsterniß.	달이 태양과 지구 사이를 항행할 때[3]
Cùm verò (*Lunæ*.	Wann aber	달은 태양을 자신의 그림자로 가립니다.
Luna currit	der Mond lauffet	
inter Solem	zwischen die Sonne	이것을 **일식**(日蝕)이라고 합니다.
& Terram, 3	und die Erde/ 3	
obtegit illum	verdeckt er jene/	왜냐하면 그것은 우리들에게서 태양의
umbrâ suâ:	mit seinem Schatten:	비춤과 동시에 그 빛을 빼앗아 버리기
& hoc vocamus	und dieses nennen wir	때문입니다.
Eclipsin Solis,	eine Sonnfinsterniß/	
quia nobis adimit	weil er uns benimmt	그렇지만 빛을 빼앗기는 것은
prospectum Solis	das Antlitz der Sonne	태양이 아니라 지구입니다.
& lucem ejus;	und deren Liecht;	
nec tamen Sol	und doch die Sonne	
aliquid patitur,	leidet nicht darunter/	
sed Terra.	sondern die Erde.	

제 107 과

Sphæra terrestris. 지구(a)

Terra est rotunda;
fingenda igitur
duobus *Hemisphæriis*. a ... b
 Ambitus ejus,
est *graduum* CCCLX,
(quorum quisq; facit
Milliaria Germanica XV)
seu Milliarium VMCCCC:
& tamen est *Punctum*,
collata cum orbe,
cujus Centrum est.
 Longitudinem ejus
dimetiuntur *Climatibus*, 1
Latitudinem,
lineis *Parappelis*. 2
 Eam ambit Oceanus, 3
& perfundunt V Maria,
Mediterraneum, 4
Balticum, 5 *Erythræum*, 6
Persicum, 7 *Caspium*. 8

Z 2 II praesentanda i. muß derh. fürgestellet w.
III v. S. 218 u. 219 s. hinten

Die Erde ist rund;
muß derhalben gebildet werden/
in zweyen Halbkugeln. a ... b
 Ihr Umfang
hält 360 Grade/
(deren ein jeder machet
15 Teutsche Meilen)
oder 5400 Meilen:
und ist sie doch nur ein Punct/
mit dem Weltrund verglichen/
dessen Mittelpunct sie ist.
 Ihre Länge
messen sie mit Gleichstrichen/ 1
die Breite/
mit Querstrichen. 2
 Sie umfliesset der Ocean/ 3
und durchgiessen V Meere/
das Mittelmeer/ 4
der Belt 5 das rohte Meer/ 6
d; Persische/ 7 d; Caspische. 8
                              Distri-

지구는 둥근 공 모양입니다. 따라서 두 개의 반구 a—b로 그 같은 절반이 형성되어야 합니다. 그것은 둘레가 360도 이며 5400마일이나 됩니다. 지구는 세계 전체와 비교하면 매우 작은 한 점(点)일 뿐 입니다. 지구는 그 길이를 **경도**[1]로, 넓이를 **위도**[2]로 측정합니다.
지구는 **해양**[3]으로 둘러싸여 있고 **지중해**,[4] **발트해**,[5] **홍해**,[6] **페르시아만**,[7] **카스피해**[8]의 5개의 바다로 흘러들어 갑니다.

제 107 과

Die Erdkugel. 지구(b)

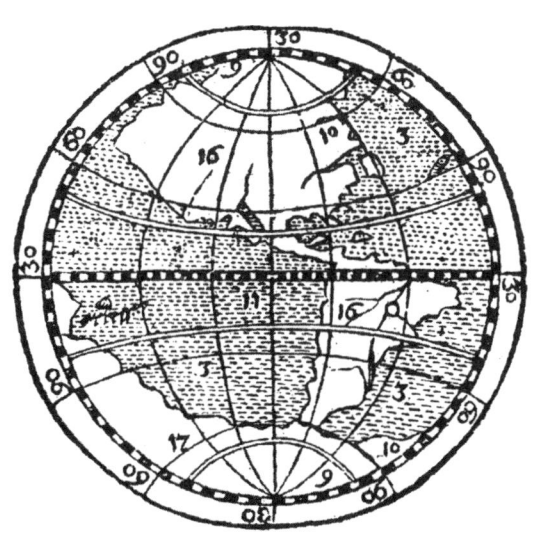

Distribuitur in Zonas V, quarum duæ Frigidæ 9...9 sunt inhabitabiles; duæ Temperatæ, 10...10 & Torrida, 11 habitantur. Ceterum divisa est in tres Continentes: Nostram, 12 quæ subdividitur, in Europam, 13 Asiam, 14 & Africam; 15 in Americam, 16...16 cujus incolæ nobis sunt Antipodes; & in Terrā Australem, 17...17 adhuc incognitam. Habitantes sub Arcto, 18 semestriales habent Noctes Diesq́;. In maribus, infinitæ natant Insulæ.

Sie wird getheilet in V Erdstriche/ deren zweyen Kalte 9...9 sind unbewohnbar; zweyen Gemässigte/10...10 un̄ der Hitzige/11 werdē bewohnet. Sonsten wird sie getheilt in drey sáste Lande: (let wird Unsers/ 12 welches wieder getheis in Europa/13 Asia 14 und Africa; 15 in America/ 16...16 dessen Inwohnere uns die Füsse zukehren; und in das Mittagland/17...17 so noch unbekandt ist. Die da wohne unterm Nordpol haben ein halb=Jahr (18 Nacht und Tag. In den Meeren/ schwimmen unzehlige Inseln.
                                  Europa

지구는 5개 영역으로 구분되며, 그 중 2개 **한냉대**9...9에는 사람이 살 수 없습니다. **온대**10...10 및 **열대**는 사람이 살 수 있습니다. 또한 지구는 3개의 대륙으로 구분됩니다. 하나는 **우리가 있는 유럽,**12 아시아, 아프리카입니다. **아메리카**16...16 주민들은 우리를 잠시 들르게 하며, **남방대륙**17...17은 잘 알려지지 않았습니다. **북극**18 에 살고 있는 사람은 밤과 낮이 반년씩 있습니다. 바다에 무수히 많은 섬이 떠 있습니다.

제 108 과

Europa. Europa. 유럽

In

In Europâ nostrâ, sunt Regna primaria:	In unsrem Europa/ sind die vornehmste Reiche:	우리 유럽에는 가장 상류층에 있는 여러 나라가 있습니다.
Hispania; 1	Hispanien; 1	스페인,[1] 프랑스,[2]
Gallia; 2	Frankreich; 2	
Italia; 3	Wälschland; 3	이탈리아,[3] 잉글랜드,[4]
Anglia (Britannia) 4	Engelland/ 4	
Scotia, 5	Schottland/ 5	스코트랜드,[5] 아일랜드,[6]
Hibernia; 6	Irland; 6	
Germania; 7	Teutschland; 7	독일,[7] 보헤미아,[8]
Bohemia, 8	Böheim/ 8	
Hungaria, 9	Hungarn/ 9	헝가리,[9] 크로아티아,[10]
Croatia; 10	Croatien; 10	
Dacia; 11	Dacien; 11	루마니아,[11] 스크라보니아,[12]
Sclavonia; 12	Sklavonien; 12	
Græcia, 13	Griechenland/ 13	그리스,[13] 트라키아,[14]
Thracia; 14	Thracien; 14	
Podolia; 15	Podolien; 15	포드리아,[15] 타르타리아,[16]
Tartaria; 16	Tartarey; 16	
Lituania, 17	Littaw/ 17	리투아니아,[17] 폴란드,[18]
Polonia; 18	Polen; 18	
Belgium; 19	Niderland; 19	네덜란드,[19] 덴마크,[20]
Dania, 20	Dennemark/ 20	
Norvegia; 21	Norwegen; 21	노르웨이,[21] 스웨덴,[22]
Suecia, 22	Sueden/ 22	
Lappia, 23	Lappland/ 23	라프랜드,[23] 핀란드,[24]
Finnia, 24	Finnland/ 24	
Livonia; 25	Lifland; 25	리보니아,[25] 프로이센,[26]
Borussia; 26	Preussen; 26	
Moscovia, 27	Mosskaw/ 27	모스크바,[27] 러시아[28] 등이 있습니다.
Russia. 28	Reussen. 28	

Z 1 I. n. E.   Z 13 Walachey (D.)

Ethica.

제 109 과

Ethica.   Die Sittenlehre.   윤리학

Vita hæc, est via;
sive *Bivium*,
simile
Litera Pythagorica Y;
sinistro tramite
latum, 1
dextro
angustum: 2.
ille *Vitii* 3 est,
hic *Virtutis*. 4
 Adverte, *juvenis*! 5
Herculem imitare.
 Sinistram linque,
Vitium aversare:

Dieses Leben ist ein Weg;
oder ein Scheidweg/
gleich (thagoras Y;
dem Buchstaben des Py-
dessen linker Fußsteig
breit / 1
der rechte
äng 2 ist:
jener ist des Lasters / 3
dieser d Tugend 4 Steig
 Merk auf / Jüngling! 5
ahme nach / dem Hercules.
 Verlaß den zur Linken /
hasse das Laster:
    specio-.

이 세계의 삶은 한 길이든지
또는 **피타고라스의 Y문자**와 같은
갈림길입니다.
그 왼쪽 길은 **넓고**[1]
오른쪽은 **좁습니다.**[2]
넓은 길은 **악습**[3](부덕)의 길이며, 좁은
길은 **덕**[4]의 길입니다.
젊은이[5]여! 정신을 차려 가파른 산길을
오르며, **헤라클레스**를 닮아라!
왼쪽 길을 떠나서 악습을 피하세요!

Z 5 · 8 cujus sinister trames est latus, dexter angustus

speciosas Aditus, sed turpis & præceps *Exitus.* 7 *Dexterâ* ingredere, utut *spinosâ*: 8 nulla via invia Virtuti; Sequere, quò ducit Virtus, per angusta, ad augusta, ad *arcem Honoris.* 9 *Medium* tene & rectum tramitem: tutissimus ibis. Cave *excedas* ad *dextram*: 10 Affectûs, *equum ferocem*, 11 compesce *freno*, 12 ne præceps fias. Cave *deficias* ad *Sinistram,* 13 segnitie *asininâ*: 14 sed progredere constanter, pertende ad finem; & *coronaberis.* 15	es ist ein schöner Eingang/ aber ein schändlicher und gäher Ausgang. 7 Wandle zur Rechten/ ob es schon dornicht 8 ist: kein Weg ist der Tugend unwegsam; Folge/ wohin dich die Tugend füh- durch die änge/ (ret/ zum Gepränge/ zum Schloß der Ehre 9 Halt die Mittelbahn und den geraden Steig: so gehest du am sichersten. Sihe zu/daß du nit aus- zur Rechten: 10 (tretest die Gemütsneigungen/ dz unbändige Pferd/ 11 zähme und zäune/ 12 daß du nit stürtzest. Sihe/dz du nit abtretest zur Linken/ 13 in Eselhaffter Faulheit: sondern rucke fort (14 beharrlich/ dringe zum Ende; (den. so wirst du gekrönt 15 wer- Pruden	그 길은 **입구**[6]가 아름답게 보이지만 아주 잘못된 길이며, **출구**[7]가 보이지 않습니다. 그 길이 아무리 **가시밭길**[8] 일지라도 오른쪽 길로 가십시오. 덕은 동행할 수 없는 길이 없습니다. 덕이 이끄는 곳으로 따르십시오. 좁은 곳을 빠져나가 숭고함으로 **명예의 성**[9]으로 가십시오. **중앙의 길**, 똑바른 진로를 붙드십시오. 그러면 안전한 길로 나아갈 수 있을 것입니다. **오른쪽 길**[10]에서 **벗어나지 않도록** 조심하세요. **자유분방한 말**[11](馬)에서 추락하지 않도록 마음을 길들이고 재갈을 물리십시오.[12] **왼쪽 길**[13]로 가서 당나귀와 같은 **태만**[14]에 빠지지 않도록 주의를 기울이고 최후까지 정진하십시오. 그러면 영예를 얻을 수 있을 것입니다.

Z 4 i. d.　Z 6 est i. v.　Z 8 q. v. d.　Z 15 sic t. i. so wirstu a. s. g.
Z 17 a dextra von d. R.　Z 5 v u a. s.

제 110 과

Prudentia. Die Klugheit. 현명함

Prudentia, 1 omnia circumspectat, ut *Serpens*, 2 nihilq; agit, loquitur, vel cogitat in cassum.
Respicit, 3 tanquam in *Speculum*, 4 ad *Præterita*; & prospicit, 5 tanquam *Telescopio*, 7 Futura seu *Finem*: 6 atq; ita perspicit,

Die Klugheit/ 1 sihet umher auf alle Sache/ wie eine Schlange/ 2 und thut/ redet/ oder denket nichts vergebens.
Sie sihet zurücke/ 3 als in einen Spiegel/ 4 auf das Vergangene; und sihet vor sich/ 5 (7 als durch ein Perspectiv/ auf das Künftige/ oder auf das Ende: 6 und also ersihet sie/

현명함[1]은
뱀[2]처럼 모든 사물을 둘러보는 것이지
헛되이 행동하고, 말하거나, 생각하는 것이 아닙니다.

마치 거울[4] 처럼
과거의 일을 되돌아보며[3]
망원경[7]으로 보는 것처럼
미래에 대한 전망이나
최후의 것[6]을 예견[5]합니다.

Z 4—6 agitque l. v. c. nihil in c.

quid egerit,	was sie gethan habe/	그리고 이와같이
& quid agendū restet.	und was noch zuthun sey.	그것은 무엇을 행하였으며, 무엇을
Actionibus suis	Ihrem Thun	행하려고 하는지를 관찰합니다.
præfigit *Scopum*,	stecket sie einen Zweck/	그것은
Honestum,	der da **Ehrlich** (erbar)	**성실**하고 **유익**하며
Utilem,	**Nutzbar**/	가능한 **즐거운** 목표를
simulq́;	und zugleich/	그들의 행동에다
si fieri potest,	so es seyn kan/	부추깁니다.
Jucundum.	**Belustbar ist**. (sehen/	그것이 끝을 바라볼 때
Fine prospecto,	Wañ sie das Ende auser=	목표로 이끄는 **길**[8]과 같은
dispicit	sihet sie sich um	**수단을 돌아봅니다**.
Media,	nach **Mitteln**/	그러나 그것은 더 안전하고 간단한 길과
ceu *Viam*, 8	als dem **Weg**/ 8	아무것도 방해하지 않도록 더 많은
quæ ducit ad Finem;	der zum Ziel führet;	것보다 오히려 더 적은 것을 선택합니다.
sed certa & facilia,	aber gewisse und leichte/	그것은 **기회**[9]를 주시하며
pauciora potiùs	und lieber wenige	(이마에 **털**[10]이 자라지만
quam plura:	als viele:	머리 꼭대기에는 **털이 없고**[11]
ne quid impediat.	damit nichts hintere.	게다가 **날개가 있어**[12] 쉽게 도망가는)
Occasioni 9	Auf die **Gelegenheit** 9	그것을 붙잡습니다.
(quæ,	(welche/	충돌하거나 잘못가지 않도록
Fronte *capillata*, 10	an d Stirne **haaricht**/ 10	그것은 주의 깊게 길을 걸어갑니다.
sed Vertice *calva* 11	aber am Scheitel **kahl** 11	
adhæc *alata*, 12	überdas **beflügelt**/ 12	
facilè elabitur)	leichtlich entwischer)	
atttendit,	gibt sie achtung/	
eamq́; captat.	und greifft darnach.	
In viâ	Auf dem Weg	
pergit	rucket sie fort	
cautè (providè)	vorsichtig/	
ne impingat	daß sie nicht anstosse/	
aut aberret.	oder irregehe,	

Z 8 Ihren Vorrichtungen scopum (finem) nach jucundum gestellt,
Z 5—9 stecket sie einen Ehrlichen (erbaren) Nutzbaren u. z. so es s.
f. Bel. Zw. Z 10 Scopo (fine) p. Z 14 q. d. ad scopum (f.)
Z 16 po. p. Z 4 v u führet i. f.
16*

제 111 과

Sedulitas.   Die Aemsigkeit.   근면

Sedulitas, 1
amat Labores,
fugit Ignaviam,
semper est in opere,
ut *Formica*, 2
& comportat sibi,
ut illa,
omnium rerū *Copiam*. 3
   Non dormit semper,
aut ferias agit,

Z 8 c. o. r. einen g. V. aller Dinge

Die Aemsigkeit/ 1
liebet die Arbeit/
haſſet die Faulheit/
iſt immer beſchäfftigt/
wie die Ameis/ 2
und trägt ihr zuſammen/
wie dieſe/
einen guten Vorraht. 3
   Sie ſchläfft nit immer/
oder feyret (faulenzet)
              ut

근면[1]은
노동을 사랑하고 게으름을 피하며
항상 **개미**[2]처럼
일하는 것을 말합니다.
그리고 개미처럼
좋은 사물을 운반하여 **모아**[3]둡니다.
개미는 결국 **가난**[6]으로 인해 고통받는
게으름뱅이[4]나 **메뚜기**[5] 같이

ut *Ignavus* 4 & *Cicada*; 5 quos tandem premit *Inopia*. 6	wie der **Faule** (Träge) 4. und der **Heuschreck**; 5 welche endlich drucket die **Armut**. 6	잠을 자거나 나태하지도 않습니다.
Incepta urget alacriter, ad finem usque; nihil procrastinat, nec cantat cantilenam *Corvi*, 7 qui ingeminat *cras, cras.*	**Was** sie angefangen dem setzt sie fleissig nach/ biß zum Ende; sparet nichts auf **Morge**/ und singet nicht den Gesang des **Raben**/ 7 welcher immer ruffet cras/cras.	그가 시작했던 것은 끝까지 즐겁게 해냅니다. 그는 어떤 것도 미루지 않으며 내일 내일(까악-까악)하면서 **까마귀**[7]의 노래를 반복해서 부르지 않습니다.
Post labores exant-& lassata, {latos, quiescit: Sed, quiete recreata, ne adsuescat Otio, redit ad Negotia.	**Nach** vollendter Arbeit/ und ermüdet/ ruhet sie: aber/ wann sie ausgeruhet/ dz sie nit des **Müssiggangs** (gewohne/ kehret sie zu den Geschäften (wieder.	일단 일이 끝나면 피곤해서 쉽니다. 그러나 휴식을 취한 후에도 게으름이 습관이 되지 않도록 하기 위하여 그의 업무로 되돌아갑니다.
Diligens Discipulus, similis est *Apibus*, 8 qui ex variis *Floribus* 9 Mel congerunt in *Alveare* 10 suum.	**Ein** fleissiger **Lehrschüler**/ vergleicht sich dē **Bienen**/ 8 welche aus vielerley **Blu**-**Honig** einsamlen (men/9 in ihren **Stock**. 10	근면한 학생은 여러 가지 **꽃**[9]에서 꿀을 **벌집**[10]으로 모으는 **벌**[8]을 닮은 것입니다.

Z 6 a. u.   Z 7 u. ad f.   Z 12 c. c. das ist morgen morgen   Z 13 p. e. L
Z 17 n. o. a.   Z 4 v u ist gleich b. B.   Z 3 v u quae

제 112 과

Temperantia.   Die Mässigkeit.   절제

Tempe-

Temperantia, 1 modum præscribit Cibo ac Potui, 2 & continet Cupidinem, ceu Freno: 3 & sic omnia moderatur, ne quid nimis fiat. Helluones (ganeones) inebriantur, 4 titubant, 5 ructant (vomunt) 6 & rixantur. 7 E Crapulâ, oritur Lascivia; ex hâc, Vita libidinosa inter Fornicatores 8 & Scorta, 9 Osculando (basiando) palpando, amplexando, & tripudiando. 10	Die Mäſſigkeit/ 1 ſchreibt Maſſe für dem Eſſen und Trinken/ 2 und hält an die Begierde/ als mit einem Zaum: 3 und alſo mäſſigt ſie alles/ damit nichts zuviel geſchehe. Die Schlämmer ([Säuffer]) ſauffen ſich voll und toll/ 4 taumeln/ 5 ſpeyen (kotzen) 6 und Hadern. 7 Aus der Schlemerey/ entſtehet Geilheit; aus dieſer/ ein Unzucht-Leben unter Hurern 8 und Schleppſäcken/ 9 mit Küſſen/ Betaſten/ Umarmen (herzen) und Danzen (hüpfen.) 10

절제[1]는
음식과 **음료**[2]의 정도를 한정하고
그들의 **욕구**를
자갈 물려[3]
억누르는 것입니다.
그리고 너무 많아지지 않도록
이와 같이 모든 것을 적절하게
조절합니다.

술고래꾼들은
취해서,[4] 비틀거리며,[5]
토해내고,[6] 다투기도 합니다.[7]
매우 취하게 되면 자만심이 생겨나며
이러한 자는
계집애,[8] 매춘부[9]에게 이끌리어
입맞추며, 만지며, 포옹하며,
춤을 추고, 비도덕적인 삶을
시작합니다.[10]

제 113 과

Fortitudo.　　Die Starkmütigkeit.　　용기

Forti-

Fortitudo, 1 impavida est in Adversis, ut *Leo,* 2 & confidens; at non tumida, in Secundis: innixa suo *Columini,* 3 *Constantiæ*; & eadem in Omnibus; parata, ad utramq; fortunam æquo animo ferendam. *Clypeo* 4 *Tolerantiæ* excipit ictus *Infortunii*; & *Gladio* 5 *Virtutis,* propellit hostes *Euthymiæ, Affectûs.*	Die **Starkmütigkeit**/ 1 ist unerschrocken in Ungemach/ wie ein **Löw**/ 2 und getrost; aber nicht trotzig im Wohlwesen: sich steurend auf ihren **vesten Grund**; der **Beständigkeit**; und eines Sinns, in Allem; färtig/ beyderley Glück mit gleichem Gemüte zu ertragen. Mit dem **Schilde** 4 der **Dultmütigkeit**, versetzet sie die Streiche des **Unglücks**; und mit dem **Schwerd** 5 der **Dapferkeit**/ treibet sie ab die Feinde der **Gemütsruhe**/ die Begierden (Affecten.)	용기[1]는 불행 가운데서도 사자[2]처럼 침착하게 놀라지 않습니다. 게다가 행복 가운데서 자만하지도 않습니다. 그것은 모든 것에서 마음과 **안정**[3]의 최상의 상태를 조절하면서 한결같은 마음으로 견디기를 준비합니다. **관용**의 **방패**[4]로 불행의 공격을 막고 **용기**의 **칼**[5]로 **안정**된 마음의 적인 **욕망**을 물리칩니다.

P 4   Patientia.

Z 2 e. i. letzte Z nempe a nemlich d. B. (A.)

제 114 과

Patientia.   Die Gedult.   인내

Patien-

Patientia 1 tolerat, *Calamitates* 2 & *Injurias,* 3 humilitèr ut *Agnus,* 4 tanquam paternam *Dei ferulam.* 5　Interim innititur *Spei anchora,* 6 (ut *Navis* 7 mari fluctuans) *Deo supplicat* 8 illacrumando, & exspectat post *Nubila* 9 *Phœbum;* 10 ferens mala, sperans meliora.　Contra *Impatiens* 11 plorat, lamentatur, *in seipsum debacchatur,* obmurmurat　(12 ut *Canis,* 13 & tamen nil proficit; tandem desperat, & fit *Avtochir:* 14 *Injurias* vindicare cupit, furibundus.	Die Gedult 1 erdultet/ die Unfelden 2 und das Unrecht/ 3 demütiglich wie ein Schaf/ 4 als eine Väterliche Zuchtrute Gottes. 5　Unterdessen steuret er sich auf dē Anker d' Hofnung/ (wie ein Schiff/ 7　　(6 das auf dem Meer schwebt) flehet Gott an 8 mit Threnen/ und wartet nach dem Regen 9 des Sonnenscheins; 10 ertragend das Böse/ hoffend das Bässere.　Dargegen ein Ungedultiger 11 heulet/ wehklaget/ 　(12 wütet wider sich selbst/ widerbellet als ein Hund/ 13 (damit; und gewinnt doch nichts Endlich verzweiffelt er und wird ein Selbstmör- das Unrecht　(der: 14 sucht er zurächen/ mit Wüten.	인내[1]는 불행[2]과 불의[3]를 어린 양[4]처럼 마치 **아버지 하나님의 징계의 채찍[5]**처럼 겸손으로 견디는 것입니다.　거기서 인내는 **희망의 닻[6]**을 떠받치며 (파도치는 바다에 던져진 **배[7]**처럼) 눈물로 하나님께 **은혜[8]**를 구하며 **비온 후[9]**에 **태양[10]**을 기다리며 악을 참으며 더 좋은 일들을 바라는 것입니다.　그것에 비하여 **인내하지 못하는 사람[11]**은 한 마리의 **개[13]**처럼 울부짖고, 슬퍼하며, 탄식하고 **자기 자신에게 격노[12]**해서 아무것도 얻지 못합니다. 마침내 그는 의심하며 절망에서 헤어나지 못하고 **자살자[14]**가 됩니다. 그는 긴장된 마음으로 불의에 복수하기를 열망합니다.

Z 3 die Unfälle　Z 8 f. D.　Z. 12 in m. f.　Z 9 v u d. i. s.　Z 4 v u & f. a. (propricida)　l. Z wütend

제 115 과

Humanitas.　　Die Leutseeligkeit.　　인간성

Homines facti sunt, ad mutua commoda: ergò sint *humani*. Sis suavis & amabilis, *Vultu*; 1 comis & urbanus, *Gestu ac Moribus*; 2 affabilis & verax, *Ore*; 3	Die Mēschē sind geschaff/ einer dem andern zum bāste: darum sollen sie seyn Leut- Sey annehmlich (seelig. und holdseelig / von Ge-(sichte/ 1 höflich (discret) (den; 2 von Sitten und Gebär- wolsprächig und warhafft von Mund (Worten) 3 candens	인간은 가장 좋은 것으로 지음 받았습니다. 그 때문에 그들은 인간적인 품위를 지닌 자이어야 합니다. **얼굴**[1]에서 안락하며, 사랑스럽고, **행동**[2]과 생활태도에서 친절하며, 예의 바르며 그리고 **입**[3]으로는 상냥하게 진실을 말하며,

candens & candidus
Corde. 4.
　Sic ama,
sic amaberis;
& fiet
mutua *Amicitia*, 5

ceu *Turturum*, 6
concors, mansueta,
& utrinq; benevola.
　Morosi homines,
sunt odiosi, torvi,
illepidi, contentiosi,
iracundi, 7
crudeles 8
ac implacabiles,
(magis lupi & leones,
quàm homines,)
& inter se discordes,
hinc côfligunt *Duello*.9
　Invidia, 10
aliis malè cupiendo,
seipsam conficit.

brünstig und treu
von Herzen. 4
　Also liebe/
also wirst du lieb seyn;
und wird es werden
eine Wechselfreund-
　　(schafft/ 5
wie der Turteltauben/ 6
einträchtig/ sanfftmütig/
uñ beyderseits wohlgeneigt.
　Unfreundliche Leute/
sind feindselig/scheelsüchtig/
unhöflich/ zänkisch/
zornsüchtig/ 7
grausam 8
und unversöhnlich/
(mehr Wölffe und Löwen/
als Menschen)
uñ unter sich selbst uneinig/
daher sie sich pflegen zubal-
　　(gen.9
Der Neid/ 10
mißgunstet andern/
und verzehrt sich damit sel-
　　(ber.

마음[4]은 순진하며 곧아야 합니다.
이와 같이 상대를 사랑하세요.
그리고 당신도 사랑을 받게 될 것입니다.
그러면 정답고, 평온하며, 양쪽 다
호의적인 **산비둘기**[6]처럼 서로 **우정**[5]이
싹틀 것입니다.

불친절한 사람들은 상대를 미워하고
시샘을 하고, 불손하게, 다투기를
좋아하고, **화를 잘 내며**,[7] **잔혹**[8]하고
화해할 수 없으며(인간이기 보다는
오히려 늑대와 사자처럼)
서로 간에 불화를 일으키며
그 때문에 **서로 다투는 것**[9]입니다.
질투[10]는 타인의 불행을 바라며
자신을 파멸시킵니다.
초췌하게 만듭니다.

　　　　　　　　Justitia.

II vergl. hinten unter Proben. Z 4 v u nur III: b. s. sich b.

제 116 과

Justitia.   Die Gerechtigkeit.   정의

Justitia 1 pingitur, sedens in *lapide quadrato*: 2 nam debet esse immobilis; *obvelatis oculis*, 3 ad non respiciendum personas; claudens *aurem sinistram*, 4 reservandam alteri parti; Dexterâ tenens *Gladium*, 5 & *Frænum*, 6

Die Gerechtigkeit 1 wird gemahlt/ sitzend auf einem Viereckstein: 2 dann sie sol seyn unbeweglich; mit verbundnen Au- nicht anzusehen (gen/ 3 die Person; zuhaltend das linke Ohr/ 4 welches vorzubehalten dem andern Theil; In der Rechten haltend ein Schwerd/ 5 und einen Zaum/ 6
ad

정의[1]는
네모난 돌[2]에 앉아 있는 사람의
모습으로 묘사되었습니다.
그것은 흔들리지 않는 것이어야 하기
때문입니다.
가려진 눈[3]으로 사람을 보는 것입니다.
다른 부분에 대한
의구심을 가지고
왼편 귀[4]를 닫는 것입니다.
오른 손은 악한 자들을 제압하고

ad puniendum
& coërcendū, Malos;
  Præterea *Statéram*, 7
cujus *dextra* Lanci 8
Merita,
Siniſtræ, 9
Præmia, impoſita,
ſibi invicem
exæquantur,
atq; ita Boni
ad virtutem,
ceu *Calcaribus*, 10
incitantur.
  In *Contractibus*, 11
candidè agatur;
Pactis & Promiſſis
ſtetur;
Depoſitum, Mutuum,
reddantur;
nemo *expiletur*, 12
aut *lædatur*; 13
ſuum cuiq; tribuatur:
hæc ſunt Præcepta
Juſtitiæ.
  Talia prohibentur,
quinto & ſeptimo
Dei præcepto,
& meritò
Cruce ac *Rotâ* 14
puniuntur.

Z 14 in Abhandlungen Z 18 d. & m. Z 4 v u p. D.

abzuſtraffen
und anzuhalten/ die Böſen;
  Uberdas eine Wage/ 7
in deren rechte Schale 8
die Verdienſte/
in die Linke / 9
die Belohnung/ geleget/
gegeneinander
abgegleichet/
und alſo die Frommen
zur Tugend/
gleich als mit Spornen/ 10
angetrieben/ werden.
  In Handlungen/ 11
ſol man redlich verfahren;
die Verträge und Zuſagen
halten; (liehene
das Hinterlegte und Ge-
wiedergeben;
Niemand ſol beſtohlen/ 12
oder verletzet; 13
iedem das ſeine/ werden:
diß ſind Geſetze
der Gerechtigkeit.
  Solches wird verbotten
im fünfften uñ ſiebendē
Gebot Gottes/
und billich
mit Galgen und Rad 14
abgeſtraffet,
                    Libera-

처벌하도록 **칼**[5]과 **고삐**[6]를 붙잡습니다.
저울[7]은
오른편[9] 그릇에는 **공적**[8]을 달아보며
왼편의 그릇에는 보수(대가)를 달아
비교해 봅니다.

이와같이 선한 사람들의 덕행은
성과물[10]처럼 동등하게 내세웠습니다.

사람은 **상거래**[11]를 공정하게 시행해야
하며 계약과 약속은 잘 지켜야 합니다.
맡겨진 것이나 **빌린 것**은 모두 원래대로
되돌려주어야 합니다.

아무도 **도적맞거나**[12] **해가되지 않게**[13]
해야합니다.
각자에게 속한 것이니 돌려주어야 합니다.
그것이 정의의 법입니다.

그러한 것은 하나님의 다섯 번째와 여섯
번째 계명에서 금지되었으며 교수형이나,
바퀴 형차[14](형 집행 차)에 의해서
정당히 처벌을 받았습니다.

제 117 과

Liberalitas. Die Mildigkeit. 관대(寬大)

Libera-

Liberalitas, 1 modum servat circa *Divitias*, quas honestè quærit, ut habeat quod largia-*Egenis*; 2 (tur Hos, *vestit*, 3 *nutrit*, 4 *ditat*, 5 *Vultu hilari*, 6 & *Manu alatâ*. 7 Opes 8 sibi subjicit; non se illis, ut *Avarus*, 9 qui habet, ut habeat, & bonorum suorum non Possessor est sed Custos, &, insatiabilis, semper *corradit* 10 Unguibus suis. Sed & parcit & adservat, *occludendo*, 11 ut semper habeat: At *Prodigus*, 12 malè disperdit benè parta, ac tandem eget.	Die Mildigkeit/ 1 hält Masse mit dem Reichtum/ welchen sie ehrlich erwirbt/ damit sie habe zugeben den Dürfftigen; 2 Diese/ kleidet/ 3 nehret/ 4 und begabet 5 sie/ mit frölichē Gesicht 6 und fliegender Hand. 7 Die Güter 8 unterwirfft sie ihr/ und nit sich ihnen/ wie der Geitzwanst/ 9 der da hat/ daß er habe/ und seines Guts kein Besitzer sondern ein Hüter ist/ und/ gantz unersättlich/ stäts einkratzet 10 mit seinen Klauen. Doch sie sparet auch und verwahret/ sie verschliessend/ 11 damit sie allzeit habe: Aber ein Verschwender verthut übel/ (12 was wohl gewonnen ist/ und muß endlich darben. Societæ	관대함[1]은 궁핍한 사람[2]에게 무엇인가 그들이 필요로 하는 것을 나눌 수 있도록 그들이 참으로 얻으려는 부의 정도를 유지하는 것을 말합니다. 그것은 가난한 사람에게 **옷을 입히고,**[3] **먹여 살리며,**[4] **기쁜 얼굴**[6]과 **민첩한 손**[7]으로 **선물하는 것**[5]입니다. 그들은 **재물**[8]을 자기 것으로 가지나 **탐욕에 배부른 자**[9]처럼 자기의 것으로 생각하지 않습니다. 그가 가진 것은 자기의 소유자가 아니라 지키는 자이며, 탐욕스럽게 **갈취하여 모은자**[10]도 아닙니다. 그들은 이것을 갖기 위하여 항상 저축하며 자기의 것을 잘 **보존**[11]합니다. 이에 비해 **낭비하는 사람**[12]은 획득한 재산을 무익하게 탕진함으로 결국 궁핍의 고난을 당하게 됩니다.

Z 9 & d. Z 10 h v. Z 11 & a. m. Z 13 su. s. Z 8 v u Sed p. etiam Z 7 v u & a. suas res und v. ihre Sachen

제 118 과

Societas Conjugalis. Der Ehestand. 결혼

Matrimonium à Deo est institutum, in Paradiso, ad *mutuū Adjutorium*, & *Propagationem* generis humani. *Vir-Juvenis* (cœlebs) conjugium initurus, instructus sit aut *Opibus*; aut *Arte & Scientiá*, quæ sit, de pane lucrando: ut possit sustentare *Familiam*.

Der Ehestand ist von Gott eingesetzt/ im Paradeiß/ zur Gehülffschafft und Fortpflanzung des Menschlichē Geschlechts. Ein Jungmañ [Junggesell] so heirathen wil/ sol begabet seyn entweder mit Reichtum/ od mit Kunst uñ Wissenschafft/ welche diene/ dz tägliche Brod zuerwerbē: damit er unterhalten könne ein Hauswesen.

Deinde

결혼은
서로를 도우며
인간의 번식과
서로의 협력을 위해
낙원에서
하나님께서 제정하신 것입니다.
결혼하려는 젊은이는
가족을 부양하고
생계를 유지하는데
도움을 주는 재물이나
학문의 재능을 가져야 합니다.

Z 6 h. g. Z 2 v u u. s. p.

Deinde eligit sibi *Virginem* nubilem, (aut *Viduam*) quam adamat: (habenda ubi tamen major ratio *Virtutis & Honestatis*, quàm *Forma* aut *Dotis*.	Darnach sihet er ihm aus eine mannbare Jungfrau/ (oder eine Wittib) die er liebet: da aber mehr zu sehen ist auf Tugend und Erbarkeit/ als auf Schönheit und auf das Heuratgut.
Posthæc, (eam, non clam despondet sibi sed ambit, ut *Procus*, apud *Patrem* 1 & *Matrem*, 2 vel apud *Tutores* & *Cognatos*, per *Pronubos*. 3	Nach diesem/ (ihr/ verlobt er sich nit heimlich mit sondern er wirbt um sie/ als ein Freyer/ bey Vater 1 und Mutter/ 2 oder bey den Vormündern und Befreundten/ durch die Freywerber. 3
Eâ sibi desponsâ, fit *Sponsus*, 4 & ipsa, *Sponsa*; 5 fiuntq; *Sponsalia*, & scribitur *Instrumentum dotale*. 6	Wann sie ihm zugesagt ist/ wird er/ Bräutigam/ 4 und sie/ Braut; 5 und wird Verlöbniß gehalten und geschrieben der Heuratsbrief. 6
Tandem fiunt Nuptiæ, ubi copulantur à *Sacerdote*, 7 datis ultrò citróq; *Manibus* 8 & *Annulis nuptialibus*; 9 tùm epulantur cum invitatis *Testibus*. Abhinc dicuntur *Maritus & Uxor*: hâc mortuâ ille fit *Viduus*.	Endlich hält man Hochzeit/ da sie getrauet werden von dem Priester/ 7 gebend einander die Hände 8 und Trau-Ringe; 9 alsdann halten sie Mahlzeit mit den eingeladenen Zeugen. Von da an nennt man sie Mann und Weib: wann diese stirbt/ wird jener ein Wittwer.

Z 2 n. v.   Z 5 ubi t. magis spectanda   Z 6 virtus et h.   Z 7 q. forma   Z 8 aut dos.   Z 10 n. d. c. s. e.   Z 9 v u dantes u. c.   Z 8 v u manus   Z 7 & annulos n. l. Z. f. i. v.

그런 후
그는 사랑하는 성숙한 **처녀(과부)**를
찾습니다.
그 경우 **용모**나 **지참금** 보다는 오히려
덕성이나 **품위**에 주의를 기울여야
합니다.

그는 여자와 은밀히 약혼을 하는 것이
아니라 **구혼자**로서 **아버지**[1]와 **어머니**[2]
혹은 **후견인**이나 **친척** 중에서
중매인[3]을 개입시켜 구혼합니다.
여자가 남자에게 사랑을 다짐하면
남자는 **신랑**,[4] 여자는 **신부**[5]가 되어
약혼을 하고 **혼인문서**[6]가 작성됩니다.

마지막에 그들은 **목사**에 의해 서로
손[8]을 내밀고 **결혼반지**[9]를 끼우는
결혼식을 행합니다.
초대한 결혼증인과 참석자들 모두 함께
축하잔치를 가집니다.
그 이후 사람들은 그들을 **남편**과 **아내**로
부릅니다.
아내가 죽으면 남편은 **홀아비**가 됩니다.

제 119 과

Arbor Consangui- Der Sipschafft- 가족 계통
nitatis.　　　　Baum.　　　　　　(족보)

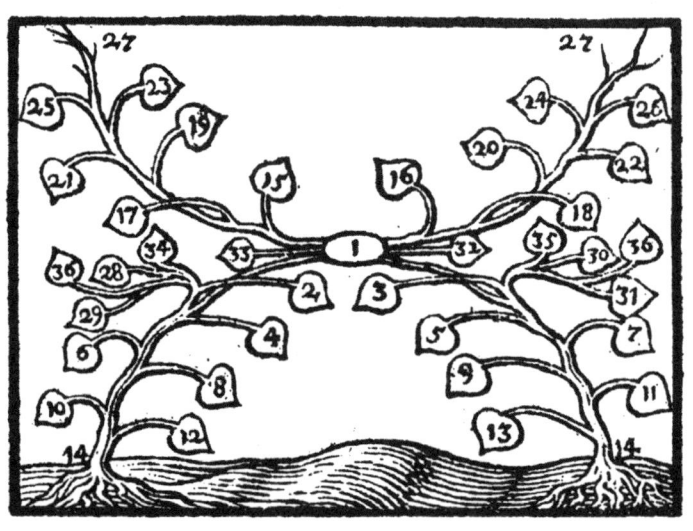

Hominem 1 (gunt, *Consanguinitate* attin- in *Lineâ Ascendenti*, *Pater* (Vitricus) 2 & *Mater* (Noverca) 3	Dē Menschē 1 (wandt/ sind mit Sipschaft ver- in d´ auffsteigenden Linie/ der Vater (Stifvater) 2 und die Mutter (Stif- [mutter) 3	인간[1]은 가족 존속(尊屬)계열의 친족관계를 가지고 있습니다. 아버지[2](계부), 어머니[3](계모)
Avus 4 & *Avia,* 5 *Proavus* 6 & *Proavia,* 7 *Abavus* 8 & *Abavia,* 9 *Atavus* 10 & *Atavia,* 11	d´ Großvater (Unher) 4 uñ die Großmutter(An- d´ Eltervater 6 [frau) 5 und die Altmutter/ 7 der Voreltervater 8 und die Voraltmutter/ 9 der Großeltervater 10 u. die Großaltmutter/ 11 *Tritavus*	조부[4]와 조모[5] 증조부[6]와 증조모[7] 고조부[8] 와 고조모[9] 고조부모의 아버지[10] 고조부모의 어머니[11]
Z 2 a. c.　Z 3 i. l. ascendente		

Tritavus 12	der Urelter vater 12	고조부모의 조부[12] 와 조모[13]
& Tritavia; 13	und die Uraltmutter; 13	
Ulteriores,	die noch darüber hinaus	그 이상은
dicuntur	werden genennet (sind/	
Majores. 14...14	die Voreltern (Altvor-	아버지 조상과 어머니 조상으로 불려진
	[dern.) 14	선조[14] . 14(先祖)라고 부릅니다.
In Lineâ Descendenti,	In d'absteigendē Linie/	
Filius (Privignus) 15	der Sohn (Stiffsohn) 15	아래로 내려와서
& Filia (Privigna) 16	uñ die Tochter (Stift.) 16	아들[15](의붓아들)과 딸[16](의붓딸)
Nepos 17	der Nese (Entel) 17	
& Neptis, 18	und die Niffftel/ 18	손자[17]와 손녀[18]
Pronepos 19	der Kleinsohn 19	
& Proneptis, 20	und die Kleintochter/ 20	남자 증손,[19] 여자 증손[20]
Abnepos 21	der Kleinnese 21	
& Abneptis, 22	und die Kleinnifftel/ 22	증손의 아들,[21] 증손의 딸[22]
Atnepos 23	der Ursohn 23	
& Atneptis, 24	und die Urtochter/ 24	증손의 손자,[23] 증손의 손녀[24]
Trinepos 25	der Urnese (Urenkel) 25	
& Trineptis; 26	und die Urnifftel; 26	증손의 증손[25] . 26(남과 여)이 있고
Ulteriores, dicuntur	welche darüber sind/ (27	
Posteri. 27...27	werde genēt Nachkomen.	후손[27] . 27이라고 부릅니다.
In Linea Collaterali	In der Seiten Linie	
sunt Patruus 28	sind der Vetter (Vatersbr.) 28	방계(傍系)에는 아버지 쪽의 백숙부,[28]
& Amita, 29	uñ die Base (Vatersschw.) 29	
Avunculus 30	der Oheim (Mutterbrud) 30	백숙모,[29] 어머니 쪽의 백숙부,[30]
& Matertera, 31	uñ die Muhme (Mutterschw,)	
Frater 32	der Bruder 32 (31	백숙모,[31] 형제[32]와 자매[33]
& Soror, 33	und die Schwester/ 33	
Patruelis 34	des Vettern Sohn 34	아버지 쪽의 백숙부의 사촌[34]
Sobrinus, 35	der Muhmen Sohn/ 35	
& Amitinus, 36...36	und des Oheims oder der Ba-	어머니 쪽의 사촌[35] 및
	(sen Sohn. 36..36	
	Q 2 Societas	백숙모의 아들[36] .36이 있습니다.

제 120 과

Societas Parentalis. Der Eltern Stand. 부모의 생활

Conju.

Conjuges, suscipiunt (ex benedictione Dei) Sobolem (Prolem) & fiunt Parentes.	Die Eheleute/ bekommen (durch Gottes Segen) Kinder/ und werden Eltern.	부부는 (하나님의 축복으로) 아이(자손)를 얻고 **부모**가 됩니다.
Pater 1 generat, & Mater 2 parit Filios 3 & Filias, 4 (aliquando Gemellos.)	Der Vater 1 zeuget/ die Mutter 2 gebieret Söhne 3 uñ Töchter/ 4 (zuweiln auch Zwillinge.)	**아버지**[1]가 만들고 **어머니**[2]는 **아들**[3]과 **딸**[4]을 낳습니다 (때로는 **쌍둥이**도)
Infans 5 involvitur Fasciis, 6 reponitur in Cunas, 7 à matre lactatur Uberibus, 8 & nutritur Pappis. 9	Das kleine Kind 5 (6 wird gewickelt in Windeln gelegt in die Wiege/ 7 von der Mutter gesäuget mit dē Brüsten/ 8 und ernehret mit Brey ([Muß.] 9	**어린 아이**[5]는 긴 **포대기**[6]에 둘러싸여 **요람**[7]에 눕혀지고 어머니로 부터 **젖**[8]을 먹거나 **죽**[9]을 먹으며 자랍니다.
Deinde, incedere di-Serperastro, 10 (scit ludit Crepundiis, 11 & fari incipit.	Darnach lernet es gehen im Gängelwagen/ 10 spielt mit Spielgezeug/ 11 und hebt an zu reden.	그 후 **보행기**[10]로 걸음마를 배우고 **딸랑이**[11]를 가지고 놀며 말하기 시작합니다.
Crescente ætate, Pietati 12 & Labori 13 adsuefit, & castigatur 14 si non sit morigerus.	Wañ es älter wird/ (12 wird es zur Gottesfurcht uñ Arbeit 13 angewöhnet/ und gestäupet 14 wann es nit folgen wil.	성장하여 나이가 들면 **하나님 경외**[12] 하기와 **노동**[13]에 익숙해지며 순종하지 않으면 벌을 받습니다.[14]
Liberi debent Parentibus Cultum & Officium.	Die Kinder/ sind schuldig den Eltern/ Ehre und Dienst.	아이들은 부모를 공경하고 섬기는 의무를 가집니다.
Pater, sustentat Liberos, laborando. 15	Der Vater/ ernehret die Kinder mit Arbeiten. 15	아버지는 **노동**[15]으로 아이들을 양육합니다.

Z 11 v u Bei wachsendem Alter Z 9 v u und gezüchtigt

제 121 과

Societas Herilis.   Die Herrschafft.   통치권

Herus

Herus (Paterfamilias) habet. [1]	Der Herr (Hausvater) 1 hat	주인[1](가정의 아버지)은
Famulos (Servos;) 2	Knechte; 2	하인[2](종)을
Hera (Materfamilias);	die Frau (Hausmutter) 3	그리고 안주인[3](가정의 어머니)은
Ancillas. 4	Mägde. 4	하녀[4](여종)를 데리고 있습니다.
Ili, mandant his	Jene/ schaffen diese an	주인은 이 사람들에게
Opera, 6	zur Arbeit/ 6	노동[6]을 시키기 위해
& distribuunt Laborum pensa; 5	und theilen ihnen zu die Verrichtungen; 5	일[5]을 적절히 분배 합니다.
quæ ab his fideliter sunt exsequenda sine Murmure (da, & Dispendio;	welche von diesen treulich sollē vollzogē werdē/ ohne Widerbellen und Nachtheil;	이에 대해 하인은 불평이나 나쁜 감정 없이 충실히 실행해야 합니다.
pro quo præbetur ipsis, Merces & Alimonia.	wovor ihnen gereichet wird der Liedlohn und Unterhalt.	그러면 주인은 보수(대가)와 음식을 지급합니다.
Servus olim erat Mancipium, in quem Vitæ & necis Domino potestas fuit:	Ein Knecht ware vorzeiten Leibeigen/ über welches Leben und Tod ein Herr gewalt hatte:	하인은 노예입니다. 지배자는 종의 생사를 좌우하는 권력을 가지고 있습니다.
Hodiè Serviunt liberè pauperiores, mercede conducti.	Heutzutag/ dienen freywillig die Aermere/ um den Lohn gedinget.	오늘날도 가난한 사람은 부자에게 고용되어 보수를 받으며 자유로이 주인을 섬깁니다.

Q 4　　　　　Urbs.

Z 7 befehlen diesen　Z 8 die Arbeit　Z 9 n. t. aus　Z 6 u. 5 v u umge stellt, dann des Lebens u. d. T.

제 122 과

Urbs   Die Stadt.   도시

Ex multis Domibus, fit *Pagus*, 1 vel *Opidum*, vel *Urbs*. 2 Istud & hæc muniuntur & cinguntur *Mœnibus* (muro) 3 *Vallo*, 4 *Aggeribus* 5 & *Vallis*. 6 Iatrà muros. est *Pomœrium*; 7	Aus vielen Häusern/ wird ein Dorff/ 1 oder Städtlein/ oder eine Stadt. 2 Jenes und diese/ wird befästet und umfangen mit einer Mauer/ 3 mit dem Wall/ 4 mit Schanzen 5 (den.) 6 und Pfalwerk [Palisa- Innerhalb der Mauer/ ist der Zwinger; 7 extrà,	많은 집이 모여서 **마을**[1]이나, 작은 도시나 **도시**[2]가 만들어집니다. 이 도시와 저 도시는 모두 **성벽**,[3] **방벽**,[4] **제방**[5] 및 **울타리**[6]로 둘러싸여 있으며 보호되어있습니다. 도시의 성벽 안쪽에는 **성곽**[7]이 있습니다.

Z 6 werden b.

extra,	ausserhalb/
Fossa. 8	der Stadtgraben. 8
In mœnibus,	Auf der Mauer/
sunt Propugnacula 9	sind die Pasteyen 9
& Turres: 10	und Thürne: 10
Specula 11	die Warten 11
exstant	stehen
in editioribus locis.	an erhabnen Orten.
In Urbem	In die Stadt
ingressus fit,	gehet man
ex Suburbio, 12	aus der Vorstadt/ 12
per Portam, 13	durch das Thor/ 13
super Pontem. 14	über die Brücke. 14
Porta habet	Das Thor hat
Cataractas, 15	seine Fallgattern/ 15
Pontem versatilem, 16	Zugbrücke/ 16
Valvas, 17	Flügeln/ 17
Claustra,	Schlösser
& Repagula,	und Riegel/
ut &	wie auch
Vectes. 18	die Schlagbäume. 18
In Suburbiis	In den Vorstädten
sunt Horti, 19	sind Gärten 19
& Suburbana, 20	und Lusthäuser/ 20
ut &	wie auch (lager.] 21
Cœmeteria. 21	der Kirchof [das Gottes-

도시 밖에는 파놓은 도시의 **도랑**[8]이 있습니다.

성벽 위에 **보루**[9]와 **탑**[10]이 있고 **전망대**[11]가 가장 높은 곳에 세워져 있습니다.

사람들은 도시의 **근교**[12]에서 **문**[13]으로 통하는 **다리**[14]를 건너 들어갑니다.

문에는 성과의 통로를 **차단하는 격자문**[15]과 **도개교**[16] (불필요할 때 들어 올리는 다리) **양쪽으로 열리는 문**,[17] **자물쇠**와 **빗장**이 **차단기**[18]처럼 달려 있습니다.

근교 마을은 **정원**[19]이나 **정자**[20] 그리고 교회의 **묘지**[21]도 있습니다.

제 123 과

Interiora Urbis. / Das Inwendige der Stadt. / 도시의 내부

| Intra Urbem sunt *Platea* (*Vici*) 1 lapidibus stratæ, *Fora*, 2 (alicubi cum *Porticibus* 3) & *Angiporti*. 4 Publica ædificia sunt, in medio Urbis, *Templum*, 5 *Schola*, 6 *Curia*, 7 *Domus Mercaturæ*; 8 | In der Stadt sind Gaſſen (Straſſen) 1 ſo gepflaſtert/ Märkte/ 2 (an etlichen Orten mit bedeckten Gänge 3) und Gäßlein. 4 Gemeyn-Häuſer ſind/ mitten in der Stadt/ die Kirche/ 5 die Schul/ 6 das Rathaus/ 7 das Kauffhaus; 8 Circa | 도시의 안쪽에는 돌을 깔아놓은 **거리**,1 **시장**2 이 있고 어떤 장소에는 포장된 **골목길**3 과 **작은 골목길**4이 있습니다. 공공 건물이 도시 한복판에 있는데 그것들은 **교회**,5 **학교**,6 **시청**,7 **거래소**8입니다. |

Z 7 & angiportus

Circa Mœnia, & Portas,	An der Mauer und den Thoren/	성벽과 성문 옆에는
Armamentarium, 9	das Zeughaus/ 9	**병기고**[9](무기고),
Granarium, 10	das Kornhaus/ 10	**곡물창고**,[10] **여관과 술집**,[11]
Diversoria, Popinæ & Cauponæ, 11	die Gasthöfe (Wirts-Schenken [häuser]) und Garküchen/ 11	**극장**,[12] **병원**[13]이 있으며
Theatrum, 12	das Spielhaus/ 12	후미진 곳에는
Nosodochium; 13 in recessibus,	d'Spital (Siechehaus;) 13 an abgelegnen Orten	**화장실**[14]과 **감옥**[15]이 있습니다.
Foricæ (Cloacæ) 14 & *Custodia* (Carcer.) 15	die Cloak/ 14 und das Gefangenhaus. 15	
In turre primariâ, est *Horologium*, 16 & habitatio *Vigilum*. 17	Auf den höchsten Thurn ist die Uhr/ 16 und die Wohnung der Wächter. 17	높은 탑 위에는 **시계**[16]와 **경비소**[17]가 있습니다.
In Plateis, sunt *Putei*. 18	Auf den Plätzen sind Brunnen. 18	광장에는 **우물**[18]이 있습니다.
Fluvius 19 vel Rivus, Urbem interfluens, inservit sordibus eluendis.	Der Fluß 19 oder Bach/ so durch die Stadt fließt/ dienet den Unflat auszuführen.	**강**[19]이나 개울이 도시 사이를 흐르고 있어 오물을 씻어 보내는 데 도움이 됩니다.
Arx 20 exstat in summo Urbis.	Das Schloß 20 raget hervor am höchsten Ort der Stadt.	**성의 요새**[20]는 시내의 가장 높은 곳에 우뚝 솟아 있습니다.

Judi-

제 124 과

Judicium. Das Gerichte. 재판소

Opti-

Optimum Jus est, placida Conventio, facta, vel ab ipsis, inter quos Lis est, vel ab Arbitro.	Das båste Recht ist/ der gütliche Vergleich/ angestellt/ (selber entweder durch diejenigen so strittig sind/ oder von einē Schiedsmañ.	가장 좋은 법은 소송 중인 사람들이 자신의 의사에 의하든지 또는 판사로 부터 호의적인 조정이 이루어진 것입니다(분쟁을 재판에 부치지 않고 당사자끼리 해결하는 일)
Hæc si non procedit, venitur in *Forum*, 1 (olim judicabant in Foro, hodiè in *Prætorio*) cui preşidet *Judex*.[Pręcū *Assessoribus*; 3(tor]2 *Dicographus*, 4 Vota calamo excipit.	Wañ dieser nit wil fortgehē koīnt man vor Gericht/ 1 (vorzeiten hielt man Gericht auf dem Markt/ [stube.) heuttags in der Gerichtdeme vorstehet d'Richter/2 mit den Beysitzern; 3 der Gerichtschreiber/ 4 schreibt die Stimmen auf.	이것이 진전되지 못할 때 당사자는 **법정**¹으로 갑니다. (재판은 시장에서 이뤄졌는데 오늘날은 **재판소**에서 이뤄집니다). 그곳에는 **재판관**²이 **배석 판사**³와 함께 지휘를 하고 법정의 **서기**⁴가 발언하는 말을 기록합니다.
Actor 5 accusat *Reum*, 6 & producit *Testes* 7 contra illum.	Der Kläger 5 bringt Klage vor wider den Beklagten/ 6 und führet Zeugen 7 wider ihn. (wortet sich/)	**원고**⁵는 **피고**⁶를 고발하고, 그 사람에 대해서 **증인**⁷을 출석시킵니다.
Reus excusat se, per *Advocatum*; 8 cui contradicit *Actoris Procurator*. 9	Der Beklagte verantdurch den Anwalt; 8 deme widerspricht/ des Klägers Anwalt. 9	**피고**는 **변호사**⁸를 통해 변론을 하고 그것에 대해 원고 측의 **변호사**⁹(검사)가 반론을 합니다.
Tum Judex, Sententia pronuntiat, absolvens insontem, & damnans sontem ad Pœnam vel *Mulctam*, vel ad *Supplicium*.	Alsdann/ der Richter/ spricht das Urtheil/ loßzehlend den Unschuldigē u. verdañend dē Schuldigē zur Straffe und Geld-(straffe/ oder auch zur Leibstraffe. Supplicia	그 후 재판관은 무죄인 사람을 석방하는 판결을 내리고 유죄인 사람에게는 **벌금**이나 **형벌**을 선고합니다.

Z 5 unter welchen der Streit ist Z 7 w. d. nit fortgehet Z. 15 c. e. v
Z 17 klagt an Z 18 den B. Z 6 v u p. s. Z 3 v u lll a. p. & m

제 125 과

Supplicia Maleficorum.   Die Leibsstraffen der Ubelthäter.   범죄자의 형벌

Malefici, 1	Die Ubelthäter 1	범죄자[1]는
per Lictores, 2	werdē von dē Schergen 2	감옥[3]에서
e Carcere 3	aus dem Kerker 3	형리[2]에 의해서
(ubi torqueti solent)	(worin man sie zu foltern	(고문을 당하는 것이 보통이지만)
producuntur,	geführet / [pfleget]	
vel equo raptantur, 15	oder geschleiffet / 15	재판정으로 **끌려갑니다.** 15
ad locum Supplicii.	zur Richtstat.	
Fures, 4	Die Diebe / 4	도둑[4]은 사형집행인[6]에 의해
in Patibulo 5	werden an den Galgen 5	교수대[5]에 매달렸으며
suspenduntur	gehänget	
à Carnifice; 6	von dē Scharffrichter; 6	간음한 사람은 목이 잘렸습니다.[7]
Mœchi	die Ehebrecher	
ecollantur; 7	geköpfet (enthäuptet) 7	
	Ho-	

Z 7 3. R. (Rabenstein) Z 9 u. 10 umgestellt

Homicidæ (Sicarii) ac *Latrones* (Piratæ) vel crurifragio plexi *Rotæ* imponuntur, 8 vel *Palo* infiguntur ; 9 *Striges* (Lamiæ) super *Rogum* 10 cremantur. Quidam, (ficiantur, antequam supplicio af *elinguantur*, 11 aut super *Cippum* 12 *Manu* plectuntur, 13 aut *Forcipibus* 14 uruntur. Vitâ donati, *Numellis* constringun- (tur, 16 luxantur, 17 *Equuleo* imponūtur, 18 *Auribus* truncantur, 19 *Virgis* cæduntur, 20 Stigmate notantur, relegantur, damnantur ad triremes (petuum. vel ad Carcerem per- Perduelles, quadrigis discerpūtur.	Die Mörder uñ Räuber (Seeräuber) entweder geradbrecht und aufs Rad 8 geleget/ oď auf einē Pfal 9 gespisset; die Hexen (Unhulden) auf dē Scheiterhauffē 10 verbrennet. Etlichen/ ehe sie gerichtet werdē/ (tē/11 wird die Zunge abgeschnit/ oder auf dem Block 12 die Hand abgehauen/ 13 oder sie werden mit Zan- gebrennet. (gen 14 Denē man dz Leben schenkt/ die werden an Pranger (gestellt/ 16 geprellt (gewippt) 17 auf den Esel gesetzt/ 18 gestutzet/ 19 ausgestäupet/ 20 gebrandmahlet/ verwiesen/ und verurtheilt auf die Galleen oder zu ewiger Gefängnis. Die Feinde des Vater- werden geviertheilet. (lands Merca-	살인범이나 **강도범**(해적)은 **형차** 위에 다리를 꺾어 올려두든지[8] 아니면 기둥에 **못** 박히고 **마녀는 화형장**[9]에서 **불태워 죽임**[10]을 당하게 됩니다. 처형되기 전 **혀가 잘리든지**[11] **단두대**[12] 위에서 **손이 잘리거나**[13] 또는 **불가위**[14]로 태워지는 사람도 있습니다. 형을 선고받은 사람들은 **형벌대에 묶이고**[16] **매다는 형**[17]에 처해지며 **당나귀** 위에[18] 앉은 채 **귀가 잘리고**[19] **채찍**으로 맞고[20] 불도장이 찍히고 추방되며 또는 배의 갑판에 갇히거나 영원히 감옥에 갇혀 지내는 처벌 선고를 받습니다. 조국(祖國)에 대한 반역자는 4마리의 말에 묶여 찢겨집니다.

Z 14 u. 15 ant n. f. Z 9 v u gest. (der Ohren beraubt) l. Z. d. q.

제 126 과

Mercatura.　　Die Kauffmanschafft.　　상인

Merces

Merces,	Die Wahren/	상품은
aliunde allatæ, (1	von andern Orte zugeführt/	생산지에서 상점으로 운반되어
in *domo commerciorum*	werden im Kauffhaus 1	도매점¹에서 교환되거나
vel commutantur,	entweder verstochen	
vel venum exponuntur	oder feil gelegt	소매점²에 진열되어
in *Tabernis mercimoni-*	in den Krämen/ 2	손저울⁵로 측정하든가
& venduntur (*orum*, 2	und verkaufft	
pro *pecuniâ* (*monetâ*) 3	um Geld (Münze) 3	또는 길이를 재는
vel mensuratæ	entweder abgemessen	천칭자⁴로 측정되든가 해서
Ulnâ, 4	mit der Elle/ 4	그것들은
vel ponderatæ	oder abgewogen	
Librâ. 5	auf der Wage. 5	돈³을 벌기 위해서 팔려 나갑니다.
Tabernarii, 6	Die Budensitzer/ 6	노점상,⁶ 행상,⁷ 고물상⁸도
Circumforanei, 7	Quacksalber/ 7	상인으로 불려 집니다.
& *Scrutarii*, 8	und Trödler/ 8	
etiam volunt	wollen auch	
dici Mercatores.	Kauffleute genennt seyn.	
Venditor 9	Der Verkäuffer 9	판매상⁹은
ostentat	bietet aus	물건을 자랑해 보이고
rem promercalem,	die Waare/	얼마가 되는지 값을 붙입니다.
& indicat precium,	und benennet den Preiß/	
quanti liceat:	was sie koste:	그러나 **사는 사람**¹⁰은 가격을 깎으려
Emtor, 10	Der Käuffer/ 10	하며 구매하려는 가격을 말합니다.
licitatur,	feilschet/	
& pretium offert;	und legt ein Bot;	
Si quis	So einer	누군가가 **다른 값을 붙이면**¹¹
contralicetur, 11	gegenfeilschet/ 11	가장 비싼 값을 약속한 사람에게
ei res addicitur,	wird die Wahr dem über-	상품은 낙찰됩니다.
qui plurimum	der am meinsten (lassen/	
pollicetur.	bietet.	

제 127 과

Mensuræ & Pondera. **Maß und Gewichte.** 계량과 무게

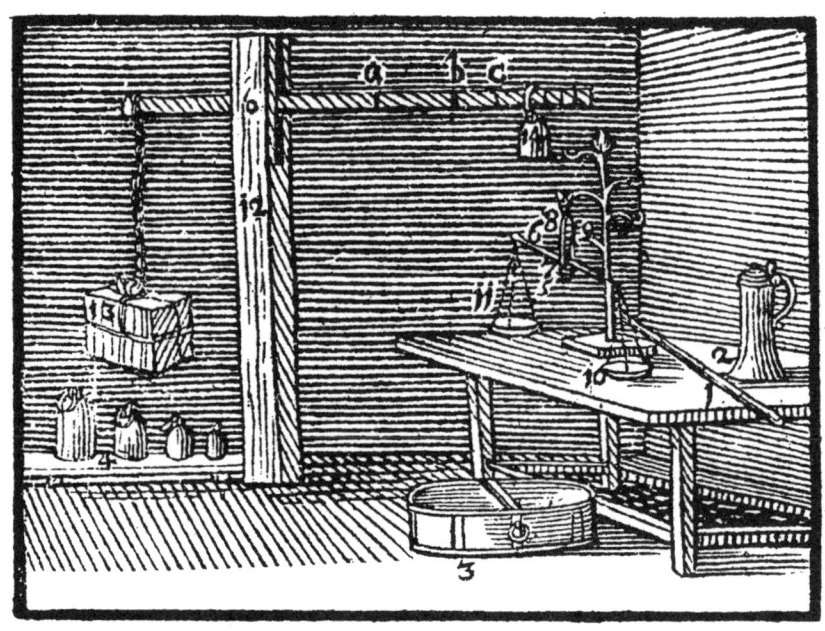

Res

Res continuas, metimur *Ulnâ*; 1
liquidas, *Congio*; 2
aridas, *Medimno*. 3
Gravitatem rerum experimur *Ponderibus* & *Librâ* (bilance) 5 [4
In hâc primò est *Jugum* (Scapus) 6
in cujus medio *Axiculus* 7
Trutina (agina) 8
in quâ *Examen* 9
sese agitat;
utrinq;
sunt *Lances*, 10
pendentes
Funiculis. 11
Statera 12
ponderat res, suspendendo illas *Unco*, 13
& *Pondus* 14
ex opposito, quod in *a* æquiponderat rei in *b* bis tantum, in *c* ter &c.

An einem Stück hangede/ messen wir mit der Elle; 1
flüssige/ mit der Maß; 2
dürre (truckne) Sachen/ mit dem Schäffel. 3
Die Schwere d' Dinge prüfe wir mit Gewichte 4
und mit der Wage. 5
An dieser ist erstlich der Wagbalke/ 6
in dessen mitte die Are/ 7
oben darüber das Waggericht/ 8
worin das Zünglein 9
gehet;
zu beyden Seiten sind die Wagschalen/ 10
hangend an den Wagsträngen. 11
Die Schnellwage 12
wäget ab die Sachen/ dieselben hängend an den Haken/ 13
und das Gewichte 14
gegen über/ welches in *a* dem Ding gleich wieget/ in *b* zweymahl so viel/ in *c* dreymahl u. s. f.

하나로 연결된 물건은 엘레[1](옛날 자로 약 55-85cm)로, 액체는 **계량**[2]으로, 곡물이나 건조시킨 물건은 **작은 통**[3]으로 측정합니다.

물건의 무게[4]는 저울추와 **평행저울**[5]로 측정합니다.

저울에는 우선 **저울 막대기**[6]가 있고 그 중심에 **심봉**[7]이 있으며 위에는 **저울**[8]이 달려 있고 그 저울의 **바늘**[9]이 움직입니다.

양쪽에 **저울의 접시**[10]가 **끈**[11]으로 묶여 있습니다.

자동저울[12]은 상품을 **갈고리**[13]에 걸어서 그 무게를 재게 되며, 반대쪽의 균형을 조절하는 **저울추**[14]는 눈금자 a에서 동일하게 눈금자 b에서 두 번 많게 눈금자 c에서 3번 정도 측정하게 됩니다.

Z 1 An e. St. h. Sachen Z 15 gehet (sich beweget) Z 4—1 v u: indicat utrum sit aequilibrium nec ne zeiget an, ob an beeden Seiten eine Gleichmässigkeit sey? oder nicht?

제 128 과

Ars Medica.   Die Arzney-Kunst.   의술

Qui

Ægrotans, 1	Wer krank liget/ 1	병으로 누워있는 **환자**[1]는
accersit *Medicum* 2	läſt holen den Arzt/ 2	**의사**[2]를 데려오게 합니다.
qui tangit	der greifft ihm	의사는 환자의 **맥**[3]을 짚으며
ipſius *Arteriam*, 3	an den Puls/ 3	**소변**[4]을 관찰합니다.
& inſpicit	und beſchauet	그리고서 **용지**[5]에 약 처방을
Urinam; 4	den Harm (Urin) 4	기록합니다.
tum præſcribit	alsdann ſchreibt er vor	
Medicamentum	die Arzeney	
in *Schedula*. 5	auf einem Zettelein. 5	
Iſtud paratur	Dieſelbe wird zubereitet	**약제사**[6]는 이것을 보고
a *Pharmacopæo* 6	von dem Apotheker 6	**약국**[7]에서 약을 조제합니다.
in *Pharmacopolio*, 7	in der Apotheke/ 7	약국은 약품을 **서랍**,[8]
ubi Pharmaca	da die Arzneyſachen	작은 **상자**,[9]
in *Capſulis*, 8	in Käſtlein/ (Lädlein) 8	**병**[10]에 보관하고 있습니다.
Pyxidibus, 9	Büchſen/ 9	
& *Lagenis* 10	und Flaſchen 10	
adſervantur.	aufbehalten werden.	
Eſtq;	Und iſt	그리고 약 가운데는 **물약**[11]이나
vel *Potio*, 11	entweder ein Tränkel/ 11	**가루약**,[12] **알약**,[13]
vel *Pulvis*, 12	oder ein Pulver/ 12	**정제**[14]나 **연고**[15] 등이 있습니다.
vel *Pillula*, 13	oder Pilleln/ 13 [14	
vel *Paſtilli*, 14	od'Küchlein (Scheiblein)	
vel *Electuarium*. 15	oder ein Safft. 15	
Diæta	Eine gute Speißordnung	좋은 식사의 조절과 **기도**[16]하는 일은
& *Oratio*, 16	und das Gebet/ 16	가장 좋은 약입니다.
eſt optima Medicina.	iſt die bäſte Arzney.	
Chirurgus 18	Der Wundarzt 18	**외과의사**[18]는 **상처**[17]를 입은 곳과
curat *Vulnera* 17	heilet die Wunden 17	**곪은 곳**[19]을 치료합니다.
& Ulcera,	und Schäden/	
Spleniis (emplaſtris.)19	mit Pflaſtern.	

Z 3 der fühlet Z 15 Büchslein Z 19 Tränklein Z 5 v u sunt o. m. sind

제 129 과

Sepultura.   Die Begräbnis.   장례식

De-

Defuncti olim cremabantur, & Cineres in *Urnâ* 1 recondebantur.	Die Todten wurden vorzeiten verbreñt/ und die Asche in einem Krüglein 1 aufbehalten.	이전에는 죽은 사람을 화장하여 그 재를 **납골병**[1]에 담아 보관하였습니다.
Nos, includimus nostros demortuos, *Loculo* (*Capulo*) 2 imponimus *Feretro*, 3 & efferri curamus Pompâ funebri versus *Cœmeterium*, 4 ubi à *Vespillonibus* 5 inferuntur *Sepulchro*, 6 & humantur; hoc *Cippo* 7 tegitur, & *Monumentis* 8 ac *Epitaphiis* 9 ornatur.	Wir/legen unsre Verstorbene in einen Sarg/ 2 baaren sie auf/ 3 und lassen sie tragen mit Leichengepränge nach dem Kirchof/ 4 allwo sie von dē Todtengräbern 5 zu Grab 6 gebracht und eingescharret werden; dis wird mit dē Grabstein bedecket/ (7 auch mit dē Grabmahl 8 und der Grabschrifft 9 gezieret.	우리는 친했던 고인을 **관**[2] 속에 눕히고 그것을 **관대**[3] 위에 올려놓습니다. 이 관은 장례의 행렬에서 교회의 **묘지**[4]로 옮겨지며 거기의 준비된 **묘 속**[5]에 넣어진 후 **매장**[6]됩니다. 그리고 **묘석판**[7]으로 덮고 **묘비**[8]에다 **글**[9]을 새깁니다.
Funere prodeunte, cantantur Hymni, & *Campana* 10 pulsantur.	Wann man die Leiche fortträget/ werden Lieder gesungen/ und die Glocken 10 gelitten.	시신이 운구되어갈 때 찬송가를 부르며 교회의 **종**[10]을 칩니다.

Z 9 b. s. a. (legen sie auf die Baar) Z 15 s. i. Z 5 u. 4 v u Cum funus procedit Wann die L. fortgetr. w. l. Z geläutet

제 130 과

Ludus Scenicus.　　Das Schauspiel.　　연극

In

In *Theatro*, 1 (quod vestitur *Tapetibus*, 2 & *Sipariis* 3 tegitur) aguntur *Comœdiæ* vel *Tragœdia*, quibus repræsentantur res memorabiles; ut hìc Historia, de *Filio prodigo*, 4 & *Patre* 5 ipsius, à quo recipitur; domum redux. *Actores* (histriones) agunt personati; *Morio*, 6 dat Jocos. Spectatorum primarii, sedent in *Orchestrâ*; 7 Plebs. stat in *Caveâ*, 8 & plaudit, si quid arridet.	Auf dem Schauplatz/ 1 (welcher bekleidet mit Teppichen/ 2 und mit Fürhängen 3 verzogen wird) werden gespielet Freudenspiele und Trauerspiele/ in welchen man vorstellet denkwürdige Sachen; als hier die Geschichte/ võ ungerahtnē Sohn/ 4 und seinem Vater/ 5 von dem er wieder aufgenomẽ wird/ als er nach Haus wiedkehrt. Die Spielpersonen/ agiren (spielen) verkleidet; der Narr (Pickelhering) 6 machet Possen. Unter den Zuschauern die Vornehmsten/ sitzen im Herrensitz; 7 der Pöbel/ stehet auf dem Platz / 8 und platzscht mit dẽ Händẽ/ waṽ ihm etwas wolgefält. R 5 Præsti-	무대[1] 위에서 (융단포[2]로 장식된 막[3]이 열릴 때) 희극이나 비극들이 상연되었으며, 그 속에서 잊을 수 없는 장면들이 생생히 연출되었습니다. 연극의 스토리는 집 나간 아들이[4] 돌아왔을 때 아버지[5]가 환영한다는 '방탕한 자식과 아버지'의 이야기였습니다. 배우는 분장한 모습으로 연기 하고 어릿광대[6]는 익살스럽게 연기를 합니다. 관객 중 중요한 인물은 귀빈석[7]에 앉습니다. 대중들은 자리[8]에 서서보며 무언가 감동이 되면 박수를 칩니다. *예수가 예루살렘에서 한 설교 중에 나온 이야기를 기반으로 하고 있다(누가복음 15장 11절 이하)

Z 9 in w. vorgest. w.

제 131 과

Præstigiæ.　　Die Gaukeley.　　곡예와 마술

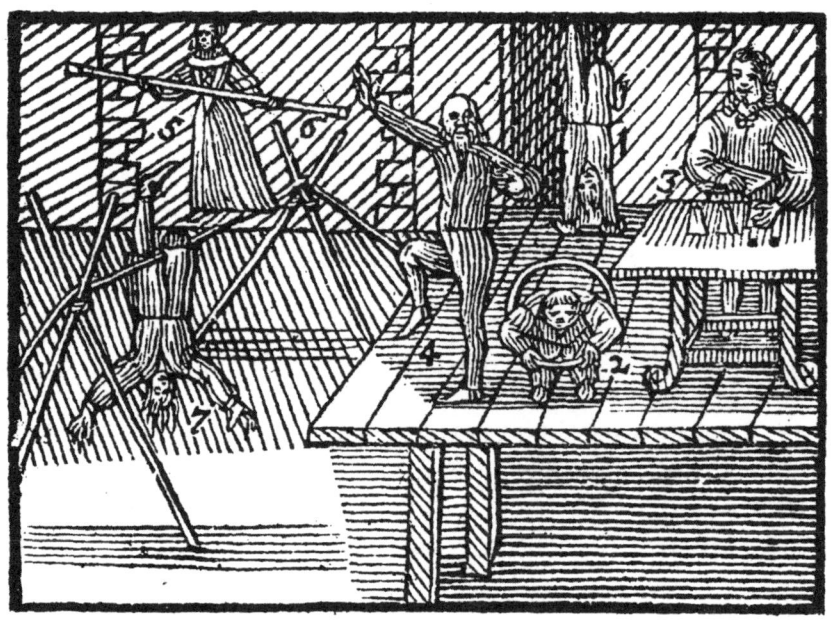

Presti-

Præstigiator 1	Der Gåukler 1	곡예사[1]는
facit	machet	신체의 유연성에 힘입어
varia Spectacula,	allerley Schauspiele/	여러 가지 곡예를 행합니다.
volubilitate	durch Geschwindigkeit	물구나무 서서 손으로 걷거나
corporis,	des Leibs/	고리[2]를 뛰어넘어서 통과하는 등
deambulando	gehend	여러 가지 구경거리를
manibus,	auf den Händen/	민첩한 몸놀림으로 연기합니다.
saliendo	oder springend	가끔 가면을 쓰고 **춤을 춥니다.**[4]
per *Circulum,* 2 &c.	durch den Reiff/ 2 u. f. f.	마술사[3]는
Interdum etiam	Zuweiln auch	마술 주머니를 사용해서 마술을 합니다.
tripudiat 4	danzet er 4	
larvatus.	vermumt (Mascarade.)	
Agyrta 3	Der Taschenspieler 3	줄타기 재주꾼[5]은
Præstigias facit,	spielet/	**균형 잡는 막대**[6]를 손에 쥐고
è marsupio	aus der Gäukeltasche.	밧줄 위를 걷기도 하고
Funambulus, 5	Der Seildänzer/ 5	춤을 추기도 합니다.
graditur	gehet	또는 손이나 **발**[7]을 걸어
& saltat.	und hüpffet	줄 위를 뛰어 건너기도 합니다.
super funem,	auf dem Seil/	
tenens, manu	haltend in der Hand	
Halterem; 6	die Gewichtstange/ 6	
aut suspendit se	oder hänget sich	
manu	an eine Hand	
vel *Pede,* 7 &c.	oder Fuß/ 7 u. a. m.	

Palæstra.

Z 8 aut s. Z 12 (vermascaradet)

제 132 과

Palæstra.   Die Fechtschul.   검도장

Pugiles,

Pugiles,
congrediuntur duello,
in Palæstrâ,
decertantes
vel *Gladiis,* 1
vel *Hastilibus* 2
& *Bipennibus,* 3
vel *Semispathis,* 4
vel *Ensibus* 5
mucronem obligatis,
ne lethaliter lædant,
vel *Frameis*
& *Pugione* 6
simul.
 Luctatores 7
(apud Romanos
olim nudi
& inuncti oleo)
prehendunt se invicé,
& annituntur,
uter alterum
prosternere possit,
præprimis
supplantando. 8
 Andabata 9
pugnabant *Pugnis,*
ridiculo certamine
nimirum
obvelatis oculis.

Die Fechter/
balgen sich/
auf dem Fechtplan/
Kämpfend (dern/ 1
entweder mit Schwer=
oder mit Stangen 2
und Partisanen/ 3
oder mit Duseken/ 4
oder mit Degen 5
so an der Spitze Bälle habe/
daß sie nit tödlich verwunde/
oder mit Rappier
und Dolch 6
zugleich.
 Die Ringer 7
(bey den Römern
vorzeiten nacket
und mit Oel bestrichen)
fassen einander an/
und bemühen sich
welcher den andern
könne zu boden bringen/
sonderlich
mit Bein=rücken. 8
 Die Faustkämpfer 9
fechten mit Fäusten/
ein lächerlichs Gefechte/
als nemlich
mit verbundnen Augen.
    Ludus

검객은
격투기장에서 연습으로 서로 결투를
합니다.
칼[1]이나
막대기,[2] **창**[3] 또는 **단검**[4] 이나
(치명상을 입히지 않도록 뾰족한 머리에
솜방망이를 붙인) **목이 좁은 검**[5]
또는 **양날을 가진 환도나 단도**[6]로
싸우게 됩니다.

격투하는 자[7] 는
(일찍이 로마인의 경우 알몸에 기름을
묻히고) 서로 맞잡고 싸우고
특히 **발을 걸어서**[8]
어느 쪽이든 상대를 넘어뜨리려고
노력합니다.

눈을 가린 검투사[9]는
눈가리개를 한 채 주먹으로
우스꽝스러운 동작을 하며 싸웁니다.

Z 6 v u mit Beinunterschlagen Z 4 v u III fochten

제 133 과

Ludus Aleæ. **Das Ballspiel.** 공놀이

In

In *Sphæristerio*, 1 luditur *Pilâ*, 2 quam alter mittit, alter excipit & remittit *Reticulo*; 3 idq; est *Lusus Nobilium*, ad commotionem corporis. *Follis* (pila magna) 4 aere distenta ope *Epistomii*, sub dio *Pugno* 5 reverberatur.	Im Ballhaus / 1 schlägt man den Ballen / 2 welchen der eine zuschläget / der andre empfähet und zurückschläget mit dem Racket; 3 und dieses ist eine Adeliche Spielübung / zu Bewegung des Leibes. Der Ballon, aufgeblasen vermittelst des Ventils / wird unter freyem Himmel mit der Faust 5 geschlagen.	구기경기장[1]에서는 공[2]으로 놀이를 하고 있습니다. 한 쪽이 공을 던지면 다른 쪽이 그것을 라켓[3]으로 되받아칩니다. 이것은 신체를 움직이기 위한 귀족풍의 놀이입니다. 펌프로 바람을 불어넣어 만든 큰 공[4]은 야외에서 주먹으로 치면서[5] 놀이를 합니다.

Ludus

제 134 과

Ludus Aleæ.   **Das Bretspiel.**   서양식 판놀이
(장기/바둑)

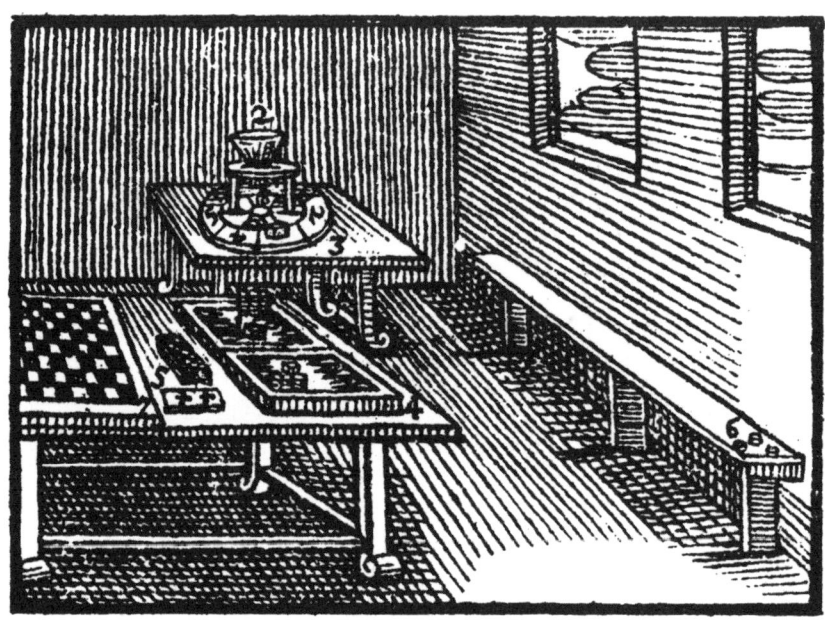

Tefferis

Tesseris (talis) 1 ludimus, vel *Plistobolindam*; vel immittimus illas per *Fritillum* 2 in *Tabellam* 3 numeris notatam, idq́, est Ludus Sortilegii, Aleatorum.　　Sorte & Arte luditur *Calculis* in *alveo aleatorio*, 4 & *Chartis lusoriis.* 5　　*Abaculis* ludimus in *Abaco,* 6 ubi sola ars regnat.　　Ingeniosissimus ludus est, L. *Latrunculorum,* 7 quo veluti duo exercitus prælio confligunt.	Mit den Würffeln 1 spielen wir/ (gen; entweder der meiste Au- oder wir werffen sie durch den Trichter 2 auf ein Bret 3 so mit Zahlen bezeichnet/ und dieses ist ein Glückspiel der Spitzbuben.　　Mit Glück und Kunst spielt man/ mit den Steinen im Spielbret/ 4 und mit der Karte. 5　　Mit Schiebsteinen spielen wir　　(lit.) 6 auf der Schießtafel [Pet- da allein die Kunst regiret.　　Das Sinnreicheste Spiel ist/ das Schachspiel/ 7 da gleichsam zwey Kriegsheere gegeneinander ziehen.	우리는 **주사위**[1]를 굴려서 그 면에 나타난 숫자에 따라 움직이게 하든지 **놀이판**[3] 위의 **투입구**[2](깔때기)에 넣어서 나오는 숫자에 따라 놀이를 합니다. 이것은 보통 도박을 좋아하는 사람들의 행운을 시험하는 놀이입니다.　　**회전판 놀이**[4]나 **카드**[5]를 사용하는 놀이는 그날의 행운이나 기술로 놀이를 합니다. 우리는 기술이 요하는 **돌판**[6]에서 미끄럼 돌판으로 놀이를 합니다.　　많은 생각이 요구되는 놀이는 **체스**[7]인데 그것은 아군과 적군이 있어 서로 싸우는 놀이이기 때문입니다.

제 135 과

Curſûs Certamina. **Lauffſpiele.** 경주

Pueri

Pueri
exercent se cursu,
sive super *Glaciem* 1
Diabatris, 2
ubi etiam vehuntur
Trahis; 3
sive in campo,
designantes
Lineam, 4
quam,
qui vincere cupit,
adtingere
at non ultrà
procurrere, debet.

Olim decurrebant
Cursores 5
inter *Cancellos* 6
ad *Metam*, 7
& qui primùm
contingebat eam,
accipiebat
Brabéum (præmiũ) 8
à *Brabentâ.* 9

Hodie
habentur *Hastiludia*,
(ubi *Lanceâ* 10
petitur *Circulus* 11)
loco *Equirrorum*
quæ in desuetudinem
(abierunt,

Z 8 m. (zeichnend)

Die Knaben/
üben sich mit Lauffen/
entweder auf dem Eiß 1
mit Schlittschuhen/ 2
da sie auch fahren
mit Schlitten; 3
oder im Feld/
machend
einen Strich/ 4
welchen/
wer gewinnen wil/
erreichen
aber nicht drüber hinaus
lauffen/ muß.

Vorzeiten lieffen
die Wettläuffer 5
in den Schranken 6
nach dem Ziel/ 7
und welcher am ersten
dasselbe erreichte/
der bekame
den Dank (das Kleinod) 8
vō dem Kampfrichter. 9

Heutzutag
werdē gehaltē Rennspiele
(da man mit der Lanze 10
rennet nach dem Ring 11)
an stat der Thurniere/
so abkommen sind.

S 2   Ludi

아이들은
썰매[3]를 타는곳에서
얼음[1] 위를 스케이트[2]로
경주하는 연습을 하거나
또는 들판에서는
결승선[4]을 그려서
결승점을 향해 달리는 경주를 합니다.
그러나 그어진 선을 넘어 달려서는
안됩니다.

이전에 **경주하는 사람들**[5]은
울타리[6] 안에서 **결승점**[7]을 향해서
달렸습니다.
첫 번째로 골인한 사람은
승부 내기의 **심판**[9]으로부터
값진 보물의 **상품**[8]을 받습니다.

오늘날은 **창**[10]을 가지고
바퀴[11]를 돌아 목표를 향하는 경주를
하는데, 그것은 말 위에서의
창 시합 대신에 행해진 것입니다.

제 136 과

Ludi pueriles.   Kinderspiele.   아이들의 놀이

Pueri

Pueri	Die Knaben	아이들은 종종
ludere solent,	pflegen zu spielen/	구슬치기[1] 놀이를 하거나
vel *globis fictilibus*; 1	entweder mit Schnellkeu-	또는
vel jactantes	oder schiebend (chen;1	케겔[3] (아홉 개의 핀)을 향해서
Globum 2	die Kugel 2	공[2]을 굴리는 놀이도 하며
ad *Conos*; 3	nach den Kegeln; 3	작은 공을 막대[4]로 쳐서
vel Sphærulam	oder das Kügelein	고리링[5]를 통과시키는
Clavâ 4	mit der Keule 4	놀이도 합니다.
mittentes	schlagend	팽이치기[6] 놀이[7]도 하며
per *Annulum*; 5	durch den Ring; 5	또는
vel *Turbinem* 6	oder den Kreussel 6	입으로 바람을 불어 쏘는 활[8]이나
Flagello 7	mit der Peitsche 7	석궁[9]을 쏘는 놀이도 있으며
versantes;	treibend;	또는 대나무[10]를 타고 걸어 다니거나
vel *Sclopo*, 8	oder mit dem Blasrohr 8	그네[11]를 타고 흔들거리기도 합니다.
& *Arcu* 9	und Armbrust 9	
jaculantes;	schiessend;	
vel *Grallis* 10	oder auf Stelzen 10	
incedentes;	gehend;	
vel super *Petaurum* 11	oder auf dem Knebel 11	
se agitantes	sich bewegend	
& oscillantes.	und retzschend.	

Z 3 entw. mit Schussern (Schn.)   Z 6 III conos   Z 4 v u einhergebend

제 137 과

Regnum & Regio.   Das Reich und Die Landschafft.   나라와 지방 풍경

Multæ

Multæ Urbes & Pagi, faciunt Regionem & Regnum. Rex, aut Princeps, sedet in *Metropoli*; 1 Nobiles, Barones, & Comites, habitant in circumjacentibus *Arcibus*; 2 Rustici in *Pagis*. 3 Juxta *Flumina navigabilia* 4 & *Vias Regias*, 5 habet sua *Telonia*, ubi à navigantibus & iter-facientibus, Portorium & Vectigal exigitur.	Viel Städte und Dörffer/ machen ein Land und Reich. Ein König/ oder Fürst/ hat seinen Sitz in der Hauptstadt; 1 die Edelleute/ Freyherren/ und Grafen/ wohnen auf den umliegenden Schlössern; 2 die Bauren/ auf den Dörffern. 3 An (4 den Schiffreichen Flüssen und Landstrassen/ 5 hat er seine Zollhäuser/ woselbst/ den Schiffenden und Reisenden/ die Maut und der Zoll abgeheischet wird.	여러 도시와 마을이 모여 지역과 나라를 이룹니다. 왕이나 성주는 **주요 도시**[1]에 그들의 거주지를 갖고 있습니다. 귀족이나 남작과 백작은 주위의 **성**[2]에서 살고 있으며 농부는 **마을**[3]에서 삽니다. **배로 다닐 수 있는 강**[4]이나 **공공도로**[5](대중이 이용하는 길)에 왕은 **세관**[6]을 설치하고 그곳을 왕래하는 모든 사람들에게 통행료를 받습니다.

S 4   Regia

Z 21 habet Princeps hat ein Fürst   Z 5 v u von d. Sch. l. Z gefordert w.

제 138 과

Regia Majestas. Die Königliche Majestät 왕의 존엄

Rex, 1	Der König/ 1	왕[1]은 왕으로서의 위엄을 가지며
in splendore regio,	in Königlichem Pracht/	
sedet in suo *Solio,* 2	sitzet auf seinem Thron/ 2	**왕좌**[2]에 앉아 있으며
magnifico *Habitu,* 3	in herrlichem Habit/ 3	화려한 **복장**[3]을 하고
redimitus *Diademate* 4	gezieret mit einer Krone/ 4	**왕관**[4]을 쓰고
tenens manu	in der Hand führend	손에는 **지휘봉**[5]을 들고
Sceptrum, 5	den Zepter (Reichsstab) 5	
stipatus	umgeben [stat.]	많은 수의 대신들로부터 시중을
frequentiâ Aulicorum.	mit den Hofleuten (Hof-	받습니다.
Inter hos,	Unter diesen/	이들 가운데는 높은 신분의 사람들
primarii sunt,	sind die Vornehmsten/	
Cancellarius 6	8 Canzler (Erzsiegelhalter)	
cum *Consiliariis*	mit den Räthen/ [6	
	& Se.	

& *Secretariis*,	uñ Secretarien (Geheim-[schreibern)	즉 자문단을 가진
Præfectus Prætorii, 7	der Marschalk / 7	수상,[6]
Aula-Magister, 8	der Hofmeister / 8	서기, 총독,[7] 궁내청 장관,[8]
Pocillator (pincerna) 9	der Mundschenk / 9	헌작 시종,[9] 종들의 우두머리,[10]
Dapifer, 10	der Truchses / 10	
Thesaurarius, 11	der Schatzmeister / 11	보물관리인,[11] 시종장[12]과
ArchiCubicularius 12	der Ober-Cämerer / 12	마부의 우두머리[13] 등이 있습니다.
& *Stabuli-Magister.* 13	der Stallmeister. 13	
His subordinantur,	Auf diese folgen /	이들에 이어서
Nobiles Aulici, 14	die Hofjunkern / 14	시종(侍從),[14] 시동(侍童),[15]
Nobile Famulitium, 15	die Edelknaben (Page) 15	그리고 수행원과 사내종,[16]
cum *Cubiculariis,*	mit den Kamerdienern /	
& *Cursoribus,* 16	uñ Lackeyen (Läuffern) 16	친위병[17]과 호위병이 있습니다.
Stipatores 17	die Trabanten 17	
cum *Satellitio.*	samt der Leibwacht.	
Legatis Exterorü 18	Frembde Abgesandte 18	왕은 **외국공사**[18]의 알현을
præbet aures solenniter.	ertheilt er Verhör (Audienz) öffentlich.	정중하게 허용합니다.
Aliorsum ablegat Vicarios suos Administratores, Præfectos, Quæstores, & Legatos,	Anderswohin schickt er seine Stellwalter / Stadthaltere / Amtleute / Rentmeister / und Gesandten /	때로는 다른 장소로 장원관리인, 대관(代官), 관령(官領), 재무관과 사신들을 파견합니다.
quibus subinde mittit Mandata nova per *Veredarios.* 19	denen er nachsendet neue Befehle [stilionen] 19 durch die Postboten (Po-	**파발꾼**[19]을 시켜서 이런 사람들에게 거듭해서 새로운 명령을 보냅니다.
Morio 20 ludicris actionibus risum movet.	Der Hofnarr 20 mit seinen seltsamen Possen macht ein Gelächter.	**궁정의 익살꾼**[20]은 우스운 연기로 웃음을 자아내게 합니다.

Z 9: und b. St. Z 16: j. b. L. (leibquardi) l. Z: m. r.

제 139 과

Miles.   Der Kriegsmann.   병정(군인)

Si bellandum est, scribuntur, *Milites*. 1	Wann man kriegen sol/ werdē geworbē/ Soldatē. 1	전쟁이 일어나면 군인[1]들이 징집됩니다.
Horum Arma sunt, *Galea* (*Cassis*) 2 (quæ ornatur *Cristâ*)	Deren Waffen sind/ der Helm (Bickelhaube) 2 (welche gezieret wird mit dem Federbusch)	그들의 무기는 투구[2] 와 (앞쪽에 깃털로 장식되었습니다)
Armatura eujus partes, *Torquis ferreus*, 3 *Thorax*, 4 *Brachialia*, 5 *Ocrea ferrea*, 6 *Manica*, 7 cum *Loricâ* 8 & *Scuto* (*Clypeo*:) 9	der Harnisch (Rüstung) dessen Stücke/ der Kragen/ 3 der Brustharnisch/ 4 die Armschinen/ 5 die Beinschinen / 6 die Blechhandschuche/ 7 samt dem Panzer 8 und Schild: 9	갑옷은 철제[3]로 몸통 갑옷,[4] 팔 갑옷,[5] 정강이 갑옷,[6] 팔 덮개[7]와 갑옷 밑에 받쳐입는 쇠사슬로 된 옷[8] 그리고 방패[9]가 있습니다.
Z 8 c. p. sunt. dessen St. sind	hæc	

hæc sunt arma defensi-　Offensiva sunt, (va.　*Gladius*, 10　*Framea*, 11 & *Acina*-　qui *Vaginâ* 13 (ces, 12　reconduntur,　& *Cingulo* 14　vel *Baltheo* 15　accinguntur;　(*Fascia militaris* 16　in servit ornatui)　*Romphæa* 17　& *Pugio*. 18　　In his est　*Manubrium*, 19　cum *Pomo*, 20　& *Verutum* 21　*cuspidatum*, 22　in medio　*Dorsum* 23 & *Acies*. 24　　Reliqua arma sunt,　*Hasta*, 25 *Bipennis*, 26　(in quibus　*Hastile* 27 & *Mucro*, 28　*Clava* 29　& *Cæstus*. 30　　Eminùs pugnatur　*Bombardis* (*Sclopetis*) 31　& *Sclopis*, 32　quæ onerantur *Globis* 33　è *Thecâ bombardariâ*, 34　& *pulvere nitrato*　è *Pyxide pulverariâ*. 35	dieses sind Schutzwaffen.　Gewehre sind/　das Schwerd/ 10　d' Degen/ 11 uñ Sebel/ 12　welche in die Scheide 13　gesteckt/　und an den Gürtel 14　oder im Gehäng 15　umgelegt werden;　(die Feldbinde [Charpe]　dienet zur Zierde)　　　　(16　dz Schlachtschwerd/ 17　und der Dolch. 18　　An diesen ist　das Häfft/ 19　mit dem Knopf/ 20　und die Klinge 21　mit einer Spitze/ 22　in der Mitte　　　de. 24　d' Rücke 23 u. die Schnei-　Die übrigē Waffen sind/　d' Spiß/ 25 die Partisan/　(woran　　　　　　　　[26　d' Schaft 27 u. dz Eisen 28)　der Streitkolb 29　und Fäustling. 30　　In der Ferne streitet man　mit Büchsen 31　und Pistolen (Faustrohren) 32　welche gelade werden mit Zu-　aus d' Patrōtasche/ 34 (geln 33　und mit Schießpulver　aus dem Pulverhorn. 35	이것들은 방어용 병기입니다.　공격용 병기로는 **칼**, 10　**양날 검**, 11 **외날 검** 12이 있는데　이것들은 **칼집** 13에 꽂혀 있으며　**허리띠** 14나　**검대** 15에 묶여 있습니다.　　(**장식끈** 16은 장식에 도움이 됩니다)　　**양날이 있는 장검** 17 및 **단도** 18 등도　거기에 달려 있습니다.　이것에는 **칼자루** 20 앞에 붙은 **자루** 19 및　끝이 뾰족한 **칼 몸체**, 21　중앙에 **칼등** 23 그리고 **날** 24이 있습니다.　　그 밖의 무기는 다음과 같습니다.　**창**, 25 **쌍날을 가진 긴 창** 26　(그것에는 자루와 철이 붙어 있습니다)　　**곤봉** 29과 **주먹만한 돌** 30이 있습니다.　멀리 떨어진 장소에는 **소총** 31이나　**단총** 32으로 공격합니다.　**탄환** 33을 **탄약상자** 34에서,　**화약**을 **화약통** 35에서 꺼내 그것에　장전합니다.

제 140 과

Castra. Das Feldlager. 군 진영

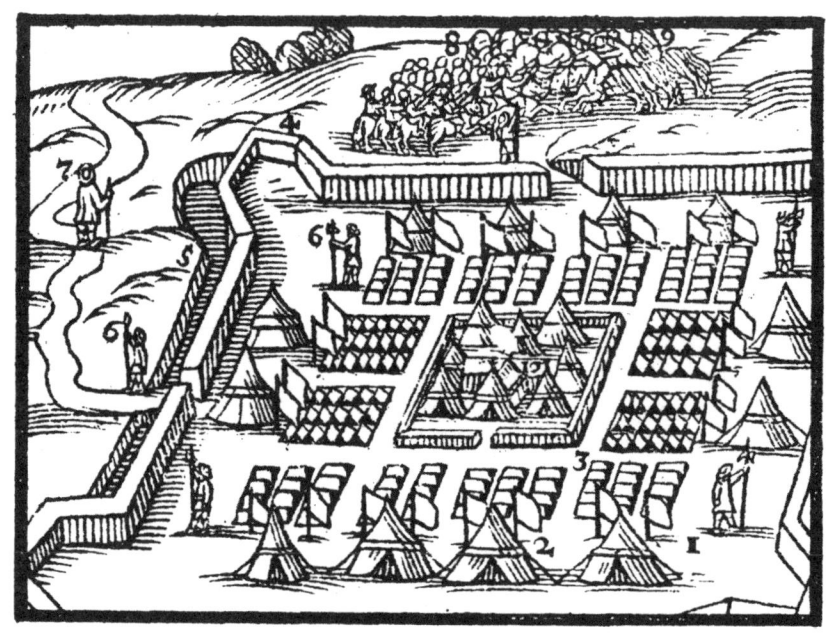

Expe-

Expeditione suscepta, Castra 1 locantur, & Tentoria paxillis figuntur, è Linteis 2 vel Stramentis; 3 eaq; circumdant, securitatis gratiâ, Aggeribus 4 & Fossis; 5 constituuntur etiam Excubiæ, 6 & emittuntur Exploratores. 7 Pabulationis & prædæ causâ, fiunt Excursiones, 8 ubi sæpius cum hostibus 9 velitando confligitur. Tentorium summi Imperatoris, 10 est in medio Castrorum.	Wann man zu Feld gezogen wird ein Lager 1 geschlagen/ und werden Gezelte mit Pflöcken aufgespannet/ entweder von Leinwat 2 oder von Stroh; 3 und dasselbe umgibt man/ Sicherheit halber/ mit Schanzen 4 und Gräben; 5 es werden auch ausgestellet Schildwachten/ 6 und ausgesendet Kundschaffter. 7 Der Fütterung und Beuten halber/ gehen aus Parteyen (Streiffrotte) 8 da offtmals mit dem Feind 9 scharmützirt wird. Das Gezelt des Generals/ 10 ist mitten in dem Lager.	광야로 진군할 때는 **진영**[1]이 세워지고 **아마포**[2]나 **짚**[3]으로 만든 **텐트**가 말뚝에 묶여 설치됩니다. 안전을 위해 텐트 주변에 **방어벽**[4]을 세우고 **도랑**[5]을 깊게 파며 **파수병**[6]을 세우고 **정찰병**[7]을 파견합니다. 식량과 전리품을 얻기 위해서 **유격대**[8]를 편성하는데 이들은 자주 **적**[9]과 충돌하고, 크고 작은 싸움을 벌이기도 합니다. **최고 지휘관**[10]의 텐트는 진영의 중앙에 있습니다.

Z 6 vel e i. Z 3 v u d. G. (oder höchsten Kriegshaupts)

Acies

제 141 과

Acies & Præ- Die Schlachtordnung 전투대형과
lium.   und Feldschlacht.   전투

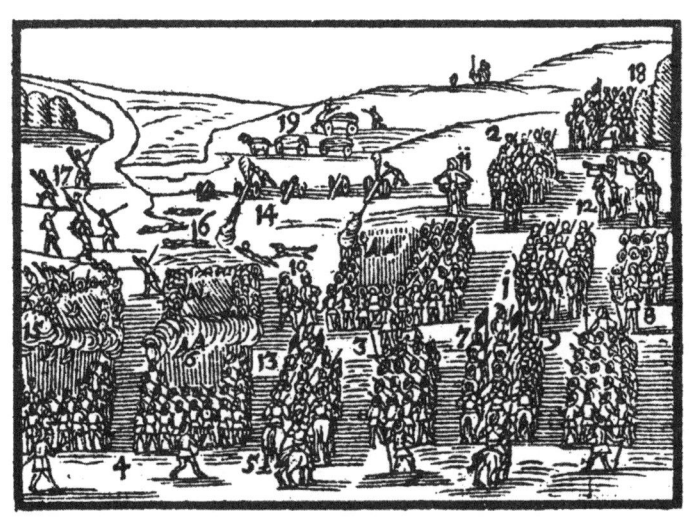

Quando *pugna* committenda est, instruitur *Acies*, & dividitur in *Frontem*, 1 *Tergum*, 2 & *Alas* (*Cornua*.) 3 *Peditatus* 4 intermiscetur *Equitatui*. 5 Ille distinguitur, in *Centurias*; hic, in *Turmas*:	Wañ mã eine Schlacht halten wil/ (ordnung/ macht mã eine Schlacht= und theilet sie in den Vortrab/ 1 den Nachtrab/ 2 und in die Flügel. 3 Das Fußvolk (Infan= wird untermischet [terie)4 d' Reuterey (Cavallerie.)5 Jenes wird getheilet/ in Compagnien (Fähnlein) dieses/ in Schwadern (Truppen) illæ,	전투가 시작되려면 전투대형이 만들어지고 **전위**,[1] **후위**[2] 그리고 **날개**[3]로 배치됩니다. **보병**[4]은 **기병대**[5]에 섞이게 되었습니다. 보병은 **중대**로, 기병은 **기병 중대**로 나누어집니다.

illæ, in medio ferunt,
Vexilla; 6
hæ, *Labara,* 7
    Eorum Præfecti sunt,
Decuriones,
Signiferi,
Vicarii,
Centuriones, 8
Magistri Equitum, 9
Tribuni,
Chiliarcha,
& omnium summus
Imperator.
    Tympanista 10
& *Tympanotriba* 11
ut & *Tubicines* 12
ad arma vocant
& militem inflammant.
    Primo conflictu,
exploduntur
Bombarda 13
& *Tormenta* : 14
    Posteà
cominùs pugnatur 15
Hastis & Gladiis.
    Victi,
trucidantur, 16
vel capiuntur,
vel *aufugiunt.* 17
    Succenturiati, 18
superveniunt
ex insidiis.
    Impedimenta 19
spoliantur.

Z 7 Sch. fällt weg, ebenso Z 10 Z 3 v u aus d. Hinterhalt Z 2 v u die Pagagi-Wägen werden g.

jene führen in der Mitte
die **Fahnen;** 6 [fahnen.)7
diese / **Standarten** (Reuter-
    Jhre Befehlshaber sind/
die **Corporale** (**Rottmeister**)
Fändriche/   [leute)
Leutenante (**Schalthaupt-**
Hauptleute (**Capitäne**) 8
Rittmeister/ 9
Obrist-Leutenante (**Schalt-**
Obristen/   [**Obristen**)
und ihrer aller Haupt
der **General** (**Feldherr**.)
    Die **Trummelschläger** 10
und **Paufer** / 11
wie auch die **Trompeter** / 12
blasen Lärmen
und machen den Soldatē mutig.
    Im Anfang des Treffens/
wird Salve gegebē (geschossen)
mit **Musketen** 13
und **Feldstücken** : 14
    Darnach
wird in der nähe gefochtē 15
mit Spißen und Degen.
    Die überwundnen/
werdē niedergehauen/ 16
oder gefangen/
oder nehmen die **Flucht**. 17
    Der **Entsatz**/ 18
kommt herzu
aus der Hinterhut.
    Der **Droß** 19
wird geplündert.
              Pugna

보병은 중앙에 **군기**[6]를 게양하고
기병은 **기병의 깃발**[7]을 게양했습니다.
그들의 지휘관은 다음과 같습니다.
하사관, 기수, 소위, 대위,[8]
기병 대위,[9] **중좌, 대좌** 및
그러한 모든 지도자의
우두머리인 **장군** 등 입니다.

나팔수[12]처럼
팀파니의 **고수**[10]와 **큰 북**[11] 소리를 내어
병사들이 용기를 갖게 해 줍니다.
접전[15]이 시작되면
소총[13]과 **대포**[14]가
발사되었습니다.

그런후 가까이에 있는 군인들은
총과 칼에 맞아 쓰러졌습니다.[16]
살아남은 자들도 부상을 입거나, 포로로
잡혔거나 또는 **도주**[17]하였습니다.
포위된 자들을 **구출**[18]하는 것은
배후 예비대에서 수행합니다.
짐[19]은 약탈 당했습니다.

제 142 과

Pugna Navalis. **Das See-Treffen.** 해전(海戰)

Nava-

Navale prælium terribile est, quum ingentes Naves, veluti Arces, concurrunt *Rostris,* 1 aut *Tormentis* 2 se in vicem quassant, atq; ita perforatæ, perniciem suam imbibunt & *submerguntur;* 3	Der Schiffstreit ist erschrecklich / wann die grossen Schiffe / als Vestungen zusammenlauffen (sein) 1 mit dē Spornen (Schnä= oder mit Stücken 2 aufeinander spielen / und also durchlöchert / ihr Verderben in sich trinken und versinken; 3	해전은 무서운 것입니다. 요새와도 같은 거대한 배가 뱃머리로 **돌진하거나**[1] 혹은 **대포**[2]로 서로 공격 하면 구멍이 뚫려 파괴되고 배는 **침몰하게 됩니다.**[3]
Aut, quum igne corripiuntur, & vel ex incendio pulveris tormentarii, 4 homines in aerem ejiciuntur, vel in mediis aquis exuruntur, vel etiam in mare desilientes suffocantur.	Oder / wann sie in Brand gerahten / und entweder durch Krafft des Stückpulver 4 die Menschen in die Lufft fliegen / oder mitten im Wasser verbrennen / oder aber in das Meer springend ertrinken.	사람들은 화약에 불이 붙음으로 화염에 휩싸이든지 **폭약**[4]이 터져 사람들의 목이 날아 가버리든지, 타죽든지, 바다에 빠져 죽습니다.
Navis fugitiva 5 ab *insequentibus* 6 intercipitur & capitur.	Ein flüchtiges Schiff wird von den Verfolgen- aufgefangen (den 6 und gefangen genommen.	**도주하는 배**[5]는 **추격한 배**[6]에 의해서 쫓기고 포획됩니다.

Z 1 d. Sch. (Seeschlacht, Seetreffen) Z 7 mit den vorderen Spitzen (Schn.) Z 17 durch Anzündung Z 20 in d. L. gesprengt Z 22 verbrennet w.

제 143 과

Obsidium | Die Stadt-Belä- | 도시를
Urbis. | lagerung. | 포위함

Urbs obsidionem passura, primùm provocatur per *Tubicinem*, 1 & invitatur ad Deditionem. Quod facere si abnuat, oppugnatur ab obsidentibus & occupatur: Vel muros per *Scalas*, 2 transcendendo,	Eine Stadt/ so man belägern wil/ wird erstlich aufgefordert durch einen Trompeter/ 1 und vermahnet zur Aufgabe. Welches zuthun so sie sich weigert/ wird sie gestürmet von den Belägrenden/ und eingenommen: (ren Indem/ entwed die Mau-auf Sturmleitern/ 2 überstiegen/ aut	도시를 포위하려면 우선 **나팔수**[1]를 통해서 신호를 보내고 항복을 강요 받습니다. 그것을 거부하면 포위한 병사들에 의해서 공격을 받고 점령을 당합니다. 성벽을 **공격용 사다리**[2]로 타고 오르든가

Z. 2 so soll belägert w.

aut *Arietibus* 3 diruendo, aut *Tormentis* 4 demoliendo; vel Portas *Exoſtrâ* 5 dirumpendo; vel *Globos tormentarios* 6 è *Mortariis* (baliſtis) 7 per *Baliſtarios,* 8 (qui poſt *Gerras* 9 latitant) in Urbem ejaculando; vel eam per *Foſſores* 10 Cuniculis ſubvertendo. Obſeſſi defendunt ſe de *muris,* 11 ignibus, lapidibus, &c. aut *erumpunt* 12 Urbs vi expugnata, diripitur, exciditur, interdû ſolo æquatur.	oder mit Böcken 3 gefället / oder mit Stücken 4 zerſchoſſen; oder die Thore mit Pedarten 5 zerſprenget; oder Fewerkugeln 6 [lern] 7 aus den Mörſern (Böh durch die Büchſemeiſter 8 (welche hinter dẽ Schanz ſich verbergen) [Körben 9 in die Stadt geworffen; oder dieſelbe durch Schanzgräber 10 untergraben (minirt) wird. Die Belägerten wehren ſich von der Mauer / 11 mit Feuerwerk / Steinen / u. d. g. oder thun einen Ausfall. 12 Eine Stadt / mit Sturm erobert / wird geplündert / ausgewürget / zuzeiten geſchleiffet.	또는 성3을 파괴시키거나 공격용 목마4로 쳐서 부수거나 대포5로 문을 파괴하거나 또는 포격수8가 불덩어리6를 (철바구니9 뒤에 숨겨둔) 성안으로 발사7하거나 공병10에 의해서 지하를 파서 점령하기도 합니다. 포위된 성안의 군대들은 성벽11에서 불이나 돌 등을 아래로 던지거나 혹은 출격부대12들이 방위합니다. 정복된 도시는 약탈 당하고 파괴되며 때로는 완전히 없어지기도 합니다.

T 2   Reli-

Z 2 v u zerſtöret 1. Z & i. s. ae. und 3. g.

제 144 과

Religio.   Der Gottesdienſt.   예배(종교)

Pietas, 1	Die Gottſeeligkeit/ 1	모든 덕행의 여왕인
Virtutum Regina,	die Königiñ aller Tugenden/	경건[1]은
hauſtâ	nachdem ſie geſchöpfet	자연의 책[2]이나
Notitiâ Dei,	die Erkäntnis Gottes/	
vel	entweder (2	(작품은 창조주를 찬양합니다)
ex *Libro Naturæ,* 2	aus dē Buch der Natur/	
(nam opus	(dann das Werk	
commendat artificem)	lobet den Meiſter)	혹은
vel	oder [(Bibel) 3	거룩한 문서[3](성경)에서
ex *Libro Scripturæ,* 3	aus dē H. Schrifftbuch	하나님의 지식을 알게 된 후
colit Deum 4	ehret Gott 4	그 경건은
humiliter;	demütiglich;	하나님[4]께 겸손히 경배하며
recolit Mandata ejus	denket an ſeine Gebote	그의 율법의 게시판에 고시된
comprehenſa	enthalten	
	Deca.	

Z 2 R. V. Z 3 nach geſchöpffter

Decalogo; 5	in der Geſetz-Tafel; 5	십계명[5]을 생각하고
& Rationem,	und/ die Vernunfft	모순에 찬 **이성**[6]을 억누르며
Canem oblatrantem, 6	den widerbellenden Hund	**하나님의 말씀에 찬성하고 믿으며**[7]
conculcans,	unterdruckend/ (6	불행 가운데서
Fidem 7	gibet ſie Glauben 7	조력자인 하나님께 간청합니다.[8]
& adſenſum præbet	und beyfall	예배는 교회(예배당)에서 행해졌으며
Verbo Dei,	dem Wort Gottes/	**예배당**[9]안에는
eumq; invocat, 8	und ruffet ihn an/ 8	**제단**[11]과 함께
ut Opitulatorem,	als einen Helffer/	찬양대[10]와
in adverſis.	in Ungemach.	성물실[12]과
Officia divina	Der Gottesdienſt	설교단상[13]과
fiunt	wird verrichtet	의자[14]
in Templo: 9	in der Kirche: 9	예배실 벽의 판[15]과
in quo eſt,	in derſelben iſt	세례대[16]가 있습니다.
Penetrale (Adytum) 10	der Chor 10	
cum Altari, 11	mit dem Altar/ 11	모든 사람들이 한 분 하나님이 계심을
Sacrarium, 12	die Sacriſtey/ 12	알게됩니다.
Suggeſtus, 13	der Predigſtul/ 13	
Subſellia, 14	die Geſtüle 14	그러나 모두가 하나님을 바르게
Ambones, 15	die Borkirchen/ 15	알지는 못합니다. 그렇기 때문에 특히
& Baptiſterium. 16	und der Tauffſtein. 16	4가지로 이해된 다른 하나님에 관한
Deum eſſe,	Daß ein Gott ſey/	가르침(종교)들이 유래 되었습니다.
ſentiunt omnes homi-	wiſſen alle Menſchen:	
ſed non omnes (nes;	aber nit alle	
rectè norunt Deum.	erkennen ſie Gott recht.	
Hinc	Daher rühren	
diverſæ Religiones	die ungleichen Gotteslehre/	
quarum primariæ IV	deren fürnehmlich vier	
adhuc numerantur.	annoch gezehlet werden.	

T 3   Gentl-

Z 2 u. 3 & obl. rat. und d. wid. Vern.   Z 5 praebet f.   Z 6 fällt pr.
   Z 11 D. o.   Z 14 in welcher iſt   Z 7 v u empfinden a. M.   Z 5 v
u n. D. r.   Z 4 v u Hinc oriuntur daher entſpringen

제 145 과

Gentilismus. Das Heidenthum. 이교(異敎)

Gentiles, finxerũt sibi prope XIIM Numina. Eotũ præcipua erant, *Jupiter*, 1 Cœli; *Neptunus*, 2 Maris; *Pluto*, 3 Inferni; *Mars*, 4 Belli; *Apollo*, 5 Artium; *Mercurius*, 6 Eurum, Mercatorum, & Eloquentiæ; *Vulcanus* (Mulciber) Ignis & Fabrorum; *Æolus*, Ventorum Præsides & Deastri:

Die Heyde/ habē thnē er- in die 12000 Götter. (dichtet Derē Vornehmste warē/ Jupiter/ 1 des Himels; Neptunus/ 2 des Meeres; Pluto/ 3 der Höllen; Mars/ 4 des Kriegs; Apollo/ 5 der Künste; Mercurius/ 6 der Diebe/ Kauffleute/ und der Beredtsamkeit; Vulcanus/ des Feuers uñ d'Schmiede; Eolus/ der Winde Vorstehere und Götzen: & ob.

이교도들은

거의 약 1만 2천 종류의 신을

고안해 냈습니다.

그것들 가운데서 가장 특이한 것은

하늘의 신 **주피터**,[1] 바다의 신 **넵튠**,[2]

지옥의 신 **플루트**,[3] 군대의 신 **마르스**,[4]

학예의 신 **아폴로**,[5]

도둑, 상업과 웅변의 신 **머큐리**,[6]

불과 대장장이의 신 **불카누스**,

바람의 신 **에오르스**와

& obscænissimus. *Priapus.*	und der allerschändlichste Priapus.	가장 파렴치하고 수치스러운 왕성한 생식의 신 **프리아프스** 등 입니다.
Habuerunt etiam Muliebria Numina: qualia fuerunt	Sie hatten auch Weibliche Gottheiten: dergleichen gewesen/	그들은 동일한 명성의 신들과 함께 있습니다.
Venus, 7 (ptatum, Dea amorum & Volucrum filiole *Cupidine*; 8	Venus/ 7 (Wollüste/ die Göttinn der Liebe und mit ihrem Söhnlein Cupi-	사랑과 쾌락의 여신인 **비너스,**[7] 그의 아들 **큐피트**[8]와 함께 **미네르바,**
Minerva (Pallas) cum novem *Musis*, Artium; (ptiarum;	Pallas/ (do; 8 samt den neun Musen/ der Künste; (Ehestands/	예술을 관장하는 9명의 여신 **뮤즈,**
Juno, Divitiarū & Nu- *Vesta*, Castitatis;	Juno/ des Reichtums un̄ Vesta/ der Keuschheit;	부와 결혼의 여신 **유노,** 정결한 살림살이의 여신 **베스타,**
Ceres, Frumentorum; *Diana*, Venationum, & *Fortuna*;	Ceres/ des Getraides; Diana/ der Jägerey; und das Glück;	곡물의 여신 **세레스,** 사냥의 여신 **디아나** 그리고 행운의 여신 **포르투나** 입니다.
quin & *Morbona*, ac *Febris* ipsa.	ja auch die Krankheit/ und das Fieber selber.	그뿐만 아니라 **모르보나**(질병)나 **페브리스**(열)까지도 모든 종류의 여신입니다.
Ægyptii, pro Deo colebant. omne genus Animaliū & Plantarum & quicquid manè primùm cōspicabátur.	Die Egypter/ ehreten vor einen Gott/ alle Geschlecht-Arten der Thiere und Pflanzen/ und alles/ was sie morgens am ersten sahen.	이집트인들은 동물과 식물 그리고 아침에 일찍 처음 본 것은 무엇이나 신으로 섬겼습니다.
Philistei, offerebant *Molocho* (Saturno) 9 Infantos, vivos cremandos.	Die Filister/ opferten dem Moloch (Saturnus) 9 ihre Kinder/ lebendig zu verbrennen.	**불레셋 사람**들은 살아 있는 아이들을 불태워 소 모양의 **화신**[9]에게 제물로 드렸습니다.
Indi 10 etiamnum venerantur *Cacodæmona*. 11	Die Indianer 10 beten noch heutzutag an den Teuffel. 11	**인디언**[10]들은 오늘날도 악령[11] 앞에 기도합니다.

Z 4 Weibl. Göttinnen Z 12 des Reichtums und Hochzeiten nach Z 18 einfügen erant Deae waren Göttinnen. Z 20 c. p. D. Z 5 v u suos inf.

제 146 과

Judaismus.   Das Judenthum.   유대교

Verus tamen Cultus veri Dei, remansit apud Patriarchas, qui vixerunt ante & post Diluvium. Inter hos, *Abrahamo*, 1 Judæorum Conditori, Patri Credentium, promissus est, Semen illud Mulieris, Mundi *Messias*; & ipse, avocatus à Gentilibus, cum Posteris,

Doch ist der rechte Dienst des wahrē Gottes/ verbliebē bey den Erzvätern/ die gelebet vor uñ nach der Sündflut. Unter diesen/ ist dem Abraham/ 1 dem Urheber der Juden/ und Vater aller Gläubigē/ verheissen worden/ der Weibes-Same/ der Welt Heiland ; und Er/ abgefordert von dē Heyden/ samt seinen Nachkommen/ Sacra-

그렇지만 참된 하나님의 섬김은
노아의 홍수 이전이나 이후에 살았던
조상들에 의하여 보존되어 있었습니다.
이들 중에 유대인의 조상이며
모든 믿는 자들의 아버지인
아브라함[1]에게
한 여자의 씨인 **구세주**의 탄생이
약속되었습니다.
그는 그의 자손들과 함께 방인들로부터

Z 1 Rectus t. e.   Z 4 b. g. haben   Z 7 est A.   Z 8 c. J   Z 9 & p. c.
Z 10 promissum

Sacramento Circumcisi-
notatus, (onis 2
singularem Populum
& Ecclesiam Dei con-
stituit. Huic populo
postea DEUS,
per *Mosen*, 3
in monte *Sinai*, 4
Legem suam,
scriptam digito suo
in *Tabulis lapideis*, 5
exhibuit.
    Porrò ordinavit
mā ducationē *Agni Pa-*
& Sacrificia (*schalis*; 6
in *Altari* 7
offerenda
per *Sacerdotes*, 8
& *Suffitûs*; 9
& jussit fieri
Tabernaculum 10
cum *Arcâ Fœderis*; 11
præterea erigi
æneum Serpentem 12
contra morsum
Serpentum in deserto.
    Quæ omnia
Typi erant
venturi Messiæ,
quem Judæi
adhuc exspectant.

Z 9 s. l. Z 20 u. h. heiſſen m.

mit dē Sacrament der Be-
bezeichnet/ (ſchneidung 2
hat ein ſonderbares Volk
uñ Kirche Gottes geſtifftet.
    Dieſem Volk
hat nachmals GOTT/
durch Moſe/ 3
auf dem Berg Sinai / 4
ſein Geſetze/
geſchrieben mit ſeinē Finger
auf ſteinerne Tafeln / 5
gegeben.
    Ferner hat er verordnet
dz Eſſen des Oſterlams, 6
und die Opfer
auf dem Altar 7
zu opffern
durch die Prieſter / 8
und Rauchwerke; 9
und hat laſſen machen
die Stifftshütte 10
mit der Bundslade; 11
überdas aufrichten
die ehrne Schlange 12
wider den Biß
d' Schlangen in d' Wüſten.
    Welches alles
Vorbilder waren
des künfftigen Meſſias/
auf welchen die Juden
annoch warten.
T 5   Chriſtia-

할례[2]를 받도록 요청받았으며
그의 백성과 하나님의 교회와
특별한 백성으로 세움을 받았습니다.
하나님은 후에
이 백성에게 **시내산**[4]에서
모세[3]를 통하여
그의 계명을 **돌판**[5]에 그의 손가락으로
직접 기록하여 주었습니다.

그 밖에도
유월절 어린양[6]을 먹을 것과
사제[8]에 의해서 **제단**[7]에 제물을
향료[9]와 함께 제사하기를 규정하였으며
광야에서 천막에 이동**성전**[10]을
언약궤[11]와 함께 설치하게 하였으며
그리고 광야에서 뱀이 무는 것에
대항해서 **구리 뱀**[12]을 만들어 달아 놓을
것을 명령했습니다.

그 모든 것은 오늘날까지
유대인들이 기다렸던 미래의 메시아의
표상이었습니다.

제 147 과

Christianismus. Das Christenthum. 기독교

| Unigenitus æternus Dei Filius, 3 promissus Protoplastis in Paradiso, tandé, impleto tepore, cōceptus per S. Spiritū in utero sanctissimo Mariæ 1 Virginis de domo regiâ Davidis, & indutus humanâ carne, Bethlchemi Judææ, in summa paupertate Stabuli, 2 | Der eingebohrne ewige Sohn Gottes/ 3 versproche den erste Mesche im Paradeiß/ ward endlich/ in Fülle d' Zeit empfangen vom H. Geist in dem heiligsten Leib der Jungfrauen Maria/ 1 vom Königlichen Haus Davids/ und angezogen mit der Menschheit/ zu Bethlehem in Judäa/ in höchster Armut eines Stalles / 2 Anno | 독생하신 영원한 **하나님의 아들**3은 낙원의 첫 인간에게 약속되었으며 마침내 성취의 시대에 다윗의 왕적인 가문의 동정녀 **마리아**1의 거룩한 몸에 성령으로 잉태되었습니다. 유대 땅 베들레헴의 매우 초라한 **마굿간**2에서 인간성을 가진 몸으로 |

Z 2 III F. D.   Z 5 w. e. bei erfüllter Zeit   Z 7 in s. n.   Z 8 III V. M.   Z 9 III d. r. d.

Anno Mundi 3970 in mundum prodiit, sed mundus ab omni peccato, eiq; impositum fuit nomen *Jesu*, quod significat *Salva-* (*torem.*)	im Jahr der Welt 3970 zur Welt gebohren/ aber rein von aller Sünde/ und ihme gegeben der Nahme Jesus/ (welches heisset einen Hei- (*land*)	AM 3970년에 탄생하였습니다. 그러나 그는 모든 죄로부터 깨끗하였으며 그에게 **구세주**라 불리는 분입니다. **예수**라는 이름이 주어졌으며
Hic, cum imbueretur sacro *Baptismo*, 4 (Sacramento Novi Fœderis) à *Johanne* præcursore in Jordane. [suo, 5 apparuit sacratissimū Mysteriū divinæ *Trinitatis*, *Patris* voce 6 (quâ testabatur, hunc esse *Filium* suum) & *Spiritu Sancto* in specie *Columbæ*, 7 cælitus delabente.	Dieser/als er empfinge die heilige Tauffe 4 (das Sacrament des neuen Bunds) võ Johannes ₅ seinē Vorläuffer in Jordan/ [da ist erschienen dz allerheiligste Geheimniß der Göttl Drey-einigkeit/ indem die Stime des Va- (womit er bezeugete/[ters 6 daß dieser sein Sohn sey) und der heilige Geist in Gestalt einer Taube/ 7 vom Himmel herabkame.	그가 그의 앞선자인 **요한**[5]으로부터 요단강에서 거룩한 **세례**[4] (새 언약의 성례)를 받았을 때 거기에 신적인 **삼위일체** 하나님의 가장 거룩한 신비가 나타났으며 이것은(그의 아들임을 중언하는 것) **비둘기**[7]모습으로 성령이 하늘로부터 임하셨던 **하나님 아버지의 음성**[6]이었습니다.
Ab eo tempore, XXX ætatis suæ anno, Verbis & Operibus, præ se ferentibus Divinitatem, declaravit, quis esset, in annum usq; quartū; à Judæis	Von der Zeit an/ da er 30 Jahre alt ware/ hat er mit Wörten und Werken/ die da liessen spüren eine Gottheit / erwiesen/ wer er sey/ biß in das vierdte Jahr: von den Juden nec	그 시대로부터 그가 30세가 되었을때 신성을 느끼게 하는 그의 말과 활동에서 그가 누구인지가 확인되었지만 4년이 지날 때까지 스스로의 가난 때문에 유대인들로부터

Z 3 v u III wer er wäre

nec agnitus nec exceptus, ob voluntariam paupertatem.	weder erfand noch angenommen/ wegen seiner freywilligen Armut.	인정되지도 않았으며 수용되지도 않았습니다.
Ab his (set (quùm priùs instituisCœnam mysticam 8 Corporis & Sanguinis in Sigillum [sui, novi Fœderis & sui recordationem) captus tandem, ad tribunal Pilati Præfecti Cæsarei raptus, accusatus, & damnatus est, agnus innocentissimº; actusq; in Crucem, 9 in arâ istâ, pro peccatis mundi immolatus, mortem subiit.	Von diesen (hatte (als er erstlich eingesetzt das heilige Nachtmal/ 8 seines Leibes und Blutes/ zu einem Sigel des neuen Bunds und zu seiner Gedächtniß) ward er endlich gefangen/ vor den Richtstul Pilati des Käyserlichen Landpflegers gerissen / angeklaget/ und verdammet/ das unschuldige Lam; da es/ gecreuziget/ 9 auf selbigem Altar/ vor der Welt Sünden geschlachtet/ den Tod erlitten.	이로부터 (그가 먼저 그의 몸과 피의 **거룩한 만찬**8을 새 언약과의 증표와 그의 기억의 표지로 제정했을 때) 그는 마침내 체포되었고 황제의 대리통치자인 빌라도의 법정에 연행되어 고발되었고 유죄 판결을 받았습니다. 죄 없는 어린양은 **십자가**9에 매달려 세상의 모든 죄들을 대신하는 **희생제물**이 되어 죽음의 고통을 당했습니다.
Sed tertiâ die, quum revixisset divinâ suâ virtute, resurrexit è Sepulcro, 10 & post dies XL, de Monte Oliveti 11 sublatus in Cœlum 12	Aber am dritten Tag/ als er wieder lebendig worden durch seine Göttliche Krafft/ ist er wieder erstanden aus dem Grab / 10 und nach 40 Tagen vom Oelberg 11 aufgenommen in Himmel 12 & eò	그러나 삼 일 만에 그는 신성의 능력으로 다시 살아 **무덤**10에서 부활하였습니다. 그리고 40일 후에 **감람산**11에서 **승천**12하셨습니다.

Z 6 als er vorher e. h.

& eò rediens unde venerat, quasi evanuit, aspectantibus *Apostolis*, 13 quibus decimâ die post Adscensum suum, *Spiritum Sanctum* 14 de Cœlo, ipsos verò, hâc Virtute impletos, de se prædicaturos, in Mundum, misit: olim rediturus ad *judicium extremũ*, intereà sedens ad *dextram Patris*, & intercedens pro nobis. Ab hoc Christo d'cimur Christiani, inq; eo solo salvamur.	und dahin wiederkehrend woher er kommen ware/ gleichsam verschwunden/ in Angesicht seiner Jüngere / 13 welchen er am zehenden Tag nach seiner Auffart/ den heiligen Geist 14 vom Himmel herab/ sie aber/ mit dieser Krafft erfüllet/ daß sie von ihm predigten/ in die Welt / gesendet: wird dermaleins wiederkommen zum Jüngsten Gericht; sitzend unterdessen zur Rechte des Vaters/ und vor uns bittend. Von diesem Christo heissen wir Christen/ und in Ihm allein werden wir seelig.	그는 그의 **제자**[13]들의 목전에서 사라지게 된 것처럼 그가 오셨던 그곳으로 되돌아올 것입니다. 그는 제자들에게 승천하신 10일 후에 **성령**[14]을 하늘로부터 보내주셨으며 그들은 그의 능력으로 충만케 되었으며 그들이 세계 가운데서 예수 그리스도에 관하여 설교하도록 파송되었습니다. 그는 **최후의 심판** 때에 다시 오실 것이며 그 사이에 그는 **아버지의 우편**에 앉아 계시면서 우리를 위하여 기도하십니다. 이러한 그리스도로 부터 우리는 기독인으로 불리게 되며 그리스도 안에서 우리는 구원받는 자가 될 것입니다.

Maho-

Z 3 q. disparuit   Z 4 in conspectu   Z 5 Apostolorum   Z 8 p. s. a.
Z 10 v u a. e. j.   Z 7 u. 6 v u lat. ungestellt

제 148 과

Mahometi-smus.   Der Mahometische Glaube.   무슬림의 신앙 (이슬람)

Mahomed 1. homo bellator, excogitabat sibi novam Religionem mixtam ex Judaismo, Christianismo, & Gentilismo, consilio Judæi 2 & Monachi Ariani, 3 nomine Sergii; fingens,

Mahomet 1 ein Kriegsmann/ erdachte ihm eine neue Religion/ zusammengemischt aus dem Judenthum/ Christenthum/ und Heidenthum/ mit Rahte eines Juden 2 uñ Arianische Mönchen/ Nahmens Sergius; (3 vorgebend/
         dum

병사였던 **마호메드**[1]는
세르기우스란 이름의
아리우스파의 수도사[3]인
유대인[2]의 조언을 받아
유대교와 기독교와
이교도를
혼합한
새로운 종교를
고안해 냈습니다.

dũ laboraret Epilepsiâ, secum colloqui Archangelũ Gabrielẽ, & Spiritum Sanctum, adsuefaciens *Columbam*, 4 ut ex aure suâ escam peteret.	wann er die fallende Sucht es rede mit ihm (hatte/ der Ertzengel Gabriel/ und der heilige Geist/ indem er gewöhnte eine Taube/ 4 daß sie aus seinem Ohr Speise holete.	그가 간질병에 걸렸을 때 대천사(大天使) 가브리엘과 성령은 귀에 그가 음식을 섭취하도록 비둘기4를 길들일 것을 그에게 일러주었습니다.
Asseclæ ejus, abstinent se à Vino; circumciduntur: sunt Polygami; exstruunt *Sacella*, 5 de quorum Turriculis non à Campanis sed à *Sacerdote* 6 ad sacra convocantur; sæpius se *abluunt*; 7 negant SS Trinitatem; Christum honorant, non ut Dei Filium, sed ut magnum Prophetam, minorem tamen Mahomete; Legem suam vocant *Alcoran*.	Seine Nachfolger/ enthalten sich des Weins; lassen sich beschneiden; haben viel Weiber; bauen Kirchlein/ 5 von deren Thürnlein sie nicht durch die Glocken sondern durch dẽ Priester zum Gottesdienst (6 beruffen werden; sie waschen sich offt; 7 verläugnen die Hochh Dreyeinigkeit; ehren Christum/ nicht als einẽ Sohn Gottes/ sondern als einen grossen Propheten/ doch kleiner als Mahomet; ihr Gesetze nennen sie Alcoran. Provi-	그의 추종자들은 음주를 절제하며 할례를 받게 하며 여러 아내를 가지게 됩니다. 교회5를 세우며 탑으로부터 종을 치는 것이 아니라 사제6들이 목소리를 통해서 사람들을 예배에 초대하였습니다. 그들은 가끔 몸을 씻지만7 거룩한 삼위일체 하나님을 믿지 않으며 그리스도를 존경하지만 하나님의 아들로서가 아니라 위대한 한 예언자로서이며, 마호메드 보다는 작은 자로 여깁니다. 그들은 그들의 계율을 알코란(코란)이라고 부릅니다.

Z 10 se fällt weg Z 11 werden beschn. Z 7 v u III n. u. f. D. Z 2 v u III s. l.

제 149 과

Providentia Dei.   Die Vorsehung Gottes.   신의 섭리

Humanæ Sortes, non tribuendæ sunt Fortunæ, aut Casui, aut Siderum Influxui, (Cometa 1 quidem solent nihil boni portendere) sed provido Dei Oculo 2 & ejusdem Manui rectrici; 3

Das Menschliche Glück ist nit zu zuschreiben (wesen/ dem Glück/ oder dem Zufall/ oder den Stern-Einflüssen/ (zwar die Schwanzster-(ne[Cometen] 1 pflegen nichts guts anzudeuten) sondern Gottes allsehen- und dessen (dem Aug 7 allregirender Hand; 3 etiam

인간적인 행운은 행운이나, 우연이나 또는 별의 영향에 본질적으로 전가할 수 있는 것이 아니라 (비록 **혜성**[1]일지라도 항상 선을 암시하는데 도움이 되지 않습니다), **하나님의 모든 것을 꿰뚫는 눈**[2]과 모든 것을 다스리는 **그의 손**[3]에 달려 있습니다.

1. Z. r. m.

etiam nostræ Prudentiæ vel Imprudentiæ, vel etiam Noxæ.	auch unſrer Vorſichtigkeit oder Unbedachtſamkeit/ oder auch Sünde.	우리의 신중성이나 경솔한 행동이나 죄에 대해서도 그러합니다.
Deus habet ministros suos & *Angelos*, 4 qui *Homini*, 5 à nativitate ejus, se associant, ut Custodes, cōtra malignos Spiritūs seu *Diabolum*, 6 qui minutatim ei insidias struit, ad tentandum vel vexandum.	Gott hat ſeine Diener und Engel / 4 welche dem Menſchen/ 5 von ſeiner Geburt an ſich zugeſellen als Beſchützere/ wider die böſen Geiſter oder den Teuffel/ 6 der da Augenblicklich ihme nachſtellet/ ihn zu verſuchen oder zu plagen.	하나님은 섬기는 자와 **천사**[4]를 가지고 있습니다. 그들은 **인간**[5]에게 그의 탄생에서부터 보호자로서 악한 영에 대항하여 동행합니다. 그러나 **악마**[6]는 인간을 유혹하거나 괴롭히기 위해 항상 순간적으로 그에게 기회를 엿봅니다.
Væ dementibus *Magis* & *Lamiis*, qui Cacodæmoni se dedunt, (inclusi *Circulo* 7 cum advocantes incantamentis) eum eo colludunt, & à Deo deficiunt! nam cum illo mercedem accipient.	Wehe den Thörichten Zauberern und Hexen/ die dem Sathan ſich ergeben/ (verſchloſſ? in einē Zirkel 7 mit Beſchwerungen ihm herzubannend) mit ihm zu thun haben / und von Gott abfallen! dann ſie werden mit ihme Lohn empfangen.	사탄에게 항복하는 어리석은 자들인 **마법사**들과 **마녀**들에게 화가 있을 찌라! (주문으로 불러서 **원형**[7]안에 가둡니다) 그들은 악마와 결탁하고 하나님으로부터 타락합니다! 물론 그들은 행한 대가(보복)를 받게 될 것입니다.

V Judicium

Z 14 qui quovis ictu oculi der da alle Augenblick Z 6 u. 5 lat umgeſtellt Z 2 u. 1 v u dann mit ihme w. ſ. d. L. e.

제 150 과

Judicium Extremum.　Das Jüngste Gericht.　최후의 심판

Nam

Nam adveniet Dies novissima, quæ Voce *Tubæ* 1 *Mortuos* 2 resuscitabit, & cum illis Vivos citabit ad Tribunal *Jesu Christi*, 3 (apparentis in Nubibus) ad reddendā rationem omnium actorum. Ubi pii (justi) & *Electi* 4 in Vitam æternam, in locum Beatitudinis & *novam Hierosolymā* 5 introibunt: Impii verò & *Damnati* 6 cum *Cacodæmonibus* 7 in *Gehennam* 8 detrudentur, ibi æternùm cruciandi.	Dann es wird kommen der Jüngste (letzte) Tag/ welcher (1 mit der Posaunen Stimme die Todten 2 wieder erwecken/ und mit ihnen die Lebendigen beruffen wird vor den Richterstul Jesu Christi/ 3 (erscheinend in den Wolken) Rechenschafft zu geben von allem/ was sie gethan. Da die Frommen (Gerechte) und Auserwehlten 4 in das ewige Leben/ in den Ort der Seeligkeit uñ in dz neue Jerusalem 5 eingehen: Die Gottlosen aber und die Verdamten 6 mit den Teuffeln 7 in das höllische Feuer 8 werden verstossen werden/ allda ewige Plage zu leiden.	최후의 날은 반드시 오게 될 것입니다. 그날은 **나팔소리**[1]로 **죽은 자**[2]들이 다시 살아나며 그들과 함께 살아있는 사람들도 모든 자신의 행위를 변호하기 위해서 구름속에서 나타나면서 **예수 그리스도의 법정**[3]으로 소환될 것입니다. 그때 경건한 사람(의로운 자)과 **선택받은 사람**[4]은 영원한 생명으로 구원의 장소로 **새로운 예루살렘**[5]으로 들어갈 것입니다. 그러나 불신앙자들과 **악마**[7]들과 함께 **저주받은 사람**[6]들은 **지옥불**[8] 가운데서 영원히 괴로움을 당하도록 쫓겨가게 될 것입니다.

V 2   Clausula.

Z 2 n. d.   Z 11—18 a. J. C. i. n des erscheinenden J. Ch. t. d. W.
     Z 14 ad ra. re.   Z 15 o. actionum aller Handlungen. Z 18 III i.
     ae. v.   Z 21 werden eingehen   Z 2. 1 v u a. ewiglich gemartert z. w.

Clausula. **Beschluß.** 끝맺음

Ita

Ita vidisti summatim Res omnes, quæ ostendi poterunt, & didicisti Voces primarias *Latinæ* (Germanicæ) *Linguæ.* Perge nunc, & lege diligenter alios bonos Libros, ut fias Doctus, Sapiens & Pius. Memento horum; Deum time, & invoca eum ut largiatur tibi *Spiritum Sapientiæ.* Vale!	Also hast du gesehen in einem kurzen Begriff/ alle Dinge/ die sich vorstellen lassen/ und gelernet die vornehmsten Wörter d̅ (Lateinischen) Teutschē Sprache. Fahre nun fort/ und lise fleissig andre gute Bücher/ daß du werdest Gelehrt/ Weiß und Fromm. Gedenke hieran; fürchte Gott/ und ruffe Ihn an/ daß Er dir verleihe den Geist der Weißheit. Lebe wohl!	이와 같이 너는 여기에 소개하는 간략한 모든 사물을 보았고 (**라틴어**) 독일 언어의 탁월한 낱말들을 배웠다. 너는 학식이 있고 지혜롭고 경건하게 되도록 다른 좋은 책들을 열심히 읽기를 계속해야 한다. 여기서 기억해야 할 것들은 하나님을 경외하며 그분이 **지혜의 영**을 너에게 부여하도록 그분에게 기도해야 하는 것이다. 안녕!

V 3   IN-

Z 8 III o. r.   Z 4 quae possunt ostendi die gezeugt werden können
Z 5 u. hast g. Z 6 p. v. l. Z Gehab dich wohl

"세계도해"(Orbis sensualium pictus)에 반영된 코메니우스의 교육철학적 의미와 간략한 책 내용 그리고 출판의 역사

1. 언어학습교재

코메니우스 시대에 라틴어는 국제적인 교육언어요, 보다 수준 높은 교육의 수단이었기 때문에 코메니우스는 사물을 익히는 훈련에 더 많은 시간을 갖도록 더 빠르고 더 쉽게 배울 수 있는 방법적인 가능성을 찾았다. 교사로서의 경험, 그 당시 교과서의 지식, 그리고 그것들에 대한 비판적인 평가는 코메니우스로 하여금 유익한 언어교재를 학생들에게 단지 언어지식을 중재할 뿐만 아니라 세계에 대한 실제적인 가르침을 중재하는 결과에 이르게 하였다. 그 때문에 그는 약 7300개의 중요한 낱말들을 선택하여, 그것들로 천 가지의 문장들을 만들게 했으며, 그 문장들을 가지고 사물의 원리에 따라 백여 개의 학습교과로 연결시켰다. 원래 코메니우스는 1631년 레스노(리사)에서 "열려진 언어의 문"(Janua linguarum reserata)이란 언어교재를 출판하였다. 그렇지만 그는 중재하는 언어가 모국어가 되도록 계획하여, 곧 폴란드에서 한권의 번역을 제시하였고, 체코어(모국어)판인 "열려진 언어의 문"이란 책을 또한 만들게 되었다. 비록 이 책이 세계적으로 의미 있는 성과를 가져왔음에도 불구하고, 초보자들이 배우기에는 아주 힘들고 어려웠다. 그 때문에 코메니우스는 근본적으로 더 쉬운 교과서를 만들게 되었으며, 그것은 "언어적으로 열려진 언어의 문 앞뜰"(Januae linguarum reserata Vestiblum)로 불리게 되었다.

코메니우스의 작품 "세계도해"는 언어교재들에서 그의 작업의 절정을 보여준다. 이러한 가장 성공적이며, 유명한 교재는 앞서 만들었던 언어 입문서의 요약과 단순화 작업을 통하여 생겨났으며, 입문서와 "앞뜰"이란 책의 완성을 위한 준비에 도움이 되었다.

"세계도해"란 이 유명한 작품에 빈번히 사용된 주제는 감각적으로 파악되고 인지된 사물들과 현상세계가 중요하다는 것을 보여주며 저자 의도의 시작점에서부터 올바른 정확성을 측정하는 요약된 주제이기도 하였다. 코메니우스는 이러한 그의 의도를 이 작품에서 분명하고 명쾌하게 표현해 주었다. "가장 중요한 것은 그것들이 잘 이해되도록 먼저 성향을 감각적인 것들을 감관적으로 인지할만한 사물들을 제시하는 것이다. …우리가 관계하는 것과 우리가 말해야 하는 모든 것을 바르게 이해하기 전에, 우리는 행동하거나 지혜롭게 말할 수 없기 때문이다. 먼저 감각으로 느껴지지 않았던 것은 이해 되지 않는다. 사물들 사이에 구별과 올바른 이해로 의미들을 열심히 연습하는 것은 삶에서 모든 지혜와 모든 지혜로운 말과 모든 지혜로운 행동의 토대를 놓는 것을 뜻한다." 코메니우스는 이와 같이 배움을 통하여 적용하는 각자의 표현이 대상의 인식과 이해와 함께 또는 주어진 표현을 통하여 그려진 현상과 결부되도록 많은 노력을 기울였다. 그 때문에 그는 청각과 시각과 후각과 촉각의 참여를 언어수업에서 강조하며, 학생이 표시할 수 있는 만큼 그림에서 실제로 보는 것을 말하기를 요구하였다.

"세계도해"(Orbis sensualium Pictus)는 이와 같이 언어수업에 대한 코메니우스의 교수법적인 개관의 가장 분명한 적용을 표현하고 있다. "세계도해"의 원형은 각 장이 먼저 다룬 주제를 포함하며, 번호표시를 통하여 개별 대상과 현상의 그림을 가진 텍스트와 함께 결합된 거기에 있다.

이 책(세계도해)에서 확인되는 것은 모국어와의 주목할 만한 관계이다. 코메니우스가 스스로 그 책의 머리말에 썼던 것처럼, 이 책(Orbis)은 생생한 언어 번역에 의하여 모국어의 사용으로 인도할 수 있었으며, 더욱이 초보적인 독서에서부터 사물의 배움까지 이르게 된다. 학생들이 쉽게 읽을 수 있도록, 그 책은 처음에 생생한 알파벳을 열거하고 있다. 그 책은 스스로 어려운 정신적 고통의 학습을 자유롭게 해주려고, 어떻게 진행해야 할지를 보여준다. 그 책은 마지막에 간략한 모국어의 문법을 첨부할 것을 고려하였다. 그 책의 모국어로의 번역은 다만 직관적인 인식뿐 아니라, 학교 이전 아이들에까지 그 책의 더 쉬운 적용이 가능할 것이며, 또한 하나의 그림교재로서 직관에 도움을 주며, 세계를 알려주는 일에도 유익할 것이다.

2. 코메니우스의 철학적 개관들이 반영된 책

"세계도해"는 코메니우스의 교수학적인 노력의 절정일 뿐 아니라, 범지혜에 관한 그의 노력의 중요한 부분들이 반영된 언어학습서이다. 이것은 코메니우스의 교육철학적 개관들이 잘 반영된 책이라 할 것이며, 코메니우스가 언제나 완전하고 전체적인 교육에 힘썼던 것을 엿보게 해 준다. 그 때문에 그는 이러한 언어교재를 하나의 백과사전적인 책으로 구상하였으며, 처음으로 감각적인 백과사전 또는 그림책으로 명명되기를 숙고하였다. 그리고 세계도해(Orbis sensualium pictus)란 이름은 후차적으로 생겨났으며, 비유성과 함께 아이들에게 더 이해적인 책이 되었다.

사람들이 간혹 학교를 두고 소위 백과사전주의 학파라며 생각하지도 않았던 비난에 대해 우리가 그것을 이해해 볼 때, 백과사전이란 개념은 코메니우스에게서는 다른 의미를 가졌던 것임을 알 수 있다. 사람들은 이 사이에서 관계성에 관한 의식 없이 단지 기계적으로 조성된 지식의 복합성처럼 적절한 교육단계에 적합하지 않은 설화 소설적인 지식과도 같이 부담스러운 것으로 이해한다. 이에 비해 코메니우스의 백과사전이란 현상들이 서로 하나의 유기적인 전체와 결속되고 밀착된 범주 안에 백과사전적인 교육체계로 이해했다. 이와 같이 그에게는 하나의 체계적인 교육이 중요했다.

사물과 현상의 이러한 연결이 보여주는 것처럼, 이 책의 개별적인 장은 그 순서들을 가장 잘 보여준다. 철학적인 직관과 일치하여 코메니우스는 첫 장의 주제인 "하나님"을 그의 본질 즉 그분의 고유성을 밝히는 일에 집중한다. 그 장 마지막에 그는 하나님을 세계의 창조주요, 주인이시며, 보존자로 묘사한다. 계속되는 6장에 걸쳐 그는 세계를 전체로서 즉 하늘과 요소와 구름과 땅을 서술한다. 이어지는 장에서는 땅의 열매를 다루었는데, 거기에는 비생물적인 자연으로서 산과 돌, 땅과 물속에 식물과 동물이 포함되어 있다. 그 장은 살아 있는 자연의 최고의 피조물로서 인간에 대하여 다룬 것으로 하나의 장으로 끝맺는다. 인간에 대한 장에서 코메니우스는 그의 일곱 개의 발전단계에 있는 인간의 모습을 보여준다. 그는 인간의 몸체와 몸의 유기체들을 서술한다. 그는 표면적이며 내면적인 감관들의 소개에 집중한다. 다섯 가지 표면적인 감관들은 눈, 귀, 코, 혀, 손을 통하여 묘사하였다. 묘사되지 않는 내적인 감관들로서 공동체, 생각하기, 기억에 대한 감관이 소개되었다. 개체로서 인간에 대한 그 장과 동시에 하나님의 가장 완전한 창조는 영혼에 대한 것을 다룸으로써 종결된다. 기형인 사람, 예를 들면 거인, 난쟁이, 두 몸체를 가진 사람, 꼽추 등과 같은 정상적인 신체 균형의 현저한 회피들로써 그려진 장이 포함된 것은 우연이 아니다. 이것은 하나님의 작품이 점차적으로 그의 원천적인 완전성을 상실했던 코메니우스의 확신에 상응한다. 인간은 삶에 삽입되어 있는 활동에 전념된 그 장은 44장에서 시작된다. 인간은 그의 창조적인 활동과 함께 자연을 바꾸며, 스스로 완전해 지며, 그가 다시 하나님께 최상의 완전성으로 되돌아갈 때까지 활동하는 한 인간과 자연의 세계 안에서 역동적인 전환을 초래하는 노동의 세계가 그려졌다. 그 때문에 그 장은 열중했던 동산과 함께 상징적으로 시작한다. 코메니우스는 아담의 첫 노동은 동산건설이었다는 것은 이러한 접근에 근거하고 있다. 동시에 다음의 장은 농경제와 가축사육을 묘사한다. 이어지는 많은 장에서처럼 또한 이러한 기초적인 활동에 의하여 이야기 가운데서 일정한 모습이 빠지지 않았다. 코메니우스는 말하자면 쟁기질을 하던 자리에서 다스림을 수행하는 일에 부름받게 된 지배하는 왕조들의 근거에서 알려진 말과 관련하여, 분명히 그것들이 오늘날 가장 낮은 신분을 가진 자들의 노동인 반면에 농사일과 동물사육은 더 초기에 영웅과 왕의 노동이었다는 사실을 기억한다. 계속되는 장은 거의 모든 근본적인 활동과 생업을 다루고 있다. 이러한 것들과 함께 인간은 생필품을 마련했으며, 의복과 신발을 생산했으며, 그의 거주지를 만들었다. 기계에 대하여 다루고 있는 장은 코메니우스가 기술적인 발전과 발견을 어떻게 주의 깊게 관찰했는지를 보여주고 있다. 점점 더 철광석 가구공, 선반세공업, 도자기류 제조업, 우물굴착공사, 목욕기구, 이발사, 군의사의 조수업무의 지하자원 채굴과 가공 방식과 같은 매력적인 노동에 대하여 다루어졌으며, 마침내 사람들이 집안 시설과 거주에 필요로 하는 모든 것이 다루어졌고, 이와 같이 목욕기구와 이발사와 군의관 조수업무도 취급되었다.

외양간으로 시작하며 난파선과 함께 끝나는 몇몇 장의 영역은 첫 모습에서 무엇인가 이질적으로 보여 진다. 그러나 그의 내적인 결합은 그렇게 해서 인간이 단계적 방법으로 공간과 시대의 한계를 극복하는 활동영역이 중요하다는 것이 제시되었다. 말 사육과 전문가들의 생산, 가죽(끈)과 아마포와 말의 기수와 뱃사공과 수영처럼, 그 자체가 중요할 뿐만 아니라, 이러한 활동의 결과가 중요하다. 즉 시계와 망원경과 광학유리와 저울과 여러 가지 배의 종류이다.

마지막 장은 성과 외에 이러한 노력과 여러 가지 완성은 종종 실패도 동반된다는 것에 대해서 기억한다. - 몇 사람들은 배의 파선으로 구원을 받게 되었으며, 그러나 다른 사람들은 고난을 받게 되며, 그들이 가진 짐이 바다 밑에 가라

앉게 된다. 사상의 전달과 확장에 전념된 계속적인 영역은 주제적으로 결합되었다. 그것은 글쓰기의 기술, 책과 인쇄, 학교를 뜻하는 것이다. 코메니우스는 말의 기술에서 다른 기술, 음악을 첨부했던 것은 의심 없이 그것의 결과는 1659년 암스테르담에서 출판되었던 지방행정구역이었던 그 자체의 찬미적인 활동과 연결되었다. 철학은 이 책(Orbis)에서 모든 과학의 요약을 표현하고 있다. 그것들 가운데서 수량의 과학은 의미 있는 입장을 취하게 되는데, 그것은 다른 학문영역의 연구를 위한 전제이기 때문이다. 그리고서 땅의 측량과 초현세적인 몸체와 현상에 관하여 알아야 하는 것이 뒤따르게 된다. 몇 개의 도식적인 그림은 우리에게 동시대이며, 물론 지정학적인 세계관의 출발점으로부터 천문학적인 지식을 분명하게 해 준다(이것은 후기의 출판자들로부터 변경되었다). 과학적인 지식의 전체의 복합체는 그 당시 유럽의 지도와 함께 끝맺는다.

코메니우스는 인간의 도덕형성의 영역에 윤리에 대한 장을 배려하였다. 그 안에서 그는 윤리에 대한 보편적인 가르침을 인간적인 덕행과 같이 전체적인 복합체로 수용하였다. 즉 신중함, 근면, 절제, 용기, 인내, 인간성, 정의, 호의 등에 관한 내용들이었다.

사회적인 삶에 대한 장은 그 삶의 근본요소를 묘사하는 결혼과 함께 시작한다. 그리고 나서 계속되는 장에서는 지도와 관리 등의 계속적인 요소들이 다루어졌다. 코메니우스는 사회적인 삶에서 곡예사, 연극, 그리고 여러 가지 놀이들을 제외시키지 않았다. 세상 권력을 다루게 된 장은 통치와 군사적인 업무를 가진 왕국으로써 끝내게 된다. 그리고서 인간을 최고의 권력으로 인도하는 장이 뒤따르게 된다. 인간은 종교를 수단으로 신에게 접근하게 된다. 그것은 이교와 유대교에서 기독교로의 발달 계보 안에서 코메니우스로부터 그리고 먼저 나아가는 모든 종교들의 혼합으로 해명된 이슬람주의가 마지막으로 언급되었다. 비록 기독교가 가장 상세하게 다루어졌음에도 불구하고, 다른 종교들이 객관적으로 그리고 각자의 종교적인 것을 관용적으로 논하였다. 하나님의 정의를 다룬 이전 장에서 코메니우스는 인간을 올바른 길에서 멀어지게 하는 미신과 사탄의 흉계와 여러 가지 속임수에 대하여 경고한다. 의로운 자들에게 영원한 구원을 보증하는 최후의 심판과 함께 하나님에게서 벗어났다가 그에게로 다시 돌아오는 전체의 순환과 함께 이 책은 끝나게 된다.

열거된 교육의 순환은 근본적으로 취해진 하나의 구체적인 코메니우스의 보편적인 범지혜사상의 적용을 뜻한다.

그것들은 후에 "인간적인 일들의 관계개선에 대한 포괄적인 제언"이란 작품 안에서 그것들의 포괄적인 표현을 발견하게 되었다. 코메니우스의 전체 교수학적인 체계(System)는 확고한 철학적인 토대 위에 기초하고 있다는 사실이다. 여기서 확인되는 것은 코메니우스가 우리에 의하여 탁월한 교육자로만 소개되고 그의 철학과 교육철학이 기여한 점은 충분히 평가되지 못했다는 것이다. 그의 사상은 비공식적인 철학적 연구방향에서 대표되었으며, 특히 철학자 파토츠카(Jan Patocka)와 그의 제자들을 통하여 코메니우스의 사상은 새롭게 창의적으로 발전되었다.

코메니우스는 철학자로서 신(하나님)으로부터 부여된 질서에서 출발하였으며, 인간은 그 안에서 그의 자리를 가진다는 것을 확신하였다. 이러한 세계 안에서 인간의 인간적인 과제는 최상의 목표를 향한 노력에 의한 그의 공동사역이다. 그는 인간의 능동성과 그의 창의적인 활동성과 자신을 현저하게 완성시키는 그의 자질을 강조하였다. 코메니우스는 앞서 그 누구도 알지 못했던, 인간적인 노동과 창조적이며 인간적인 활동의 높은 가치를 분명히 알고 있었다.

3. 세계도해의 출판 제작 과정과 사용의 역사

체코의 독자들에게 이 작품(Orbis Pictus)이 알려지게 되는 길은 쉽지도 빠르지도 않았다. 본래 코메니우스는 이 작품(세계도해)의 라틴어 텍스트를 학교 개혁을 돕기 위하여 헝가리의 귀족으로부터 초청되었던 사로스파탁(1650-1654)에 체류하는 동안에 준비했다.

그는 먼저 1650년 10월, 3학급으로 구성된 라틴학교를 설립하여 단계적인 방법으로 아이들의 수업에 사용해야 할 3권의 책들인 "앞 뜰"(Vestibulum), "언어 입문"(Janua Linguarum) 그리고 아직 인쇄되지 않았던 "현관"(Atrium)이란 책을 만들게 되었다. 이 책들은 기대했던 만큼 사용성과가 성공적이지 않아, 코메니우스는 보충적인 삽화를 동반한 새로운 책을 만들려고 시도하였다. 그것은 "새로운 방법"(Novissima methodus)이란 책 안에다 이전 라틴어 책에 삽화를 넣어 장식을 첨가했던 그의 제안을 재수용한 것이었다. 유감스럽게도 헝가리 전역에는 전문적인 목판기술자들이 없었기 때문에, 그가 사로스파탁(Sarospatak)에 1654년 6월까지 머무는 동안에 이러한 그림책(Lucidarius)을 만들어낼 수가 없었다. 그 때문에 코메니우스는 생생한 백과사전인 놀이학교(Schola Ludus)라는 연극공연을 통하여 의도한 학교목표를 성취하려고 시도했었다. 그러다가 1655년 6월에 코메니우스는 마침내 뉘른베르그에 있는 출판업자 미햐엘 엔터(Michael Endter)에게서 그림책을 출판할 수 있다는 소식을 접하고 "그림세계"(Orbis Pictus)의 원고를 그에게 보내게 된다. 엔터(Endter)에게서 이 책이 출판 이후에도 그에게서 1655년 "현관"(Atrium)과 1658년 "신약의 서신서"(Novi Testamenti epitome)등이 출판되었고, 1659년 "만일 거룩한 책에서 인도하는 입문서"도 거기서 출판되었다. 코메니우스가 1657년의 "교수학전집"(Opera didactica Omnia)에서 책시범과 머리말 부분의 인쇄에서 호소했던 것처럼, 삽화로 된 "세계도해"의 완성은 3년이란 긴 시간이 소요된 셈이었다.

코메니우스의 "세계도해"는 다행스럽게도 이 일은 리사의 도시가 가톨릭의 침공으로 코메니우스 가지고 있던 대부분의 원고들이 불타 없어지는 화재의 제물이 되기 전에 이루어졌다. 그리고 뉘른베르그의 인쇄업자 엔터는 라틴어 원본에다 시인 비르켄 시그문드(Sigmund von Birken)의 도움으로 독일어 번역을 첨부하게 되었다. "세계도해"(Orbis sensualium Pictus)는 그렇게 첫 판이 두 가지 언어의 책으로 1658년에 뉘른베르그에서 출판되었다. 큰 성과로 두 번째 판이 1659년에 출판되었다. 그리고는 계속적인 여러 판으로 이 책은 거듭 출판되었다. 이탈리아 말과 프랑스 말과 함께 여러 언어로 출판되었는데, 심지어 헝가리어와 함께 3가지 종류의 언어를 가진 책도 출판되었다. 이 책은 독일어와 라틴어 출판에서 북독일과 중부 독일의 도시에 있는 여러 학교에서 교재로 사용하게 되었다.

"세계도해"는 1659년에 런던에서 영어로 출판되었는데, 영국에서 가장 인기있는 책으로 확산되었다. 그리고 그 책의 머리말에는 출판자 촬스 홀(Chals Hool)이 이 책이야 말로 자신의 사상을 실현한 것으로 환영하였다. 영국에서 출판이 계속되었는데, 윌리엄 존스(William Johnes)의 공로로 만들어진 12번째 출판은 1798년 뉴욕에서 출판되었다. 이 책은 덴마크와 스웨덴에서 가장 사랑받는 교과서로 사용되었다. 이 책의 생명력과 영향력은 현실적인 필요성에 따라 수정되고 확대되는 일에 영향을 미치게 되었다. 이 책에 관한 전 세계적인 호평은 1670-1680년에 절정을 이루었다.

폴란드에서 "세계도해"(Orbis Pictus)의 확산에는 브로클라우(Breslau) 도시가 큰 역할을 했다. 카스파르 뮐러(Kaspar Mueller)라는 출판자에 힘입어 코메니우스의 세계도해는 1667년 처음으로 라틴어, 프랑스어, 독일어, 폴란드어로 출판되었다. 후에 폴란드 언어와 함께 3개 국어로 된 수많은 출판물이 알려지게 되었으며, 라틴어와 폴란드어의 두 개 언어로 된 출판물 또한 존재한다. 라틴어-독일어-헝가리어로 된 엔터의 작업물로부터 헝가리와 지벤뷔르겐에서 출판물이 후에 만들어지게 되었다.

러시아에서 출판된 "세계도해"의 첫 번역은 페터 대제의 통치 기간에 제시되었다. 그것은 모스크바의 상급 학교에서 교재로 사용되었다. 그리고 손으로 기록한 문서로 보관되었는데, 성 페테스부르그의 학문아카데미의 도서관에 보관되었다. 보관된 첫 출판물(Orbis Pictus)은 러시아어와 함께 1760년에 "Vidimyj sevet"라는 타이틀 하에 다섯 개의 언어 형태로 출판되었다. "세계도해"의 오스트리아에서의 사용은 오랜 기간 불가능하였다. 그라키안 마르크스(P.Gracian Marx)라는 교육자가 1756년에 출판하여, 김나지움에서 배우는 교재로 사용하였다. 그것은 뉘른베르그의 출판물 원본에서 82장을 선택하여 만든 것이었다. 또한 체코 텍스트의 수정이 허용되었다. 그러나 그것은 1779년 한 번만 출판되었다.

"세계도해"(Orbis Pictus)의 생명력은 길었다. 그 책은 전문학교들에서 길을 발견하였으며, 체코어-독일어 회화 핸드북으로 등장하게 되었다. 그리고 체코어와 독일어 안에서 "세계도해"(Orbis Pictus)란 타이틀로 레알-김나지움의 교수인 프란티섹, 파토츠카(Frantisek Patocka)에 의해서 타보르(Tabor)에서 출판되었다. 그림은 파르두비체(Pardubice)의 레알학교의 교수인 얀 코스테넥(Jan Kostenec)에 의해 만들어졌다. 이 책은 1870년 프라하에서 코베르(L.Kober)에 의하여 출판되었다.

코메니우스의 "세계도해"(Orbis Pictus)는 1929년에 브린(Bruen)에서 코메니우스의 총체적인 문서의 거대한 출판물의 10번째로서 출판되었다. 코메니우스의 계획을 전망하면서 "세계도해"(Orbis)는 초등학교의 독서 책으로 그리고 기초교재로 사용하도록 계획하였고, 그 일은 1941년에 이르러 실현되었다. 이는 코메니우스 서거 270주년을 기하여 그를 기억하고 존경하는 일뿐 아니라 또한 요셉 크멜(Josef Chmel)과 얀 호스티비트 포스피질(Jan Hostivit Pospisil)의 국가적인 재탄생과 관련된 사람들의 업적을 기리는 일과 관계되었다.

프라하의 국립 교육출판사에 의해 1958년, 1979년에 각각 첫 번째와 두 번째로 출판된 코메니우스 출생 350주년의 기념출판물은 1685년에 레보카(Levoca)에서 출판된 4개국어 판의 복사판이다. 그리고 1970년에 체코슬로바키아의 과학자들의 아카데미 출판사에서 2개 국어의 "세계도해"(Orbis sensualium pictus)가 '코메니우스 위대한 학문적 작품' 출판물의 17번째의 것으로 출판되었다(Comenius's Opera Omnia).

* 이 글은 2012년에 체코어, 독일어, 영어, 러시아 4개 국어로 출판된 코메니우스의 "세계도해"(Orbis sensualium pictus) 요약본(78장)에 실려 있는 편집자, 나데자크비트코바(Nadezda Kvitkova)의 글을 번역한 것이다.

코메니우스의 생애와 활동

*이 글은 Renata Riemeck이 밝힌 글(Der Andere Comenius, Frankfurt, 1970)과 V.-J.Dietrich의 J.A.Comenius, Rovohlt(1991)을 참고하여 작성함.

1. 모라비아인의 혈통

"나는 배회하는 자의 삶을 살았으며, 고향을 잃어버렸다. 쉼 없이 이곳저곳에 내 버림받은 모습이었으며, 그 어디에서도 확고히 거주할 곳을 발견하지 못했다." 요한 아모스 코메니우스는 죽기 얼마 전 마지막으로 집필했던 그의 회고록과 같은 책 "꼭 필요한 한 가지"(Unum necessarium)에다 이렇게 써 놓았다. 30년 종교전쟁과 반종교개혁 시대의 정치적인 사건과 함께 그의 삶의 과정이 뒤엉켜 있는 모습을 이와같이 명쾌한 문장으로 표현하였다. 원래 그의 이름은 얀 코멘스키(J.Komensky)였으며, 그의 아버지는 모라비아 가까운 슬로바키아(Slowakia) 지역에서 이주해 온 코멘스키 가문의 사람이었다. 그러나 코메니우스는 모라비아인의 혈통과 체코 언어를 사용한 자로 항상 자신을 특징지었다. 1592년 3월 28일에 그는 우헤르스키 브로드(Uhersky-Brod)에서 가까운 니브니체(Nivnice)란 마을에서 출생하였다. 그의 아버지는 방앗간 경영자였고, 보헤미아-모라비아 형제연합공동체(교회)에 속한 성도였다. 그래서 코메니우스는 형제연합공동체의 영향을 받고 자랐으며, 그들의 신앙세계가 그의 사고에 큰 영향을 미치게 되었다. 그 교회의 운명이 그의 인생길을 결정하게 된 셈이다. 그는 그 교회의 목사였으며, 마지막 감독으로 활동하다가 죽었다.

형제연합교회(Unitas Fratrum)는 요한 후스(J.Hus)란 이름과 연결된 거대한 교회개혁 운동과 함께 교회 본래의 의미를 지닌 교회라고 할 수 있다. 그 교회는 15세기 과정에 형성되었으며, 독일의 종교개혁 이전 오랜 기간 가톨릭으로부터 이교적인 교회로 취급되어 종교박해를 받기도 하였다. 그 교회는 금지되었고, 박해받았으며, 후스파교도 진영이 해체되는 과정의 내부 긴장 관계를 경험하면서, 거기서 나온 한 평신도 페터 취첼츠키(1380-1452)란 인물에 의하여 시작되었다. 그리고 종교개혁 시대에 이르러서야 안전성을 어느 정도 가지게 되었다. 그 당시 생겨난 거대한 종교개혁 교회들과 형제연합교회의 차이점은 교회공동체의 삶에서 평신도적 요소가 강하게 강조되는 점과 그들 지체의 완전한 동등성과 하나님과 세계를 이원적으로 분리하는 이중성의 제거와 그리스도를 향한 신학적인 방향성에서였다. 그것도 십자가에 못 박힌 자로서의 그리스도에게만 매여 있기보다 부활한 자와 도래하는 자로서의 그리스도를 더 지향하는 신앙에서 독특성을 지니게 된다고 볼 수 있다.

이러한 형제연합교회 신학의 근본 개요는 후에 코메니우스의 정신적인 발전을 위해 결정적인 의미가 되었다고 할 수 있다. 그 형제들은 종교개혁교회의 신앙 고백적인 논쟁의 질문에서 거의 교회연합(Oekumenisch)적인 태도를 보였던 점에서도 확인된다.

그들은 먼저 '개혁파교회'보다는 '루터파 교회'에 더 가까이 서 있었다. 그러나 이러한 상태는 오래가지 못했다. 독일 프로테스탄트의 외형적 존재를 보장했던 "아욱스부르그 종교화의"(Augsburgfriede, 1555)가 체결된 이후에 형제연합교회와 루터파 교회의 관계는 변화되었다. 그 평화조약은 '통치자의 영역에 통치자의 종교(Cuius regio, eius religio)를'이란 문구에 합의함으로써 종교의 선택권이 지역의 통치자에게 부여되었고, 그것은 동시에 프로테스탄트를 속박하는 무기가 되었기 때문이다. 즉 지역 통치자의 신앙고백이 교회공동체의 신앙고백을 책임지는 결과를 초래했기 때문이다. 특히 독일 루터파 교회의 관심은 종교개혁이 계속되는 과정에서 지나치게 정치에 의존된 상황으로 전환되었다. 그것이 형제연합교회와 충돌하는 근본 원인이었으며, 신앙교리와 교회훈육 등의 여러 질문에 나타나는 차이점은 형제연합교회가 루터파와 단절하고 마침내 칼빈주의자(개혁파교회)들에게로 향하는 결과를 초래하였다. 결정적인 이유는 교회연합 정신과 교회훈육과 성찬에 성령으로 임하시는 그리스도의 임재를 강조하는 칼빈의 신학적인 생각과 장로 제도의 시행 등에서 개혁교회와의 신학적인 일치점을 확인하게 되었기 때문이다. 17세기에 이르면서 형제연합교회는 그들 교회의 미래 설교자 양성을 개혁파 신학을 가르치는 대학들에 의존하게 된다(제네바, 바젤, 스트라스부르그, 하이델베르그, 헤어보른 등). 이러한 배경에서 코메니우스는 독일 개혁파교회가 운영하던 헤어보른 대학과 하이델베르그 대학에서 칼빈주의 신학을 공부하게 된 첫 수혜자였다고 할 수 있다.

코메니우스는 일찍이 아버지와 어머니 그리고 두 자매를 잃어버렸다. 그는 슬로바키아 국경 지대인 스트라스니체(Strasnitze)에 살고 있던 그의 고모가 코메니우스를 데려다가 돌보아 주었다. 그는 형제연합교회의 환경에 머물면서도 전쟁의 혼란과 가족의 운명으로 인하여 학교 교육을 받을 수가 없었다. 그는 양들을 돌보며, 농사일과 수공업을 익혔다. 그는 아버지가 남겼다는 작은 유산의 발견으로 16세의 늦은 나이에 형제연합교회가 운영하는 고향 근처 프레롭(Prerov)에 있는 라틴학교에서 공부할 수 있게 되었다. 그의 학업 열성은 뛰어났고, 형제연합교회의 두 번째 감독이었던 요한 락체니우스(J.Lacenius)가 코메니우스를 주목하였고, 장차 형제연합교회의 지도자감으로 기대하여 독일대학에서 공부하도록 추천하게 되었다.

2. 헤어보른과 하이델베르그 대학에서의 공부기간 (1611-1614)

1611년 이른 봄 코메니우스는 독일 헤센주로 이주하였고, '헤어보른'이란 신생 칼빈주의 대학에 등록하여 공부하게 된다. 여기서 그는 두 분의 탁월한 선생을 만나게 된다. 이들은 요한 피셔(J. Piscator, 1546-1625)와 하인리히 알스테드(H.Alsted, 1588-1638)였다. 두 분은 강한 천년왕국의 색채를 띤 신학자였다. 그들은 동시대의 여러 사람처럼 그리스도의 가까운 재림의 기대와 이 땅에 하나님의 천년왕국이 시작되는 일에 대한 희망 가운데 살았다. 코메니우스 역시 그리스도의 재림을 준비하고 있던 형제연합교회의 출신이었다. 헤어보른의 천년설(Millennium)은 그 때문에 그의 사상적인 세계를 확대하고 집중하는 일에 큰 도움이 되었다.

대체로 헤어보른은 코메니우스 생애에 참으로 중요한 장(場)이었다. 피셔는 르네쌍스와 종교개혁으로부터 영향을 받은 교육학의 새로운 노력에 관하여 코메니우스를 깨우쳤다. 짐작하기로 코메니우스는 피셔를 통해서 볼프강 라트케(Ratichius)의 새로운 가르침의 방식(교수법)에 관한 소식을 듣게 된 것으로 본다. 라트케가 밝혔던 것은 "가르침의 기술은 모든 다른 기술들에 비하여 통치기술에 더 유익하다"는 것이며, 수업방식의 원리는 자연의 과정에 따른 모든 것이 유효하다는 것이었다. 그것은 학교에서 그토록 잘못된 학습방법으로 고통받았던 코메니우스에게 하나의 완전한 새로운 세계가 되었다. 그러나 그를 감동하게 했던 것은 더 많이 있었다.

코메니우스는 포괄적인 교육과 더 위대한 다면성을 지닌 스승 알스테드를 통하여 하나님으로부터 창조된 우주의 질서연결을 규명했던 원리 철학에 따른 시대적인 발견을 경험하게 되었다. 그것은 모든 것의 앎(Allwissenheit)을 말한 것이 아닌, 모든 것에 관한 앎(지식)으로 "범지혜"(Pansophie)가 헤어보른에서 처음으로 코메니우스의 시야에 나타나게 된 일이었다. 코메니우스는 그의 삶 전체를 온통 그 일에 몰두하게 된다. 코메니우스가 후에 교제 관계를 유지했던 스승 알스테드는 기독교적이며 성경적인 토대 위에서 학문체계를 거대한 백과사전에다 구성하는 작업을 시도하였다(모든 지식의 백과사전, Herborn 1630). 코메니우스는 스승의 시도를 따라 그의 첫 작품인 "사물의 총체적인 무대"라는 책을 만들기도 하였다.

1613년 코메니우스는 공부를 하이델베르그 대학에서 계속하였다. 그 대학 역시 칼빈주의적 사상을 지향하는 학교였다. 여기서 그에게 가장 강한 신학적인 영향을 미친 교수가 다빗 파레우스(David Pareus, 1548-1622)였다. 파레우스는 그 당시 투쟁 관계에 있던 칼빈파와 루터파 사이에서 의사소통의 타협을 열정적으로 모색한 인물이었다. 그의 평화적이며, 기독인들 가운데서 평화를 지향하는 노력은 형제연합교회에서 성장했던 코메니우스에게 매우 감동적이었다. 그는 프로테스탄트 교회의 공동체성이 형제연합을 위한 중심점이어야 한다는 것을 잘 알고 있었다. 그 형제들은 반대편의 권세를 알고 있었기 때문이다. 그들은 이미 16세기 후반에 반종교개혁의 타격이 가장 나쁜 형태로 나타나고 있음을 이미 감지하고 있었다. 그들은 처형, 몰수, 추방으로 인하여 많은 사람이 이웃나라인 폴란드와 작센과 동프로이센으로 이주해 갔다. 그러나 그들은 거기서 루터파 신앙고백 주의자들로부터 함께 일하기를 거절하였으며, 그때문에 체류하지 못하도록 방해하는 일을 경험하기도 했다.

이러한 상황에서 코메니우스는 파레우스가 원했던 것과 프로테스탄트 교회 가운데서 평화를 호소하는 것이 얼마나 필요한 일인지를 체험하게 되었다.

3. 프레롭과 풀넥에서의 활동 (1614-1621)

1614년 이른 해에 대학에서의 공부를 끝내고 코메니우스는 모라비아로 되돌아왔다. 그는 헤어보른과 하이델베르그 대학에서 단지 신학적으로만 교육받은 것은 아니었다. 그 시대의 분파된 여러 학문의 영역에 접근하는 첫 발걸음을 내디딘 것인데, 천문학과 연금술과 지리, 역사, 자연론에 대해서 친숙하게 되었다. 그리고 동시에 그는 학문 세계의 지식에 관한 수집과 축적의 방법이 어떠한지를 경험하게 되었다. 옛것과 새것의 지식을 함께 지니며, 비밀스러운 세계에서 숨겨진 지혜의 전승을 돌보며, 사방으로 흩어진 작업 영역의 조화와 깊이를 찾으며, 앎의 재료들의 체계적인 질서를 통하여 이성의 밝힘에서 확실하게 믿는 일이었다. 그는 그것을 다르게 만들기를 원했다.

코메니우스는 완전한 계획들과 설계들로 가득한 학문의 봇짐을 가지고 체코의 프레롭(Prerov)에 도착하였다. 그는 3년 전에 학생으로서 공부했던 그 학교에 이제는 교사로서 형제연합교회의 파송을 받게 되었다. 지금 그는 헤어보른과 하이델베르그에서 배웠던 것이 열매를 맺도록 하는 과제에 직면하게 되었다.

프레롭에서 코메니우스는 먼저 헤어보른에서 문서적인 형태로 그의 모국어의 문법이 어원학의 기초를 놓도록 자료 수집을 시작하였다. 거기서 "체코어휘사전"이 생겨났으며, 알스테드로부터 자극을 받은 모든 사물의 서술에 대한 작품을 제시하게 되었다. 그것은 이미 언급된 "원형경기장"(Amphithetrum)이었다. 이것은 그가 처음 제시한 백과사전적인 작업이었다. 그는 그것을 위한 작업에 많은 시간을 보내기도 했다. 그렇지만 코메니우스의 백과사전에 대한 애착은 지식적인 자료들의 수집으로 세계를 순수히 이해에 적합하게 구성했던 18세기의 백과사전파의 노력과는 다른 것이었다. 코메니우스는 그의 자료수집에서 많은 지식의 양이 아니라, 그 안에서 신적인 원리가 인식되도록 지식의 다양함을 정리하는 시도가 중요하였다. 인간적인 일의 질서에서 그는 우주적인 질서가 모사(模寫)되기를 원했다. 대우주가 반영하는 소우주로서의 인간은 코메니우스가 그의 전생애 동안에 동반되었던 거대한 주제였다. 그가 지금 그리고 후에 기록했던 모든 것에서 결정적인 세계관이 배경에 놓여 있다. 그는 학문과 학교의 수업이 철저하게 변화하기를 결심하게 되었으며, 모든 일의 처음과 마지막으로써 하나님이 자리하는 형이상학적으로 기초된 방법을 찾아내려고 하였다.

그러나 먼저 그는 그의 계획을 보류해야만 했다. 왜냐하면 형제연합교회와 그를 요구하는 운명을 짊어져야 했기 때문이다. 1616년, 그는 교회를 향한 반종교개혁의 새로운 공격이 기다리고 있던 전날 저녁, 바로 그 교회의 목사로 안수를 받았다. 오스트리아 수도 뷘(Wien)에 있는 황제궁에서 형제연합교회를 꺼리는 눈치를 보였기 때문이다. 거기서 엄격하게 교육받은 오스트리아의 황태자(대공) 페르디난트가 그의 조카인 마티아스 황제의 후임자로 등장하려고 기다리고 있었다. 보헤미아와 모라비아의 프로테스탄트들은 그들의 신앙의 자유를 보장했던 루돌프 2세의 칙령을 통하여 보호되었으나, 어떤 일이 일어날지는 아무것도 알지 못했다. 페르디난트는 예수회의 지배하에 있었다. 그때 코메니우스는 "적그리스도 앞에서의 구원"(1617)이란 경고의 글을 발표하게 되었다. 그 다음해에 황제파의 관리를 통하여 황제 칙령의 훼손 때문에 프라하의 창문전복 사건이 발생하였다. 그것이 30년 종교전쟁의 촉발이었다. 예수회파는 보헤미아에서 추방되었고, 합스부르그를 대항하는 공적인 봉기가 일어났다. 이러한 소용돌이치는 사건의 한복판에 형제연합교회는 코메니우스가 프레롭을 떠나 풀넥(Fulnek)의 형제연합교회의 목사로 부임하도록 명하였다. 풀넥은 독일 슐레지엔지방의 국경에 놓여 있는 마을이었다. 그 교회의 구성원들은 모두 독일어를 사용하는 형제교회였다. 코메니우스는 독일어에 능통하였고, 그 교회의 사역을 넘겨받았으며, 그곳의 학교 일도 책임을 짊어지게 되었다. 1618년 코메니우스는 막달레나 비초브스카와 결혼하였다. 플넥에서 코메니우스는 프레롭에서 하던 라틴어 수업의 개선을 지향했던 교육적인 노력을 계속하였다. 그러한 개혁은 유럽의 시민사회의 라틴학교들을 위하여 긴급히 필요한 일이었다. 코메니우스는 그의 교수학적인 작업과 함께 획기적인 변화를 진행시켰다. 그는 깨어있는 눈으로 그의 땅에 정치적이며 사회적인 상태를 주목하게 되었다. "하늘로 보내는 편지"라는 주제를 가진 1619년에 작성한 글에서 그는 사회적인 불평등에 이의를 제기하였다. 가난한 자와 부자가 이러한 가상적인 편지에서 최고의 심판자이신 그리스도에게 그들의 상호간의 불평을 소개하면서, 그들의 논쟁적인 불평등의 문제에 결정을 내려주기를 간청하였다. 물론 코메니우스는 분명히 가난한 자의 편에 서 있었다. "당신은 우리 모두를 위하여 십자가에 죽지 않으셨습니까? 당신은 모든 사람에게 당신의 은혜를 기꺼이 주시지 않았습니까? 우리 가운데 이러한 불평등이 지배하게 된 것은 도대체 어디서 온 것인지요?"라고 가난한 자들을 대신하여 코메니우스가 주님을 향해 던졌다.

그러한 문제는 이어 더 큰 고난의 배후에 나타나게 되었는데, 이 편지를 썼던 그 해에 보헤미아의 황제 마티아스가 죽었으며, 페르디난트 2세(Ferdinad II. 1619-1637)가 황제의 자리를 이어받게 되었다. 폭동을 일으켰던 보헤미아의 귀족

계급이 독일 팔츠지역의 성주인 개혁파 출신의 성주를 왕으로 선출하였다. 이에 대항하여 페르디난드 2세는 가톨릭 지역의 지도자인 독일 바이에른의 막스밀리안(Maxmilian)과 동맹을 체결하여 공격을 준비하게 되었다. 1620년 11월 8일에 프라하의 동쪽 백산에서 한 시간가량 전투가 벌어졌고, 보헤미아인들은 패배하게 되었다. 그들의 왕으로 선출되었던 프리드리히 5세는 "겨울왕"으로 조롱을 받게 되었는데, 하드라신에서 전투가 벌어지고 있는 동안 싸우기를 포기하고 네덜란드로 피신하였기 때문이었다. 보헤미아의 프로테스탄트에게는 엄한 처벌이 내려졌으며, 봉기를 주도한 자들 가운데 27명(그 가운데 약 절반이 형제연합교회의 형제들이었음)이 1621년 6월 21일, 프라하 광장에서 처형되었다.

반종교개혁의 그룹은 그들의 승리를 축하했다. 후스파의 개혁시대 이래 처음으로 보헤미아에서 가톨릭교회가 무한한 권력을 다시 쥐게 되었다. 그 교회는 은혜를 망각하고 무자비하게 프로테스탄트를 보헤미아에서 추방하는 일에 몰두하게 되었다. 이러한 험난한 종교박해 상황에서 코메니우스와 형제연합교회 지도자들을 대상으로 체포 명령이 내려졌으며, 코메니우스는 다른 프로테스탄트 목사들과 함께 풀넥을 떠나 유랑상태에 머물게 되었다. 1619년 페르디난드 2세와 평화협상에 관여했으나 봉기에는 참여하지 않았던 칼 체로틴(K.von Zerotin) 남작에 의하여 피난처를 얻게 되었다.

4. 비밀한 장소에서의 생활 (1621-1628)

체로틴은 20명 이상의 프로테스탄트 지도자들(루터파, 개혁파, 형제연합)을 브란다이스에 있는 그의 성에 얼마간 숨어 지내게 하였다. 그들 중의 한 사람이 코메니우스였다. 그는 자신의 아내와 자녀를 풀넥에 그냥 두어야 했다. 그 도시에 공포와 위협을 가했던 스페인 군대가 침공하였다. 포악한 병사들에 의해 도시가 불타는 일이 발생하였고, 도시 건물의 큰 부분들이 소실되고 말았다. 코메니우스의 집 역시 불타고 말았다. 그의 서고와 손으로 작성한 많은 원고들이 불타버렸다. 더 불행한 사건은 보헤미아와 모라비아 전역에 1621년 전염병 페스트(Pest)가 창궐하게 되었다. 그 전염병은 풀넥에도 퍼졌고, 코메니우스의 아내와 아이들도 페스트에 희생당하게 되었다. 지금 코메니우스는 모든 것을 잃어버렸다.

자신과 박해받은 교회를 다시 일으키기 위해서 코메니우스는 몰래 프라하에서 인쇄하였거나, 손으로 기록한 위로의 글과 교회의 글들을 저술하였다("기독교적인 완전함을 향한 깊은 생각", "난공불락의 성", "하나님의 이름", "하나님의 압착기", "고아가 된 존재" 등). 이러한 작품 중 가장 의미 있는 것은 그 안에 이미 교육과 범지혜의 근본 사상이 선취 된 "안전의 중심"(Centrum securitatis)이란 책이었다. 하나님은 모든 존재의 중심이며, 그에게서 세계는 나아온 것이다. 그러나 그 세계는 하나님을 외면하였고, 그것으로 온통 그들의 불행이 초래되었다. 인간의 사명은 자신의 행동으로 이 세계를 다시 하나님께로, 그의 근원으로 되돌아오게 하는 일이다. 그러한 사상의 연속은 신플라톤주의와 관계된 것이 분명하였다(비교, K. Schaller의 탁월한 서술: Die Paedagogik und J.A.Comenius, S.80에서 확인됨).

1623년 코메니우스는 "세상의 미로와 마음의 낙원"이란 책을 발표한다. 이 책은 오늘날 체코 문학에서 진주와 같은 것으로 평가된다. 코메니우스는 그 책에서 문화비평 전문가의 모습을 보여주고 있다. 그는 순례자의 길을 묘사하면서, 더 나은 세계에 대한 동경심을 가지고 순례자는 한 도시의 거리로 간다. 거기서 모든 것을 아는 자와 현혹되는 것과 같은 모습을 가진 자와 동행하게 된다. 가는 곳마다, 그는 뽐내는 부패한 사회의 기만을 만난다. 순례자는 인간적인 활동의 공회전과 사회적 관계의 깨어짐과 국가와 교회의 무질서들을 서서히 간파하게 된다. 그는 점점 더 눈에 띄게 환멸을 느끼게 되면서, 마침내 불의와 사기와 유혹과 거짓과 공포 외에 아무것도 보지 못한 세계에서 멀리하게 된다. 그렇지만 그는 그리스도의 음성을 듣게 되는 곳인 "마음의 낙원"이 있기 때문에 절망하지 않는다. 하나님으로부터 타락한 세상의 결과들이 독자에게 구체적으로 설명되었으며, 그는 그것들을 그들 본래의 정신적인 근원으로 되돌리도록 요청받게 되었다. 그렇게 이 책의 근본 사상은 후에 코메니우스의 교육적이며, 범지혜적인 노력과의 일치 가운데 놓이게 된다.

코메니우스에게 "마음의 낙원"은 세상을 멀리했던 내면화와 동일한 것은 아니었다. 인간이 세계의 변화에 신적 사명을 가짐에 대한 그 확실성은 보헤미아 귀족의 소유지에서 변하기 쉬운 삶의 여러 해 동안에도 미래의 계획에 대한 작업이 적극적으로 코메니우스에게서 이루어지게 하였다. 그는 보헤미아 왕국에서도 교육제도의 새로운 형성을 위한 계획을 설계하였다. 그는 정치적인 전환을 낙관적으로 기대하고 있었기 때문이다. 더욱이 1623년 스페인 군대와 틸리(Tilly)가 이끄는 가톨릭 동맹의 군대가 "겨울왕"의 통치영역인 팔츠를 점령하였으며, 한편 덴마크의 왕과 홀스타인의 사령관, 크리스챤 4세는 프로테스탄트 군대의 선두에 선 니더 작센 동맹체의 사령관으로 등장하였다. 그리고 합스부르그는 전쟁을 선포하게 되었다.

이러한 상황에서 코메니우스는 마리아 도로테아(M.Dorothes)와 결혼하게 된다. 그녀는 형제연합교회의 두 번째 감독인 얀 키릴(J.Cyrill)의 딸이었다. 이때 전세는 더욱 나쁜 상황으로 빠져갔다. 형제연합교회의 성도들은 다른 프로테스탄트들과 함께 반종교개혁 세력의 압력으로 가톨릭으로의 개종을 강요받게 되었다. 귀족의 일부는 재산을 몰수당했으며, 보헤미아에서 살지 못하고 다른 나라로 이주해가게 되었다. 프로테스탄트의 신앙을 굳게 붙드는 자일수록 재산몰수를 통해 심각한 가난에 처하게 하였다. 농부들은 탈출과 개종 사이에서 어떤 선택도 할 수 없는 상황에 처해졌고, 많은 사람들은 가톨릭으로 강요되었다. 프로테스탄트 교회들은 스스로 붕괴되고 말았다. 형제연합교회와 코메니우스는 가톨릭의 종교박해로 인하여 더 이상 견딜 수 없는 상황에 이르러 망명을 결심하게 된다.

이 기간에 코메니우스는 슐레지엔 출신의 제혁공(製革功)인 크리스토프 코터(Chr. Kotter)에게서 보헤미아와 모라비아, 슐레지엔의 프로테스탄트의 미래에 관한 예언의 소리를 경험하게 된다. 곧 보헤미아가 해방되리라는 코터의 환상은 코메니우스에게 희망의 소리로 들렸고, 관심을 갖게 되었다. 그 이유는 그 시대의 영향과 함께 종교박해로 인한 고난의 과다함을 짊어지고 가기가 너무 어려웠기 때문으로 여겨진다. 그리고 코메니우스는 모든 인간적인 일들에 대하여 하나님의 섭리를 확인하려는 신앙적 태도가 작용된 것으로 판단되기 때문이다. 오늘날 코메니우스 연구자들은 코메니우스가 보여준 예언자의 소리에 관한 관심은 부수적인 것으로 판단한다. 그러나 코메니우스는 코터의 예언에 관한 관심뿐 아니라, 후에 다른 환상들의 예언에 대하여 주목하게 하였으며, 그것을 문서로 남기기도 하였다. 예언자들의 전언들에 코메니우스가 진지한 태도로 임한 것은 사람들이 그것을 하찮은 일로 여길 수 있는 것보다 더 큰 역할을 코메니우스의 삶에서 하게 되었기 때문이다. 이러한 코메니우스의 관심은 우리가 코메니우스로부터 알고 있는 법, 국가, 전쟁과 평화, 교육과 학식에 대한 현대적인 개관과 학문적인 엄격함에 다만 가시적인 모순으로 여겨진다. 그가 더욱이 합리적인 것에 근거한 것을 이해하려고 했던 모든 것에 관한 앎은 그에게 언제나 비합리적인 구성요소를 가지고 있었다. 그의 천년설은 하나님 나라의 가까운 기대감에서 그를 살게 하였으며, 그는 하나님이 단지 과거에만 계시하셨다는 것을 믿을 수가 없었다. "그들이 끊임없이 가까움의 기대에 살았기 때문에 사람들은 예수님과 사도들에게 사과해야만 하는가?"라고 발터 닉(Walter Nigg)은 코메니우스 편을 생각하여 정당하게 질문한다("비밀스런 지혜", S. 205). 코메니우스는 하나님이 그의 믿는 자들이 도래하는 사건들에 대하여 꿈과 시각으로 준비하기를 원한다는 분명한 확신에 있었다. 그는 대체로 후기 시대의 합리주의자들보다는 모든 것을 다르게 인식하는 자였다. 그는 예를 들면, 코페르니쿠스의 세계 학설에 특이한 거리를 두고 있었으며, 그러나 그의 옛 동시대의 인물 야콥 뵈뫼(J.Boehme)에 대해서는 위대한 존경심을 가지고 있기도 했다.

비록 코메니우스가 예언적인 언약에 감동되었다 할지라도, 그는 구체적인 상황의 실제적 행위에서 그것에 매여 행동하지는 않았다. 그는 형제연합교회의 계속적인 존립이 위태롭다는 것을 알았을 때, 형제들은 무리를 지어 이주하게 되었다. 수천명은 거주할 집도 없이 거대한 산맥의 숲속에 숨어서 살았다. 코메니우스는 다른 동료 목사들과 함께 종교적인 박해자들이 망명할 수 있는 곳을 알아보려고 폴란드로 갔다. 그들은 폴란드 리사(Lissa)에 거주할 수 있다는 정보를 가지고 돌아왔다. 그곳에는 16세기 중엽 이래로 독일인 형제연합교회가 있었으며, 1604년부터는 폴란드인들의 형제연합교회와 리사의 통치자인 라파엘 레스진스키(R.Leszcsynskij)백작이 개혁파교회 성도의 친구로서 형제연합교회에 호의적으로 대해주었다. 그는 또한 보헤미아의 망명자들을 받아들이기로 약속하였다. 후에 다른 프로테스탄트들도 그에게서 보호를 받게 되었다. 그것은 하나님의 구원이었다.

1628년 초, 한겨울에 코메니우스는 마지막 남은 동료 목사들과 약 1000여명의 형제교회의 가족들과 함께 모라비아를 떠나게 되었다. 그들은 썰매를 타고 폴란드 리사에 도착하였다.

5. 리사에서의 생활 (1628-1641)

형제연합교회의 성도들과 함께 코메니우스는 리사에서 새로운 삶을 시작하게 된다. 그러나 그들 모두 프로테스탄트를 위해서 전쟁이 곧 끝나기를 희망하였고, 곧 고향으로 돌아가게 될 것을 간절히 고대하였다. 코메니우스는 이곳 망명지에서의 생활을 위해서 학교의 일을 맡게 된다. 리사의 라틴학교에 교사가 되었고, 보헤미아와 모라비아에서 실현할 교육제도의 새로운 모습을 위한 계획들을 작업하기도 하였다. 보헤미아와 모라비아는 예수회 사람들의 손안에 넘겨졌고, 그들은 총체적인 문화생활을 통제하고 있었다. 그들 가운데 한 사람인 악명 높은 예수회의 대부 코니아스(Konias)는 후스가 죽은 이래로(1415) 만들어진 체코의 모든 책을 공개적으로 불태워버렸다. 그리고 모라비아 출신 형제들의 추방 전에 코메니우스는 1627년 빌키츠(Wilcitz)성을 방문했을 때, 거기 있는 서재에서 한 권의 책을 마주하게 되었다. 그 책은 독일인 엘리아스 보딘의 "교수학"(Didaktik)이었는데, "자연과 이성에 적합한 교수학" 또는 "가르침의 기술"(Hamburg, 1621)이란 이름의 책이었다. 코메니우스는 그의 백성들을 위하여 그러한 책을 작성하기로 결심하게 된다. 보딘의 요구들인 모국어의 읽기와 쓰기의 배움과 함께 실제적인 것들과의 연결, 그림을 통한 낱말개념들의 도해, 감각의 강조 등은 코메니우스에 의하여 유익한 토대가 되었다. 그는 그 밖에도 그의 "대교수학"(Didactica magna)의 서문에 나타나고 있는 것처럼, 그 시대의 교육적인 문서들과 친숙하게 되었다. 볼프강 라트케(W.Ratkes), 요한 발렌틴 안드레이스(J.V.Andreaes) 그리고 동시대의 사람들은 그에게 알려졌다. 코메니우스는 로테르담의 에라스무스와 친구였던 스페인의 인문주의자인 요한 루도비쿠스 비페스(J.Ludovicus Vives)의 작품에 동의하면서 전념하였다. 그 당시 비페스와 인문주의자들은 인간의 자연에 관한 이해와 함께 루터보다는 코메니우스에 더 가깝게 서 있었다. 코메니우스는 중세시대의 스콜라주의적인 방법에 대항하여 자연에 적합한 교육에 따라 지향된 그들의 방법과 연결한다. 훈육과 질서에 대한 루터의 생각에서는 아니었다.

코메니우스의 근본적인 교육작품들은 리사에서 만들어졌다. 망명 생활의 첫해에 체코어로 만든 그의 "어머니학교의 소식"(Informatorium der Mutterschul, 독일어는 1633, 라틴어는 1653)이 출판되었다. 그는 이 책자에서 아이의 돌봄을 위한 지침들을 제시하였다. 노래와 기도들, 놀이와 노동의 가르침을 다루었으며, 아이의 나이에 적합한 언어교육과 윤리와 종교교육의 문제들을 거론하였다. 그리고 코메니우스의 후기 라틴어 표어로 알려진 "모든 것은 스스로 흐르게 하고, 강요하는 것은 일들에서 멀리하라!"(Omnia sponte fluant, absicht violentia rebus)는 격언은 아이가 그의 생의 첫 6년간 가정생활에서 세계의 일들과 다정하게 친숙해진 후 공적인 학교로 옮겨오게 하는 어머니학교의 중요한 규범이라 할 수 있다.

1628-1632년까지 이러한 발단에서 코메니우스의 교육적인 주된 작품, "대교수학"(Didactica magna)의 토대들이 생겨났다. 이러한 교수학에 관한 기본내용을 코메니우스는 먼저 체코어로 작성하여 "보헤미아의 교수학"(Boehmische Didaktik)이란 이름으로 출판하였다. 코메니우스는 이 책 안에다 그의 세계관과 인간관의 관계에서 보헤미아 교육제도의 재조직을 위한 거대한 학교계획을 제시한다. "모든 것의 배움과 앎이 목적 자체는 아니다. 그것은 하나님에게서 나아온 세계의 질서 안에서 인식하면서 함께 활동하면서 순응하게 된다. 인간의 이해력에는 신적인 이성의 한 부분이 살아 있다. 그 이성은 인간을 이러한 세계의 합리적인 파악에 능력을 부여한다. 인간적인 인식능력은 네 단계로 전개되며, 그 때문에 네 단계의 교육제도가 만들어져야 한다. 첫 생애의 6년간의 '어머니학교'는 인간의 외적인 감각들(인지력)을 사용하기를 가르치며, 내적인 감관들(상상력과 기억)은 모국어학교(6-12)에서 연습한다. 이 학교는 모든 아이로부터 차별 없이 통과해야 하는 보편적인 학교이다. 라틴학교(12-18)는 재능이 있는 자들에게 열려있는 학교이다. 이 학교는 인간의 이해력과 판단력을 돕게 된다. 마침내 대학(18-24)은 재능이 있는 자들이 의지와 지력을 효력있게 해야 하는 학교이다. 이러한 모든 네 가지 단계에서 교육의 내용은 동일하며, 그 내용은 단지 단계마다 인간 정신의 발전에 적절하게 차별화되었거나, 상세하게 제공되었다. 그것은 코메니우스가 곡물 낱알과의 비교를 기초로 삼은 '자연적인 방법'이다. 이것은 발아되기 전에 나무 전체를 함유한 것처럼, 각 사람은 전문분야로 나누어져 전 세계를 제시하게 되는 것을 집중된 방식으로 자체 안에 짚어지고 있다. 교육자는 인간적인 본질의 핵심이 전개되게 하려 할 때, 본성에 문의해야 한다. 코메니우스는 본성에 관해서 어떻게 이해하고 있는가? 그는 그것을 표면적인 일들의 총체로서 파악하지만, 또한 인간에게 부여된 것으로 이해한다. 코메니우스는 그의 옛 동시대인 프란시스 베이컨(F.Bacon, 1561-1626)에 대립하여 표면적인 본성에서 원인적인 관계성과 그들의 법칙성들을 볼 뿐만 아니라, 그들 내적인 목적성을 향하여 질문한다. 코메니우스에게서 본성은 모든 것이 인간으로부터 만들어진 것은 아니라는 것이다. 그것은 더욱이 합리적으로 쉽게 알아차릴 수 있는 법칙으로부터 결정되었지만, 동시에 신적인 존재로부터 온통 영향을 받고 있다는 것이다. 코메니우스는 베이컨의 용감한 구상인, 순수한 감관의 경험에 근거하여 과학들의 '거대한 쇄신'(Instauratio magna)을 철

학이 성립하는 세기의 가장 계몽적인 작품으로 평가하였다. 그렇지만 코메니우스는 현대적인 자연과학에서 베이컨으로부터 도입된 원칙을 통하여 그의 기독교적인 근본 입장들 안에서 혼란하게 해서는 안 된다는 것(말하자면, 진리의 발견이 특히 경험과 실험에 근거를 가지는 것)이었다. 코메니우스는 자연법칙성의 지식에다 위대한 가치를 놓는다. 그러나 그것은 자연의 지배를 목적으로 하는 앎의 희미한 획득이 중요한 것이 아니었다. 즉 베이컨의 '아는 것이 힘'(Wissen ist Macht)이라는 의미에는 더욱 그러하였다. 지식의 획득은 더 많이 인간을 항상 더 분별 있게, 이성적이며 경건해지게 하는 일에 섬기는 것이어야 한다는 생각이었다. 본성은 코메니우스에게는 무기물로부터 식물과 동물과 인간을 넘어 천사들에 이르기까지 유기체가 풍성하다는 것이다. 그는 그렇게 본성(자연)이란 좁은 의미에서, 마찬가지로 인간의 성질이라고 생각하였다. 인간은 이성적인 재능을 가진 본체이다. 그러므로 인간은 자신과 모든 피조물을 분명히 인식하기를 배워야 한다는 것이다. 모든 것은 인간에게서 그의 발아래에서 행하여졌다. 그러므로 인간은 자신 스스로 그리고 모든 것을 이성적으로 다스려야만 한다. 결정적으로 인간은 하나님의 형상이다. 그러므로 그는 자신과 모든 것을 신적인 근원과 관계를 갖게 되어야 하며 세상의 마지막에는 그곳으로 다시 되돌아가야만 한다.

코메니우스는 하나님의 형상에서 타협 없이 모든 인간의 동등성의 원칙을 유도한다. 그것에 근거하여 그는 "대교수학"에서 모두를 교육하려는 교육적인 과제의 대전환을 제시하였다. 그의 4단계의 통일성을 가진 학교는 모두를 위한 학교이어야 했다. 유래와 신분의 명성과 관계 없이, 부자나, 상류층의 아이들이 아니라 모두가 동일한 방식에서 귀족과 비 귀족, 부자와 가난한 자, 남자아이와 여자아이들은 교양과 교육을 받을 권리를 가진다. 왜냐하면 모두가 인간으로 존재하도록 창조되었기 때문이다. 그것은 이성적인 피조물이며, 피조물의 주인이며, 고유한 창조주의 형상이기 때문이다(대교수학 9장 1-2).

여기에 형제연합교회의 전통과 함께 코메니우스 교육사상의 깊은 내적인 관계가 보인다. 복음에서 모든 사람의 동등성을 끌어낸 형제교회는 그것을 그들의 학교에서처럼, 교회에서도 이전부터 실제화하였다. 그리고 코메니우스는 "대교수학"의 내용을 먼저 고향 보헤미아에 돌아갔을 때, 학교제도의 개혁과 함께 이러한 교육을 실현하려고 꿈꾸었으나, 그 일이 불가능하다는 것을 알게 되면서, 라틴어로 번역하여 "대교수학"(Didactica magna)이란 이름으로 후에 출판하였던 것이다(암스테르담). 1631년 코메니우스는 언어교육을 위하여 "열려진 언어의 문"(Janua linguarum reserata)

이란 책도 준비하였다. 이것은 언어교재로서 수천 개의 간단한 문장들에서 8천 개의 낱말들을 포함한 것으로, 그 문장들은 사물의 영역을 따라 배열되었고, 학생에게 낯선 언어의 학습을 가볍게 해 줄 뿐만 아니라, 세계를 지향하는 방향을 제시하는 것이었다. 코메니우스는 이 책에서 세계와 암석들의 생성과 생물체와 인간의 창조와 함께 시작한다. 그리고서 삶과 가장 중요한 직업과 인간의 행위와 관계된 모든 일을 설명하는 것이 뒤를 따랐다. 마지막에 부활과 창조의 의미에 관하여 언급되었다. 이러한 방식으로 언어의 요소는 우주적인 사물의 정보와 함께 결합되었다. 이것은 이전에 사용하지 않았던 새로운 방식이었다. 그리고 이 책은 그 다음 해(1632) 코메니우스와 형제연합교회가 설립한 리사의 인쇄소에서 출판되었다. 그러나 바로 그 해에 그토록 기대했던 스웨덴 군대의 보헤미아 함락이 실패되었고 또한 보헤미아의 왕으로 기대하고 있었던 팔츠의 왕 프리드리히 5세 또한 사망하였다. 형제연합교회와 코메니우스는 그토록 고대했던 귀향에 관한 모든 희망은 사라지게 되었다.

코메니우스는 이러한 상황에서도 낙심과 슬픔을 극복해야만 했다. 교재를 만드는 작업은 코메니우스에게 필수적인 일로 생각되었다. 그러나 그것이 그의 작품의 중심에 서 있는 것은 아니었다. 코메니우스에게서 중요한 것은, 그가 인간의 생각을 바꾸기를 원하는 특히 그의 범지혜(Pansophie)였다. 그의 모든 교수학적인 작업들은 범지혜의 목표설정에 배열하는 일이었다. 코메니우스의 교육학은 그 때문에 그의 총체적인 작업에서 독립적으로 판단해서는 안되는 일이었다. 그리고 이러한 입장은 19세기 말 이래로 유럽에서 일반화되고 있었다. 오늘날도 코메니우스의 학문에 관한 이해는 신학적이며 철학적인 입장을 외면하고 교육적인 관점에서만 이해하여 코메니우스를 학교교육의 개혁자 또는 수업에서의 직관(直觀, Anschauung)의 원리도입을 통한 교수학자(Didaktiker)로만 이해하는 경향이 있기도 한다. 그 당시에도 이러한 오해를 바로잡기 위하여 코메니우스는 "자신이 아이들을 위하여 작성했던 모든 것은 교육자로서가 아니라, 신학자로서 행한 것이다"라는 말로 자신의 학문적 성격이 어떠한 것인지를 잘 밝혀주기도 하였다. 신학자로서 코메니우스는 이제 1632년 이래로 모든 인간적인 앎은 하나님의 지혜와 결부되어야 하는 지혜의 한 신학자로서 더욱 범지혜로 향하게 되었다. 1632년에 저술한 "신적인 빛에 따라 변형된 자연정보의 설계"(Physicae ad lumen divinum reformatae synopsis)는 이러한 방향을 목표하였다. 그리고 코메니우스는 그의 초보의 의미에서 사물과 실상의 증거가 말씀들과 가르침의 설득력보다 더 어렵게 흔들리게 된다는 것을 명백히 논증하였다. 그 설득력이 일치 가운데 있을 때, 그것은 사물과 함께 정신의 원천적인 일치의 결과인 것이다. 거기서 어떤 교사도 자신에 대한 특별한 권위를 요구할 수 없으며, 아무도 교사의 말을 맹신하도록 강요하지 않아야 하며, 사물 스스로 그의 통찰을 연결해야 한다. 얼마만큼 사람들이 그를 믿어야 할지 그가 객관적으로 증명했을 때, 믿음은 더 이상 교사에게 선물되지 않게 되는 것이다. 그리고 사람들은 누구에게도 진리를 진리로 설득할 수 없게 되는데, 그 이유는 사람들이 먼저 증명을 통해서 그가 보는 것을 믿도록 설득해야 하는 진리를 보지 못하기 때문이다. 그 때문에 코메니우스는 자연지식, 철학, 하나님 말씀의 권위에 관한 관계와 함께 성경에서 논쟁하게 된다. "어떤 사람은 성서는 철학에 동원해서는 안 되는데 그 이유는 그것이 표면적인 사물의 관찰을 가르치는 것이 아니라, 영생으로 가는 길을 가르치기 때문이라고 주장한다. 나는 성서가 인간이 모든 선한 일을 행하는데 완전하게 숙달되도록 가르침과 입증과 정정과 의(義) 안에서 가르치는 일에 주어진 것임을 솔직히 말한다." 인간은 지난 일의 인식에서 그의 이성과 감각이 포기되었다. 그렇지만 성경은 감관적인 인지와 이해력이 충분하지 않은 모든 것을 위해서 필요한 보완적인 것을 소유하고 있다. 그래서 성경은 항상 표준과 가르침과 모범적인 것을 제시해 준다.

성경은 코메니우스에게서 인식의 유일한 원천은 아니다. 하나님은 그의 지혜를 3권의 책에다 담아놓았는데, 그것은 자연의 책, 정신의 책, 성경책으로 이해하였다. 하나님의 지혜를 찾으려 노력하는 인간은 모든 이 3권의 책을 알아야 한다. 그 때문에 코메니우스는 자연(Physik)을 공관(共觀)적으로 양자의 하나님의 다른 작품들의 관계 안에서 이해하여 알기를 원하였다.

그는 1634년에 만든 "범지혜의 전주"(Praeludia pansophiae)란 리틴어로 작성한 글에서 이러한 범지혜의 철학사상을 처음으로 제시한다. 이 글에서 목표한 것은 더 많이 흩어져 있는 책에 담긴 지식적인 학문이 인간적인 책으로부터 하나님의 책으로 되돌아오도록 하려는 데 있었다. 그리고 범지혜(Pansophie)는 지식의 미로를 통하여 세계가 사물에서와 사물을 통해서 하나님의 놀라운 작품으로 인식되도록 알게 해 주려는 것이었다. 사물의 가장 내적인 본질의 인식을 통하여 사물에 기초하고 있는 하나님의 지혜(목적과 자연법칙)가 인간에게 드러난다고 보았다. 그 때문에 인간이 아는 것에서 지혜로, 인간의 말에서부터 창조하는 하나님의 말씀에 다다르는 사물의 내적인 것에 문을 열게 하는 것이 필요하다는 것이다. 여기서 생겨난 것이 '사물의 문'(Janua rerum)이었다. 코메니우스는 안경을 벗고, 존재하며 존재하지 않는 것들이 무엇인지, 사물 스스로 바라보며, 정확한 검토를 통하여 연구되기를 원했다. 이러한 인식의 길은 궁극적으로 마지막에 이를 때까지 모든 것이 이루어지며, 이루어지는 지혜와 지식의 모든 보화가 숨겨져 있는 모든 것의 왕이신 그리스도에게로 인도하게 된다.

코메니우스의 이러한 범지혜적인 철학을 설명한 "범지혜의 전주"란 문서가 1637년에 영국 옥스포드에서 책으로 출판되었다. 이러한 일을 수행한 인물이 영국에 있는 그의 친구 사무엘 하르트립(S.Hartlieb)에 의해서였다. 코메니우스는 친구 하르트립에게 개인적인 조언을 구하기 위하여 그 원고를 읽어주도록 보냈던 것인데, 하르트립은 그 글에 크게 감동을 받고, 코메니우스의 동의도 얻지 않은 채 책으로 출판하게 된 것이다. 물론 이 책은 "범지혜의 선구자"(Prodromus pansophiae, Vorlaeufer der Pansophiae)란 주제로 변경하여 1639년 런던에서 다시 출판하게 되었다.

코메니우스는 이 책으로 유럽의 지성인들에게 알려지는 인물이 되었다. 그 외에도 코메니우스의 "언어의 입문"(Sprachenpforte)이란 책도 널리 알려지게 되었으며, 그야말로 코메니우스는 교육철학자로 등장하는 계기가 되었다. 그 때문에 유럽 여러 나라에서 코메니우스를 초청하여 범지혜의 학교를 세우거나, 새로운 학교의 제도와 교육 실제의 개혁업무를 맡기려고 하였다. 그러나 코메니우스는 이러한 여러 초청을 숙고하게 되었고, 마침내 형제연합교회를 두고 쉽게 떠날 수가 없었다. 그리고 코메니우스의 리사의 생활은 고국으로 돌아는 길이 열리지 않아 많은 기대와 실망에도 불구하고, 유럽과 전 세계를 향한 교육적인 과제로 많은 결실을 얻는 기회가 되기도 하였다.

6. 영국의 초청에 응하다 (1641-1642)

코메니우스가 라틴어로 작성한 "범지혜의 전주"란 글이 옥스퍼드에서 출판되었다는 소식을 형제연합교회가 접했을 때, 그 교회 안에서 코메니우스가 우리 형제교회의 정신을 외면하였다는 비난이 일어나게 되었다. 아직 인쇄하지 않은 라틴어 원고 "대교수학"(Didactica magna)에 대해서도 충돌이 일어났다. 형제연합교회에 속한 폴란드 출신의 브로니브스키(Broniewski)란 형제는 코메니우스가 그 책에서 소치니안과 펠라기우스적인 잘못된 가르침을 옹호하였으며, 우리를 경악하게 하고 있다고 비난하면서 고소하였다. 그러나 "대교수학"은 리사에서 인쇄되지 않았으며, 코메니우스는 형제연합교회 앞에서 자신의 입장을 분명히 밝히고, 불신받았던 문제를 해결하게 되었다. 그리고 "범지혜의 전주"(Praeludia Pansophiae)란 책에 대한 오해를 불식하기 위하여 코메니우스는 1639년에 두 번째 판을 "범지혜의 선구자"(Prodromus Pansophiae)란 이름으로 변경하여 출판하게 된다. 그리고 대교수학의 출판도 미루어놓았다가 코메니우스가 암스테르담으로 망명한 후 시 정부의 도움으로 그의 모든 교육적인 작품을 한데 모아 "교수학총서"(Opera didactica omnia)란 이름으로 출판할 때(4권), 첫 번째 책의 앞부분에다 라틴어로 번역하여 싣고 발표하게 되었다.

코메니우스는 하르트립을 통하여 영국으로부터 초청을 받게 된다. 그 이유는 영국에 있는 학자들이 코메니우스가 "범지혜의 선구자"란 책의 서문에서 "지식과 행동과 믿음과 희망에 대한 모든 것은 작은 백과사전에 필연적인 것들"이며, 또는 그것들이 범지혜(Pansophia)로 요약되기를 요청했던 코메니우스의 요구가 받아들여졌다는 찬성의 소식 때문이었다. 코메니우스는 이러한 소식에 고무되어 그의 작업에 박차를 가하였다. 그리고 영국 친구들의 초청 재촉에 동의하고, 영국에서 학자들의 모임이 생겨날 수 있는지를 알아보려고 런던 여행을 준비하게 되었다. 특히 그의 범지혜 사상이 실현될 수 있는지 그리고 주도권을 가지고 일하게 될지에 관심을 가졌다. 그는 형제연합교회에 휴가를 요청하였다. 그는 이때 그의 유일한 가치를 지닌 소유물, 천체별의 운동에 대한 코페르니쿠스(N.Kopernikus)의 필적문서의 원고를 한 부자 귀족에게 팔았다. 그는 그 돈 모두를 형제연합교회 형제들의 가정에 나누어 주게 된다. 그리고 실제로 영국을 여행하는 경비는 모두 그의 친구 하르트립이 코메니우스에게 보내 왔다. 그는 1641년 여름 리사를 떠나 영국으로 가게 된다. 코메니우스는 하르트립과 그의 친구들 그리고 스코틀랜드 출신의 존 듀리(J.Dury) 등에 의하여 영예로운 영접을 받게 되었다.

그러나 영국의 정치적 상황은 단순하지 않았다. 의회파와 왕당파 사이의 대립이 극에 이르고 있었기 때문이다. 결국 코메니우스는 그가 기대하고 꿈꾸었던 일은 더 이상 실현되지 않았으며, 영국의 정치적 상황이 더욱 악화되는 것을 직감하고 영국 체류 약 9개월 만에 떠날 준비를 하게 된다. 물론 코메니우스가 런던에 체류하고 있는 동안 두 가지 일에 관계하게 되었는데, 하나는 영국의 청교도들과의 교제였다. 실제로 코메니우스를 지지하고 초청했던 하르트립을 중심한 여러 배후의 인물들은 청교도에 속한 종교개혁과 사회개혁을 주도해 온 인물들이었다. 그 때문에 청교도들과의 교제를 통하여 코메니우스는 영국에서의 새로운 경건 운동이 일어나게 되도록 독려하게 되었다는 점이다. 다른 하나는 그가 범지혜의 교육에 대한 비전과 계획을 밝히는 문서를 만들게 되었는데, 그것이 "빛의 길"(Via Lucis)이란 책이었다. 물론 이 책은 1668년에 영국의 왕립학술원(The Royal Society)에 드리는 봉헌의 편지와 함께 출판하게 된다.

영국에 머물렀던 이 기간에 코메니우스는 스웨덴의 학교개혁의 과제를 맡아달라는 스웨덴 수상의 초청과 프랑스의 추기경 리켈리외(Richelieu)의 초청을 받게 된다. 그리고 미국의 미사추세츠의 하버드 대학의 총장 초청을 받게 되었다.

7. 스웨덴과 엘빙에서의 생활 (1642-1648)

코메니우스는 프랑스의 추기경과 미국 하버드의 초청을 거절하고 스웨덴의 초청을 받아들여 스톡홀롬으로 가게 된다. 프랑스 추기경의 초청은 형제연합교회의 종교자유 문제를 정치적으로 해결할 기회가 될 수 있지 않았을까? 질문이 되었다. 그러나 추기경은 병들어 있었고, 그의 죽음 이후에 누가 대를 이을지를 알 수가 없었다. 따라서 코메니우스는 신앙적인 일들에 더 깊이 숙고하였다. 특히 가톨릭의 세계인 프랑스가 바로 종교개혁 이후 1550년대에 소위 프랑스의 프로테스탄트(Hugnote)를 학살했던 바톨로메우스 밤의 역사적인 사건을 기억하고 추기경의 초청을 거절하게 되었다. 물론 미국 하버드의 초청도 형제연합교회를 돌보는 목양적인 사역을 포기하고 그 먼 곳을 갈 수가 없었다. 이제 코메니우스는 스웨덴의 초청을 받아들이고 화란의 암스테르담을 거쳐 그곳으로 향하게 되었다. 실제로 코메니우스가 스웨덴으로 초청되게 한 배후에는 화란인 대사업가 루이스 드 기어(Louis de Geer, 1587-1652)가 있었다. 먼저 그는 기어의 가족을 만나게 된다. 그리고 라이덴 근처의 엔데게에스트(Endegest)성에 기거하고 있던 대철학자 레네 데까르트(R.Descartes, 1596-1650)를 만나게 된다. 데까르트는 일찍이 코메니우스의 작업을 추적하였고, 계시의 진리와 이성의 진리를 혼돈하는 코메니우스를 비난하기도 하였다. 그러나 그들은 서로 우호적인 모습으로 만나게 되었으며, 약 4시간 동안 주로 과학적인 인식의 원칙에 대하여 논의했던 것으로 코메니우스가 전한다. 이들은 서로를 격려하는 점들이 있었는데, 데까르트는 코메니우스의 범지혜와 세계 공용 언어의 필요성에 관한 생각을 인정해 주었으며, 코메니우스는 데까르트의 수학적인 사고방식과 정확한 논증에 감탄하였다. 그렇지만 이들은 과학적인 인식방법에서 차이가 현저하였는데, 데까르트는 오직 인간의 이성적인 인식만이 참된 진리를 규명한다는 주장에 집중하는 반면, 코메니우스는 감각의 경험에서, 홀로 이성이란 열쇠의 도움으로써 달성하는 모든 인간적인 인식은 불완전하며, 진리가 갈라지게 된다는 것을 강조하였다. 즉 코메니우스는 참된 진리획득(규명)에는 이성과 감각과 믿음, 이 3가지의 사용의 중요성을 강조하였다. 지금은 유실되었지만, "코페르니쿠스와 데까르트에 대한 논박"(Widerlegung des Kopernicus und Descartes)은 데까르트 사고의 비 객관성을 거기서 예리하게 지적하였다. 그리고 코메니우스는 데까르트의 "나는 생각함으로 고로 존재한다"(cogito ergo sum)는 철학적 명제의 문제성을 지적하였는데, 그것은 인간이 지나치게 생각에 비중을 두어 쉽게 행동하지 않음으로써 생각하는 존재만 강조하고, 행동하는 존재임을 간과하는 문제를 비판하였다. 후에 코메니우스가 암스테르담에 망명하여 살고 있을 때, 데까르트주의자(Cartesianer)들을 향하여 그들 스승(데까르트)이 하나님의 계시를 개인적으로 인정했다는 사실을 상기시키면서, 이들의 사고는 하나님과 세계와 인간의 통일성과 인간 내면의 통일성, 즉 인간은 하나님(창조주)과 인간 자신과 세계와 연관된 존재임을 알지 못하는 것을 지적했으며, 데까르트주의자들의 철학은 '철학의 암적인 훼손'이라고까지 비판하였다(K.Schaller, 엘리야의 경고 1979, 100).

코메니우스는 스웨덴에 도착한 후, 루이스 데 기어(M.De Geer)의 중재를 통하여 수상 옥센스티에르나(Oxenstierna)와 구스타프 아돌프(Gustav Adolf)의 딸인 여왕 크리스티네(Christine)의 영접을 받았다. 그리고 드 기어의 재정지원 하에 스웨덴의 라틴학교 개혁을 위한 학교의 교재를 만들어 달라는 과제를 부여받았다. 실은 코메니우스가 하고 싶었던 일은 범지혜를 연구하는 일이었다. 그러나 스웨덴의 학교들이 요구하는 수업의 개선을 위한 실제적인 작업을 외면할 수가 없었다. 그러나 그는 이러한 작업을 후회스럽게 생각하면서도 기꺼이 맡기로 하였고, 그 대신 이 작업을 엘빙(Elbing)에서 수행하도록 요청하여 허락을 받게 되었다. 엘빙은 지금의 독일 땅으로 그 당시 스웨덴이 점령하여 통치하는 땅이었다. 이곳에서 일함으로 코메니우스는 리사와 거리가 가까운 곳으로 형제연합교회를 돌보는 일이 가능하다고 생각하였고 또한 이곳에 그의 가족을 데려와 함께 지낼 수가 있게 되었다. 거기서 1643년에 딸 수산나가 탄생하였고, 다시 3년 뒤에 아들 다니엘이 탄생하였다.

코메니우스의 교재편찬 작업은 크게 진전을 이루지 못했다. 재정지원자 드 기어와 스웨덴으로부터 결과물을 요구하는 재촉을 받기도 하였다. 코메니우스는 이 일로 많은 부담과 압박을 받기도 하였다. 마침내 그는 자신의 수양아들이었던 페터 야불론스키(Pter F.Jablonsky)의 도움과 의사요, 법학자인 키프리안 키너(Cyprian Kinner)의 도움으로 먼저 라틴어로 된 "열려진 언어의 문"과 학교의 교재를 만들었고, 교사를 위한 새로운 정보를 발간하게 되었다. 1648년에 "최신언어방법"이란 책을 완성하였다.

독일의 오스나브릭(Osnabrueck)과 뮌스터(Muenster) 사이에서 평화회담이 종결되기 전, 1648년 초여름 코메니우스에게 한 편지가 도달하였다. 그것은 형제연합교회의 감독인 유스티누스(Justinus)가 죽었다는 소식이었다. 그리고 코메니우스가 그의 후계자로 형제연합교회의 감독이 되어야 한다는 요청이 담겨 있었다. 그는 숙고한 끝에 요청의 선택을 수용하고 가족을 데리고 형제연합교회가 있는 리사로 돌아오게 되었다. 그러나 먼 길의 여행으로 지친 그의 아내 도로타(Dorota)의 건강상태는 매우 악화되었다.

코메니우스는 엘빙(Elbing)에서 40년대 중반부터 꿈꾸고 있었던 그의 범지혜의 사상이 유럽세계의 교육(학문)과 정치와 교회의 영역에서 올바른 개혁을 위한 학문체계와 이론을 제시하는 방대한 작업을 시작하는 기회가 되기를 바랬다. 그는 1645년 루이스 드 기어에게 보낸 편지에서 이렇게 밝히기도 하였다. "나는 인류에게 특히 유럽의 학자들에게 드리는 "인간적인 일들의 관계개선에 대한 보편적인 제언"이란 주제의 작품을 준비하고 있습니다."

8. 두 번째 리사로 돌아옴 (1648-1650)

감독 취임식에는 형제연합교회의 흩어져 있던 많은 형제들이 리사로 모이게 되었는데, 그들 대부분은 폴란드 전역과 이웃 나라로 흩어졌던 형제들로 코메니우스의 감독 취임 소식을 듣고 리사로 축하하러 왔던 것이다. 유감스럽게도 취임식을 마친 후 곧 코메니우스는 그의 아내의 죽음을 맞이해야만 했다.

바로 그 무렵, 스웨덴 군대는 프라하의 점령을 앞두고, 몰다우강 이편에서 대승을 거두고 있었다. 그리고 10월 25일에 프라하 점령이 눈앞에 놓여 있었다. 그러나 1648년 10월 24일에 30년 종교전쟁을 종식하는 베스트팔리아 평화조약(Westfaelischer Friede)이 체결되었다는 소식이 마침내 스웨덴 군대에 알려지게 되었다. 지금 보헤미아는 어떻게 될 것인가? 전쟁이 끝났다는 소식은 리사의 코메니우스에게도 전해졌다. 하지만 코메니우스는 수용할 수가 없었다. 참으로 형제연합교회에는 도무지 수용할 수 없는 결정이 내려졌기 때문이다. 그것은 1555년 아욱스부르그 평화화의 (Augsburgfreide)에서 결정된 원칙이 그대로 적용되었기 때문이었다. 그것은 "통치자의 땅에는 통치자의 종교를"이란 이 원칙이었는데, 가톨릭, 루터파, 칼빈(개혁)파 교회들은 이 원칙에서 혜택을 받을 수 있었으나, 보헤미아-모라비의 형제연합교회는 보호를 받을 수가 없게 된 것이다. 그 이유는 보헤미아는 여전히 가톨릭을 지지하는 황제 페르디난트 3세(1637-1657)가 통치하고 있었기 때문이다. 그리고 실제로 베스트팔리아 평화회담에서 보헤미아의 형제연합교회를 대변해 주는 이가 아무도 없었던 것으로 역사는 전한다.

형제연합교회는 경악하였다. 그간 스웨덴의 수상 옥센스티에르나(Oxenstierna)가 프로테스탄트 편을 돕기 위하여 전쟁에 개입하였고, 특히 코메니우스와의 관계에서 나눈 약속이 있었음에도 불구하고 전혀 역할을 해 주지 않은 것에 코메니우스는 배신감을 느끼게 되었고, 즉시 수상 옥센스티에르나에게 서운함을 담은 편지를 보내게 되었다. 하지만 형제연합교회의 종교자유는 정치적으로 보장받을 수가 없었다. 그리고 그의 교회는 더이상 미래를 예측할 수 없는 상태에 처하게 되었다. 리사의 통치자였던 라파엘 레스친스키(R.Leszczynski)백작이 죽게 되자, 그의 아들은 프로테스탄트에게 리사에서의 종교자유를 더 많이 보장했으나 가톨릭 예수회파의 폴란드 왕궁에 대한 압력과 함께 프로테스탄트의 귀족들이 카톨릭으로 개종하도록 점점 더 강요하고 있었다. 그리고 코메니우스는 옛 종교개혁의 교회들과 형제연합교회의 더 이상 어찌할 수 없는 한계를 직시하게 되었다. 그는 형제연합교회의 지도그룹을 소집하였고, 그들의 미래에 대하여 논의하였다. 그들은 시간을 두고 리사를 떠나기로 의논하였다. 지금 그들 형제연합교회의 젊은 세대들은 폴란드를 떠나 형제연합교회의 신앙 정신을 따라 다른 프로테스탄트의 공동체에서 영적 생활을 계속하기를 권고하였다.

그리고 코메니우스는 보헤미아와 모라비아에 남아 있는 후손들에게 그리고 리사에서 형제연합교회의 학교에서 교육받았던 제자들에게 지금의 형제연합교회의 상태를 알리고 하나님과 그리스도를 향한 신앙은 어디서든지 견고하게 지켜가도록 독려의 편지를 쓰게 되었다. 그리고 여러 프로테스탄트 나라의 교회들에게도 형제연합교회의 성도들을 도와달라는 노동과 식량의 도움을 요청하는 편지를 보내기도 하였다. 독일과 네덜란드와 스웨덴과 영국으로 그가 지금까지 교제하며 알고 지냈던 모든 사람에게 편지를 써서 도움을 요청하였다. 그들 모두는 형제연합교회는 잘 알지 못했지만, 코메니우스는 오히려 다 잘 기억하고 있었으며, 심지어 영국의 크롬웰과 스웨덴의 여왕과 그에게 늘 도움을 베풀었던 드 기어에게도 도움을 요청하였는데, 그들 모두 헌금을 보내주어 위기극복에 큰 도움을 입게 되었다.

1650년 코메니우스는 마침내 "죽어가는 어머니인 형제연합교회의 유언"이란 글을 체코어로 남기게 된다(1848년에 발견되어 처음 인쇄됨). 그 교회는 먼저 주님으로부터 위임받게 된 신앙의 보화들을 그들의 자녀들에게 유산으로 전해주기를 부탁한다. 그리고 그는 "종교개혁의 죽어가는 어머니를 프로테스탄트 기독인들의 여러 가지 지체들로 언급"하면서 "그리스도를 따르지 않는 그리스도의 지식과 사람의 법의 보존 없이 복음 안에서 기뻐하는 것은 다만 복음의 남용이요, 유혹이며, 기만임"을 상기시킨다.

코메니우스는 작은 형제연합교회는 이제 사라질지라도 하나님의 뜻은 전 세계에 작은 교회들이 그리스도 안에서 연합하여 큰 교회를 이루어 땅의 뒤틀린 일들(교육과 정치와 교회)을 고치며 그리스도의 의와 평화가 지배하는 환경으로 바뀌게 되는 것임을 일깨우며 그것을 기대하고 희망하였다. 그리고 코메니우스는 1649년 57세의 나이에 요한나 가유소바와 3번째 결혼을 하게 된다. 그런 후 그는 여러 가지 제안들을 받게 되는데, 그의 후원자 드 기어의 아들 라우렌티우스 드 기어의 초대와 헝가리 사로스파탁의 성주 라콕지(Rakoczi)의 초청이었다.

9. 헝가리 사로스파탁에서의 생활 (1650-1654)

코메니우스는 다시 한번 그의 범지혜적인 사상을 실현하려는 계획을 꿈꾸면서, 헝가리의 사로스파탁으로 가게 된다. 그곳은 프로테스탄트, 특히 개혁파교회를 지지하고 있었던 성주 라콕지가 통치하는 영역이었으며, 그곳에 모라비아인들이 함께 살고 있기도 하였다. 코메니우스는 이곳으로 이주해 와서, 라틴학교를 넘겨받아 교사로서 학교 교육의 책임자로 일하게 되었다. 코메니우스에게는 그의 범지혜 교육을 실현하기 위한 기회라고 생각하였다. 그러나 작은 지역 학교에서 범지혜 교육의 시도는 매우 제한적이었고, 그렇게 쉽지는 않았다. 하지만 사로스파탁에서의 기간은 교육

역사적인 관점에서 그의 교육적인 영향의 가장 풍성한 해가 되기도 하였다. 그는 수업의 재료를 대화의 형태와 극화한 형태로 제시하였으며 그것을 아이들로부터 직접 시행하게 하였다. 여기서 "놀이학교"(Shcola Ludus)란 작은 책자가 생겨난다. 그것은 학급들이 무대를 만들고, 아는 지식을 비유적인 놀이 행위를 통하여 중재하는 방식이었다. 거기에 학자들과 수공업자들과 상징적인 모습과 역사적인 인물들이 등장하였다. 자연과 일상생활이 작은 장면으로 묘사되었다. 결국 기독교적인 가르침과 도덕적인 표준이 효력을 가지게 되었다.

학교에서의 공연들은 부모와 학생들에게 지지를 받았다. 그러나 그가 만족하지 못했던 것은 그의 초보적인 책들(언어입문서와 다른 것)이 그가 원했던 대로 영향을 미치지 못했다. 즉 크고 작은 세계의 일들이 아이들의 마음에 직접 와닿게 해 주지 못했다고 생각했다. 그는 언어 교과서를 수정하여 실물을 통한 감각의 돌봄을 도와야 한다는 생각이 그에게 떠오르게 되었다. 거기서 코메니우스의 가장 유명한 책, "그림으로 배우는 세계"(Orbis sensualium Pictus) 즉 "세계도해"란 책이 탄생한다. 그것은 많지도 적지도 않은 학문 전 단계에 대한 범지혜(Pansophia)의 교재이어야 했다. 코메니우스는 150가지의 모습을 연속적으로 그리기 시작하였다. 그림 안에서, 즉 하나님으로부터 기인하여 법칙을 통하여 다스린 질서로서, 대 우주적인 지혜의 소 우주적인 모사로서 그린 것처럼, 그는 세계 전체의 다양성을 표현하였다. 삶의 주된 개념은 창조와 각 요소와 식물과 동물, 사람과 그들의 행위에 이르기까지 요약된 텍스트 안에 준비하여 제시되었다. 그것은 코메니우스적인 범지혜의 체계 전체가 원리로 함유한 것이었다.

"그림으로 배우는 세계"(Orbis sensualium Pictus) 즉 "세계도해"는 여러 세대의 아이들에게 사용되었으며, 다시 새롭게 출판되었다. 헤르더(Herder)와 괴테(Goethe)는 이 책을 배우면서 성장하였으며, 그 책을 가장 사랑하였다고 전한다. 괴테는 "그 시대에 아이들을 위한 도서관이 없었으며, 아모스 코메니우스의 "그림으로 배우는 세계" 이외에 우리에게는 그 어떤 종류의 책도 없었다"라고 "진리의 문학작품"이란 한 책에다 기록하였다. 코메니우스는 아이들을 위하여 최초의 그림책을 만들었다. 그러나 사로스파탁에서 이 책의 구성과 그 책이 인쇄되어 나오기까지는 많은 시간이 걸렸다. 책 인쇄기술이 30년 종교전쟁 기간에 위축되어 헝가리와 체코에서는 찾을 수가 없어서, 목판과 동판을 통해서 인쇄하는 독일 뉘른베르그에 있는 인쇄소를 통해서 1657년에 이 책이 출판되었다. 그 해는 코메니우스가 사로스파탁을 떠나 암스테르담으로 망명한 후라 그곳에서 이 책은 사용할 수가 없었다.

사로스파탁에서의 교육적인 작업의 성공에도 불구하고 코메니우스는 실망하는 일도 많았다. 뜻밖에도 그를 후원하고 지원했던 사로스파탁의 성주 라콕지가 전쟁에 나가 사망하고 말았다. 그 무렵 다시 리사에서 형제연합교회는 코메니우스가 리사로 돌아오기를 재촉하게 된다. 형제연합교회의 상태가 더 나빠졌기 때문이었다. 곳곳에서 반종교개혁 세력의 괴롭힘이 여전히 상존하였고, 형제연합교회의 젊은 목사들은 위협을 느끼고 있었기 때문이었다. 코메니우스는 사로스파탁의 친구들과 작별하고 마침내 세 번째 리사로 되돌아오게 되었다.

10. 리사에서의 3번째 체류 (1654-1656)

코메니우스가 헝가리를 떠나 리사에 도착했을 때, 그의 형제교회뿐만 아니라 그 도시가 매우 억눌린 격앙된 상태에 처해 있었다. 그 이유는 곧 일어날 스웨덴과 폴란드 사이의 벌어지는 전쟁 때문이었다. 30년 종교전쟁은 끝났지만 가톨릭과 프로테스탄트 사이에 신앙 고백적인 전쟁이 위협하고 있었기 때문이다. 그리고 구스타프 아돌프(G.Adolf)의 딸인 스웨덴의 여왕 크리스티네는 신앙적으로 프로테스탄트 보다는 오히려 가톨릭을 더 선호하고 있었다. 여왕은 예수회파 사람들을 그의 왕궁을 출입하도록 허용하게 된다. 이러한 여왕의 태도는 스웨덴의 전통적인 프로테스탄트들을 자극하였고, 마침내 여왕은 퇴위당하였으며 왕관은 그의 조카인 칼 구스타프(K.Gustav) 10세에게로 넘어갔다. 그는 스웨덴의 로마교황과의 정치적 추종 관계를 포기하게 된다. 그러나 폴란드의 왕 요한 카시미르(J.Kasimir, 1648-1668)는 가톨릭 성주 출신의 가문에서 온 자였는데, 스웨덴의 프로테스탄트 지역인 바사스(Wasas)의 통치권한을 주장하게 되었다. 결국 1655년 스웨덴과 폴란드 사이에 전쟁이 일어났고, 스웨덴은 남쪽 폴란드를 침공하였다. 이 전쟁은 다시 한번 형제연합교회 성도들에게 고향으로 귀환할 수 있는 희망이 되었다. 코메니우스 역시 이 기간에 30년 종교전쟁의 혼란이 종결되기를 염원하면서, 다시 한번 예언에 매이는 모습을 보여준다. 그것은 드리빅(N.Dravik)의 예언이었는데, 그는 로마가톨릭교회가 멸망하게 되리라고 예언한 것이다. 그리고 코메니우스는 그 예언에 힘입어 익명으로 스웨덴 왕을 환영하는 글을 작성하게 된다.

그러나 전세는 정반대였다. 1656년 스웨덴은 퇴각하게 되었고, 리사는 폴란드의 가톨릭교도들에게 함락되어 약탈 당하고 화재로 도시 전체가 불타게 되었다. 코메니우스는 자신과 그의 가족은 피신하게 되었지만 전 재산을 다 잃게 되었다. 그가 그토록 중히 여겼던 책들과 원고들도 대부분 소실되고 말았다. 드리빅의 예언은 적중하지 않았으며, 그 일로 코메니우스는 어려움에 처하게 된다.

11. 암스테르담으로 망명 (1656-1670)

독일 브란덴부르그(Brandenburg)는 코메니우스가 탈출할 수 있었던 가장 가까운 프로테스탄트 지역이었다. 여기서 그는 피난처를 찾기를 희망하였다. '대 성주' 프리드리히 빌헬름(F.Wilhelm)은 가톨릭의 폴란드를 대항하여 스웨덴과의 동맹 관계에 있었다. 그 때문에 코메니우스는 대학도시 프랑크푸르트에 망명을 신청하여 허락을 기다리고 있었다. 그리고 그 도시에서 코메니우스는 환영되었다. 그러나 갑작스럽게 그곳에 퍼진 전염병 페스트의 확산으로 소식이 두절되는 사태가 발생하여, 코메니우스는 그곳을 떠나 다른 피난처를 찾아야 했다. 코메니우스는 스테틴(Sttetin)을 거쳐 함부르그(Hamburg)로 향하였다. 도중에 병에 걸려 건강에 어려움을 겪기도 하였다. 그리고 영국에 있는 친구들에게 알려 그곳으로 가기를 희망하였다.

코메니우스는 마침내 네덜란드로 향하게 되었다. 라이덴에 머무는 동안 코메니우스가 네덜란드에 왔다는 소문이 나기 시작하였다. 코메니우스의 이름과 그의 책과 명성은 그곳에서도 널리 알려져 있었다. 교수들과 학생들이 그를 찾아왔다. 코메니우스는 어찌된 일인지를 알지 못했다. 그는 암스테르담으로 갔다. 그곳에서 라우렌티우스 드 기어(Laurentius de Geer, 1614-1666)가 코메니우스를 자기 집으로 영접하였다. 그는 이전의 코메니우스 후견자였던 루이스 드 기어의 아들이었다. 암스테르담 시 정부는 국제적인 명성을 지닌 노학자 코메니우스에게 생활비를 제공하였고, 그가 출판하려는 모든 책의 비용을 지원하기도 하였다. 그는 이곳에서 14년의 생을 보내게 된다. 그리고 시 정부는 그의 연구를 지원하도록 시 도서관의 열쇠를 주기도 하였다.

코메니우스는 아내와 자녀들을 암스테르담으로 데려왔다. 그리고 그가 행하는 작업을 도우는 그의 사위 페터 피

굴루스 야불론스키도 합류하였다. 코메니우스의 암스테르담의 생활은 곧 안정되었다. 그는 연구를 계속 하였다. 범지혜와 교육과 신학과 정치적인 주제들을 깊이 있게 다루었다. 먼저 암스테르담 시 정부는 코메니우스의 교수학적인 작품 전체를 출판하도록 요구하였다. 그가 암스테르담에 도착한 지 1년 후에 1627년에서 1657년까지 작성했던 모든 교수학적인 문서들을 "교수학 총서"(Opera didactica Omnia)란 이름으로 출판하였다. 이 총서의 4권 중 1권 맨 앞부분에 코메니우스의 유명한 학교개혁의 지침서인 "대교수학"(Didactica magna)이 포함되었다.

유럽 학자들의 세계는 코메니우스의 교수학적인 글에서 그가 의도했던 것보다는 다른 결과가 초래되었기 때문에, 코메니우스는 다른 글들을 또 발표해야 하는 부담을 지게 되었다. 그 이유는 인간이 이성 사용을 통하여 하나님의 지혜와 세계의 빛을 인식하도록 교육이 능력을 길러줄 수 있다는 사실을 보여주기를 원했기 때문이었다. 그러나 결과는 추종자들이 그의 가르침을 합리적으로 바꾸어 표면적으로는 스스로 인간적인 이성을 신적 지혜의 현상으로 이해하는 방향에 머무르고 있었다. 그 때문에 인간의 이성은 어떤 능력에 대립하여서도 패할 수 없으며 모든 이성의 배후에 항상 다른 세계가 서 있었다는 것을 묘사할 필요성이 요구되었다. 그리고 한때 그의 삶에서 한 역할을 했던 모든 예언을 다시 한번 1657년 "어두움에서의 빛"(Lux in tenebris)란 주제의 글을 발표했을 때 코메니우스는 전광석화와 같은 그의 찬미자를 만나게 되었다. 학문적인 세계는 코메니우스의 확증에서 그 어떤 미미한 동요도 생겨날 수 없었던 일치를 경험하였다. 특히 그의 동 시대인이었던 렘브란트(Rembrandt)처럼 시민사회로부터 추방된 그가 "이 사람이 그를 가르쳐 주었다"라는 말을 한 무명인의 초상화에다 적어넣었을 때, 빛과 어두움의 비밀은 코메니우스의 마음을 움직이게 되었다. 사람들이 세계 사건을 단지 양과 수와 무게로 그 본심을 정확히 측정할 수 없다는 사실을 "어두움에서의 빛"으로 표현하게 되었다. 코메니우스는 계시의 진정성에 대해 비판하는 학자들과 예언의 반 가톨릭적인 경향을 분명히 거부하는 형제연합교회의 성도로부터 비판을 받기도 하였다. 후에 코메니우스는 "계시의 역사"(Historia revelationum)에 대한 글에서 그의 비판자들에게서 자신을 방어할 수가 있었다. 그 외에도 코메니우스는 1662년에 형제연합교회의 신앙고백(Die Bruederkonfession)을 작성하였으며, 예배의 찬송가들도 수집하여 찬송책을 만들기도 하였다. 신앙요리문답서도 만들었다. 그리고 정치와 직결된 형식의 3편의 글을 만들게 된다. 첫째, "삼단논법"(Syllogismus)이며, 둘째, "독일을 향한 마지막 나팔"(Die letzte Posaun ueber Deutschland), 셋째, "평화의 천사"(Angelus pacis)였다. 특히 "평화의 천사"는 1664-1667년 까지 계속되었던 영국과 네덜란드의 도버해협의 사용권을 놓고 대립했던 해전 종식(Breda)에 영향을 미치게 되었다. 코메니우스는 이 글에서 평화를 중심주제로 내세웠다. 인류의 역사는 전쟁의 역사이며, 폭력을 행사한 미로의 역사였다. 종파적인 경쟁심과 함께 영토 확보의 열망에서 생겨난 인간적인 욕심과 경쟁심이 다른 나라로 향하여 거기 있는 시장들과 이윤을 뺏으려는 다툼으로 나타난다. 자신의 몫에 만족하지 않는 일이 얼마나 해로운 일인지를 전쟁을 통해서 깨닫기를 충고한다. 그리고 브레다에서 개최된 평화회담에 네덜란드 사절단의 한 사람으로 참가한 코메니우스는 그 회담에서 연설하게 된다. 그리고 호소하였다. "도버해협은 창조주 하나님이 주인이시다. 그것은 어느 한 나라의 것이 아니라, 모두가 함께 공유해야할 주인은 하나님이라고 강조하였다. 그 연설은 참여한 모두를 감동하게 하였고, 곧 전쟁이 종식된 평화 체결이 이루어진 것으로 전한다.

코메니우스는 더 연로해 갈수록 그의 마음에 엄습해 온 것은 인간적인 행동과 행위의 의미에 대한 질문이었다. 마지막 글인 "꼭 필요한 한 가지"(Unum necessarium)에서 코메니우스는 그가 죽기 2년 전 하나의 대답을 제시하려고 했다. 이 책은 코메니우스의 유언서와 같은 책이기도 하였다. 그는 먼저 세계의 혼잡함과 파멸을 거론하면서 시작한다. 미로와 같은 삶의 길을 거론한다. 그는 꼭 필요한 것을 항상 행했는지? 그것이 어디에 놓여 있는지? 질문한다. 자신의 행한 일들을 되돌아보면 분주한 삶을 보여준 마르다의 모습이 아니었는지? 꼭 필요한 것은 선택하지 않고 불필요한 것을 선택한 인간은 미로에 처한 삶의 모습이며, 그 미로에서 탈출할 수 있는 길은 그리스도가 일러준 삶의 법칙뿐임을 강조한다. 그리고 코메니우스는 이제는 지금까지의 배회하는 삶에서 돌아서서 쉼(안식)을 희망하면서, 주님의 발 앞에 앉아 그의 말씀에 귀를 기울이는 마리아의 삶이 확고한 자신의 자리임을 고백한다. 그의 삶을 마르다의 분주한 일들에다 비교하면서 그는 적어도 하나님의 도움으로 몇 가지는 성취되었다고 생각하는 것들은 학습방법론에 관한 연구였다. 두 번째의 것은 평화를 일으키려는 그의 노력이며, 그리고서 그의 범지혜적인 시도와 그 시대의 신적인 계시를 사람들에게 전하려고 했던 그의 노력으로 여겨진다. 그는 그것들이 다 성취되지 않았다는 것도 역시 알고 있다. 그러나 그는 니느웨 앞에서의 요나를 가리키며 하나님이 그의 섭리를 변경할 수 있으리라는 가능성에 대하여 환기시킨다. 마르다의 충동은 항상 삶의 미로에로 인도하게 된다. 그렇지만 꼭 필요한 것을 향한 집중은 인간을 목표에 이르도록 한다. 인간은 그리스도 안에 계시된 하나님을 찾을 때, 그는 그리스도의 지혜의 비밀한 해결의 실마리를 발견하게 된다. 코메니우스는 "꼭 필요한 한 가지"에서 "내 하나님께 감사한다. 그가 나의 전 삶을 온통 동경의 한 사람으로 살게 하신 것을 감사한다. 내가 여러 미로에 빠졌을 때, 그는 그 대부분의 미로에서 헤쳐나오는 길을 찾도록 도와주셨다."라고 썼다.

코메니우스는 17세기에 기독교의 하나님이 삼위일체의 신(神)임을 고수한 대표적인 신학자라 할 수 있다. 특히 삼위일체 존재 방식의 하나님을 거절하고 단일 신론을 주장하며 예수의 신성만을 강조하던 소시니안파(Sozinianismus)들에 대항하여 많은 비판의 글을 쓰기도 하였다(Ausgewaehlte Werke I.-IV.v. Comenius). 그리고 코메나우스는 죽기 1년 전, 흐로닝겐대학의 칼빈주의 신학자 사무엘 마레시우스(S.Maresius)로부터 강한 비판을 받게 되었다. 그 이유는 그 당시 칼빈주의자들은 코메니우스의 천년왕국 사상에 불신을 가졌고 거부하였기 때문이다.

코메니우스가 생의 마지막 시간까지 붙들고 완성하려고 몸부림 쳤던 작품은 그의 주된 대작인 "인간적인 일들의 관계개선에 대한 보편적인 제언"(De rerum humanarum emendatione consultatio catholica)란 라틴어 문서였다. 이것은 한 교회에 남기려 한 것이 아니라, 전 세계의 기독교의 지도자들에게 남겨주기를 원했던 범지혜적인 문서의 유언이었다. 그는 이 작품을 구상하며 글쓰기를 처음 시작했던 곳은 엘빙(Elbing)에서 였다. 그리고 암스테르담에 망명하여 살면서도 7권으로 구성된 이 책의 글 완성을 위해서 노력하였다. 암스테르담에서 이 책의 일부분인 1-2권이 출판되기도 하였다. 그러나 코메니우스는 끝내 이 글을 완성하지 못하고 미완성으로 남기게 된다.

그러나 이 작품은 코메니우스 사후에 미완성 된 채 남겨졌다는 소문은 나돌았지만 그 원본의 원고를 발견하지 못하다가, 약 250년이 지난 1935년 독일 경건주의 운동의 본산지로 알려진 할레(Halle)의 한 고아들을 위한 도서관에서 발견하게 된다(D.Tschizewski). 코메니우스는 이 글에서 전 인류가 범지혜의 배움을 통하여 세계의 개혁(교육, 정치, 교회)을 완수해야 하며, 그 일에 기독교적인 지도자들과 과학자들과 종교인들이 함께 인류의 공동의 삶을 위한 문제해결을 위해서 논의하고 적절한 지혜의 방법을 찾게 되기를 희망하였다. 이 대 작품은 코메니우스의 신학과 철학과 교육에 관계된 범지혜의 실천을 위한 종합적인 학문으로 평가된다. 안타깝게도 코메니우스는 잦은 질병으로 이 대작의 원고를 완성하기에는 건강이 허락지 않았다. 코메니우스는 1670년 11월, 78세의 나이로 암스테르담에서 목숨을 거두게 되었다. 암스테르담 근교에 있는 나르덴의 개혁교회의 공동묘지에 안장되었다.

코메니우스는 그 당대에도 유명한 교육학자이었을 뿐 아니라, 1935년 행방을 알지 못했던 7권의 대작품의 원고가 발견된 이래로 코메니우스는 17세기의 철학자요, 교육학자요, 신학자로 재평가되었고, 오늘날 유럽의 대학에서는 '코메니우스학문'(Comenologie)이라는 전공학술명을 부여하여 후학들이 코메니우스 학문을 연구하도록 배려하고 있다. 그는 여기 번역된 "세계도해"(Orbis sensualium pictus)에서 확인되는 것처럼, 현대교육학의 아버지로 불리고 있다. 오늘날 코메니우스의 재발견은 코메니우스를 기억하고 찾는 사람들로 인하여 그의 무덤은 박물관으로 새롭게 단장되었고, 많은 사람들이 방문하는 유명한 관광지가 되었다.

요한 아모스 코메니우스의
세계도해

지은이 요한 아모스 코메니우스
옮긴이 정일웅
펴낸곳 범지혜(汎智慧)출판사

초판 발행일 1쇄 2021년 1월 1일
2쇄 2025년 7월 25일

신고 제2018-000008호.(2015년 7월 26일)
주소 경기도 성남시 분당구 구미로9번길 16 체리빌오피스텔 617호
전화 031-715-1066(팩스겸용)
이메일 kcidesk@gmail.com
가격 30,000원

ISBN 979-11-964571-5-0 77700